李孝川　丁文荣　著

云南民族贫困地区低龄寄宿儿童的现状与改善措施研究

云南大学出版社
YUNNAN UNIVERSITY PRESS

图书在版编目（CIP）数据

云南民族贫困农村地区低龄寄宿儿童的现状与改善措施研究 / 李孝川，丁文荣著. -- 昆明：云南大学出版社，2018
ISBN 978-7-5482-3590-3

Ⅰ. ①云… Ⅱ. ①李… ②丁… Ⅲ. ①民族地区－农村－贫困区－小学－学校管理－研究－云南 Ⅳ. ①G627

中国版本图书馆CIP数据核字(2018)第291981号

策划编辑：赵红梅
责任编辑：石　可
封面设计：郑明东

云南民族贫困地区
低龄寄宿儿童的
现状与改善措施研究

李孝川　丁文荣　著

出版发行：云南大学出版社
印　　装：昆明卓林包装印刷有限公司
开　　本：787mm × 1092mm　1/16
印　　张：14
字　　数：280千
版　　次：2018年12月第1版
印　　次：2018年12月第1次印刷
书　　号：ISBN 978-7-5482-3590-3
定　　价：46.00元

社　　址：昆明市一二一大街182号（云南大学东陆校区英华园内）
邮　　编：650091
电　　话：0871-65033244　65031071
网　　址：http://www. ynup. com
E-mail：market@ynup. com

本书若有印装质量问题，请与印厂联系调换，联系电话：0871- 67461883。

序　言

由于我国的部分地区的地理环境以及计划生育等特殊政策的实施等原因，为满足教育发展的需要，针对我国农村基础教育存在的问题，教育行政部门对教育的布局进行了科学的调整，以进一步提高我国农村办学的效率。随着我国农村的寄宿制小学的增多，“低龄寄宿”的现象呈上升的趋势。《国家中长期教育改革和发展规划纲要（2010—2020）》在义务教育章节中明确指出：“加快农村寄宿制学校建设，优先满足留守儿童的住宿需求”，从而加快缩小城乡差距，实现教育资源的有效分配和均衡发展。但由于寄宿学生呈现“低龄寄宿”的趋势，学生寄宿年龄小，缺乏良好的独立生活能力。寄宿学校全方位的自主及学生独立的生活方式，给低龄儿童的成长带来了不利的影响，如难以适应寄宿生活，自身的生理、心理、学习等方面不能得到全面有效地发展等。因此，无论是对农村低龄寄宿儿童的现状进行研究并提出可行性的对策，还是为了促进寄宿制学校寄宿生的有效发展而进行的研究，都具有理论意义和现实意义。

本书以问题为导向，突出实践性和针对性。在课题研究和撰写本书的过程中，我们始终联系并立足于云南民族贫困地区低龄寄宿儿童的现状，并以相应的理论为支撑，以实际调研与文献分析为基础，全面梳理国内外有关寄宿制学校研究的相关理论，提出云南民族贫困地区寄宿教育发展的思路和路径选择，对于民族贫困地区教育的可持续发展具有一定的指导意义。研究也涉及对当前的寄宿教育现状的分析，与云南贫困地区的经济、文化发展水平的现状及未来的发展态势结合起来，从不同的角度准确地把握云南民族贫困农村地区低龄寄宿儿童的现状，客观地呈现云南民族贫困农村地区低龄寄宿儿童面临的问题及影响因素，提出合理改善云南民族贫困农村地区低龄寄宿儿童现状的措施等。基于这样的逻辑起点，本书主要从以下几个部分展开。

绪论部分为研究背景及问题的提出，该部分主要涉及选题的背景，即研究问题的由来，本书的目的与意义，并在对已有研究文献进行梳理、透析、概括和评论的基础上，对本书中涉及的几个核心概念进行阐述和界定，同时交代了本书中研究区域选择的依据、研究方法与技术路线运用的客观标准，以及研究中应遵循的伦理道德与情境中对问题的凝练。

第一章对云南民族贫困地区低龄寄宿儿童的现状进行研究。该部分根据研究需要，课题组通过发放调查问卷，与学校行政领导、广大教师、学生与家长进行书面交流，并将回收的问卷进行统计分析，为改进云南民族贫困农村地区低龄寄宿儿童状况提供较为全面的信息资料。

第二章对云南民族贫困地区低龄寄宿儿童引发问题的相关原因进行分析。该部分主要从社会、家庭、学校三个层面对云南民族贫困地区低龄儿童引发问题的原因进行深层次的分析。

第三章对云南民族贫困地区低龄儿童的寄宿问题提出相应的改进措施。这部分的研究主要是针对国家层面而言。如国家进行顶层设计，形成制度和政策保障，确保地方和学校通过相应的制度保障来进一步促进并改进云南民族贫困低龄寄宿儿童的现状，以有效促进并推动民族地区教育事业的发展。

总之，对云南民族贫困地区低龄寄宿儿童的现状进行研究并提出相应的改善措施这一论题，无论从实际还是理论层面而言都具有价值和现实意义。且本书注重理论的基础性和先导作用，不但认真梳理了与之相关的文献资料，而且力图在已有理论成果的基础上形成自己的观点和分析框架，为研究的深入展开提供清晰的路线图。同时，注意认真总结和分析已有的经验，找出不足作为借鉴，避免走历史的弯路。这就使研究的成果真正建立在客观历史发展的基础上，富有继承性、科学性和创新性。

目　　录

绪　论

第一节　研究问题的提出

一、研究目的

第一，全面梳理国内外有关寄宿制学校研究的相关理论。

第二，准确把握云南民族贫困农村地区低龄寄宿儿童的现状。

第三，客观呈现云南民族贫困农村地区低龄寄宿儿童面临的问题及影响因素。

第四，提出合理改善云南民族贫困农村地区低龄寄宿儿童的措施。

二、研究意义

由于我国部分地区地理环境以及计划生育等特殊政策实施等、原因，为满足教育发展的需要，我国针对农村基础教育存在的问题，对教育的布局进行了科学的调整，进一步提高农村办学的效率，加快缩小城乡差距，实现教育资源的有效分配和均衡发展。随着我国农村的寄宿制小学的增多，“低龄寄宿”的现象呈上升的趋势。《国家中长期教育改革和发展纲要》（2010—2020）在义务教育章节中明确指出：“加快农村寄宿制学校建设，优先满足留守儿童的住宿需求。”由于寄宿学生呈现“低龄寄宿”的趋势，缺乏良好的独立生活能力，难以应对寄宿学校全方位的独立生活方式，寄宿对于低龄儿童的成长带来了不利的影响，其生理、心理、学习等方面不能全面有效地发展。因此，无论是对农村低龄寄宿儿童的现状进行研究并提出可行性的对策，还是为了促进寄宿学校寄宿生的有效发展而进行的研究，都具有理论上的意义和现实意义。

（一）理论意义

在“撤点并校”的实施以及我国对于农村寄宿制学校的发展采取了大量的政策保障和人力、物力的投入之后，农村寄宿制小学成为我国的一种特殊教育形式。开展云南民族贫困农村地区低龄寄宿儿童相关研究具有以下理论意义。

第一，现今的教育更多强调的是“以人为本”的理念。“以人为本”既是素质教育的最基本体现，同时又是对教育本质的体现。

第二，体现教育的公平及教育的均衡发展。教育的均衡包括两个方面的内容，即校际均衡和城乡均衡。由于特殊的地理环境，一直以来，我国的农村教育一直落后于城市教育，城乡教育的发展差距较大，并且由于农村分散居住的特点，使学校无法将学生集中在一起进行有效教学，导致教学资源分散，落后于城市教育的发展。20 世纪 90 年代后，为提高农村办学效率及办学质量，优化资源的配置，国家采取“撤点并校”及颁布相应的政策法规，开始对农村的学校进行结构化的布局调整，进行资源的有效整合，从而出现了寄宿制学校。寄宿制学校的出现保障了农村适龄儿童能接受相对公平的义务教育，教育过程的相对公平，也带动了教育结果的相对公平。寄宿制的产生在一定层面上推动了义务教育的有序开展。随着寄宿制的发展及寄宿人数的增多，低龄儿童寄宿成为寄宿制发展的一种主要趋势。相关数据显示，截至 2007 年度，我国中小学农村寄宿人数高达 3 000 万人，占全国中小学学生的 24%。其中小学寄宿的学生占小学生人数的 12%，初中寄宿的人数接近全国初中生人数的一半。在现行教育机制下，一些低年级的学生也过上了“低龄寄宿”的生活。低龄寄宿儿童数量的扩展必然会产生一些生活方面的不适应的问题。因此，对农村低龄寄宿儿童的生活现状进行研究，从理论层面上来说是很有意义的。

（二）现实意义

我们在对国内外有关农村低龄寄宿儿童的现状及对策研究进行文献检索并进行相应的整理后，得出过去对于这方面的研究较少的结论。研究更多的是农村寄宿小学的发展现状及学校内部管理，学生的寄宿生活适应等方面的问题，针对农村低龄寄宿儿童的现状及提出相应对策的研究较少。本书通过以下角度对农村低龄儿童的现状及相关对策进行研究。

第一，客观深入地分析农村低龄儿童的现状，并针对现实问题提出可行性的对策及建议，为建设标准化的农村寄宿制学校提供参考，提高办学及教学质量。

第二，客观分析“撤点并校”的实施对低龄儿童的影响，并希望通过研究的结果利于“撤点并校”的理性实施。

本书针对低龄寄宿儿童的现状，着重从三个方面进行分析：一是通过教育资源的合理配置，集中教学点的教学质量及生源质量逐渐提升，不能因为采取寄宿的方式而出现适龄儿童入学的比例降低的趋势。二是证明标准化农村寄宿制学校本身是一种高成本的特殊办学形式，其在基础的硬件设施、师资分配、资金的分配及运用等方面都存在特殊性，都有特殊的要求，任何简易化的寄宿制教学模式都会影响学生的发展。三是从九年义务教育的政策实施以来，为确保学生的正常入学及完成学业，寄宿制学校成为一种教育发展的最佳选择。但是，面对由此而来的寄宿生的增多及低龄寄宿人员上升的趋势呈现，必须慎重，要制订相应的应对措施，以确保适龄儿童正常入学。

本书采取如下的研究方式：

第一，以实地调查及问卷调查的方式，收集农村低龄寄宿儿童的现状资料，通过分析他们的生活及心理特点，为农村低龄儿童寄宿现状存在的问题提供相应的实际指导。

第二，客观分析农村低龄寄宿儿童生活学习的特点，为农村小学生寄宿制学校的有效创办提供政策性和指导性的参考。

针对农村低龄寄宿儿童的现状及对策研究问题，无论从理论层面还是从现实层面都有研究的意义和价值。

三、研究思路

农村寄宿制学校是指为了适应农村人口居住分散的特点，解决学生上学远的困难，保证农村适龄儿童、少年完成义务教育而实行的一种特殊的办学模式。20世纪50年代初期，国家首先在民族地区举办寄宿制学校，从20世纪90年代中后期开始，农村地区中小学实行寄宿制已经是一种普遍现象，寄宿制学校已经逐步成为农村义务教育的主要办学形式。在一些民族贫困农村地区，农村寄宿制学校出现了新的现象，即寄宿生低龄化的问题较突出。很多民族贫困农村地区小学生从一年级起就开始寄宿，少数学校从幼儿园开始就有寄宿生，这也是近年来民族贫困农村地区寄宿制学校面临的一个备受争议的问题。基于此，本书立足云南民族贫困农村的实际情形，客观呈现低龄寄宿儿童的现状以及由此可能引发的诸多问题和隐患，按照此逻辑思路，从理论和实践相结合的角度，对上述问题进行了全面、深入的研究，并在此基础上提出具有针对性的改善措施，以便低龄寄宿儿童更好地适应学校生活。

四、研究方法

（一）文献法

为了全面深入了解云南民族贫困农村地区低龄寄宿儿童的学术研究动态，课题组搜索了CNKI、万方、维普和人大复印报刊资料等专业数据库；同时查阅了教育学、心理学、管理学和组织行为学等学科与此问题相关的文献，结合本研究的内容，了解云南民族贫困农村地区低龄寄宿儿童的现状，以及教育教学过程中存在的相关问题，并分析其中的原因，试图找到更科学合理的改善云南民族贫困农村地区低龄寄宿儿童教育的策略。

（二）问卷调查法

问卷调查法是研究者在获取有关研究资料与信息时，通过事先设计好的问题，以书面形式给出一些和研究目的相关的问题，让被调查者根据自身的实际情形进行作答，在对问题的答案进行回收、整理和分析的过程中获取相关信息的方法。在设计问卷调查时，要优先考虑调查的目的，调查目的是问卷调查的中心与出发点，决定着调查的其他方面，如调查对象的选择、调查范围的确定、调查内容的设计和调查结果的分析与呈现。所以，在问卷调查的初始阶段就必须明确调查目的。基于此，我们为了从更宏观的角度呈现云南民族贫困农村地区低龄寄宿儿童面临的突出问题，也为了增加研究的科学性和解释力度，根据理论推导的方式，结合前期从与相关教育行政部门领导、工作人员、学生交流和大量访谈中所获得的相关信息，自行编制了“云南民族贫困农村地区低龄寄宿儿童调查问卷（教师）”以及“云南民族贫困农村地区低龄寄宿儿童调查问卷（学生）”（见附件一），以使研究的方向更加明确，研究的内容更加聚焦，更有针对性地梳理和探讨面临的实际情形。本着这样的研究预期，我们选择了云南省部分样本县部分学校进行了问卷调查。

（三）访谈法

访谈法是一种研究性交谈，是通过与研究对象口头交谈从被研究者那里收集所需第一手资料的调查方法。[①] 访谈即研究者“寻访”“访问”被研究者并且与其进行“交谈”和“询问”的一种活动，其中访谈者通过询问来引导被访者回答，以此方式来了解调查对象的态度和行为，达到调查的预期目的。访谈是依据预定的研究计划在访谈者与受访者间的一种互动形式，从本质上讲，访谈内容先由访员确定，再针对受访者提出的若干特殊议题加以深入挖掘[②]。教育研究中所采用的访谈是一种有目的、有计划和有准备的谈话，针对性很强，谈话的过程紧紧围绕着研究的主题展开，与一般情形下的谈话是有区别的，教育研究中的访谈是研究性谈话。本研究在具体操作过程中，为了能更客观地对云南民族贫困农村地区低龄寄宿儿童面临的现实问题进行阐释，我们在大量访谈的基础上，有针对性地与行政部门领导、学校领导、教师、学生与学生家长进行了多次集体座谈和深度个别访谈，了解云南民族贫困农村地区低龄寄宿儿童

① 白芸．质的研究指导［M］．北京：教育科学出版社，2002：42.

② ［美］艾尔·巴比．社会研究方法［M］．邱泽奇，译．北京：华夏出版社，2000：368.

存在的问题，寻找有效改进的措施、途径和思路，为探索和构建科学合理的农村寄宿制学校提供真实依据。

五、技术路线和实施步骤

课题采取的技术路线如图1所示。

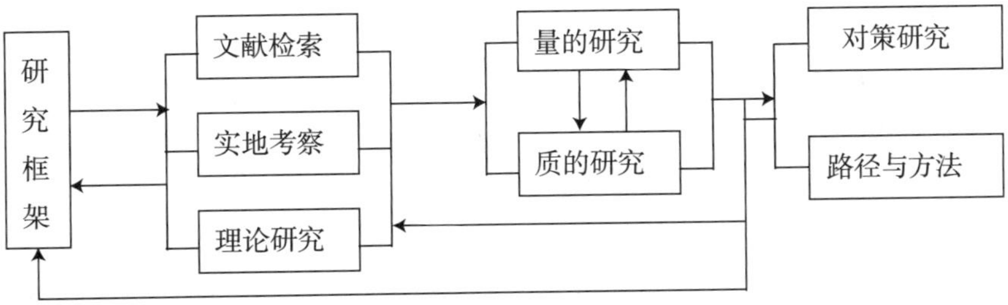

图1　课题采取的技术路线

课题具体实施步骤如下。

2016年1至3月：课题的组织、准备、课题研究工作的分工、资料收集、分析等工作。

2016年4至5月：对所获得的资料进行归类、分析，力争把问题找准和阐述清楚。

2016年6至8月：对各主要方面的问题进行归纳、分析、概括总结；撰写论文、研究报告。

2016年9至11月：完成研究报告，并进行结题准备。

2016年12月：课题结题论证。

六、核心概念界定

（一）农村寄宿制学校

农村寄宿制学校指农村地区义务教育阶段公立小学中，具备基本的食宿条件，能为学生提供基本生活服务的学校，包括全寄宿制学校和走读与住读混合型学校。

（二）低龄儿童

低龄儿童是一个相对于适龄儿童而言的概念，适龄儿童是指达到入学年龄接受教育的孩子。根据《中华人民共和国义务教育法》规定，凡年满六周岁的儿童，其父母或者其他法定监护人都应该送其入学接受并完成义务教育。据此，凡未满六周岁就被父母或者其他法定监护人送其入学接受教育的儿童，即视为低龄儿童。

七、理论基础

（一）教育公平理论

教育公平是社会公平价值理论在教育领域的延伸与拓展，教育的公平包括教育权利平等和受教育机会均等两个方面。

（二）义务教育均衡发展

在义务教育实施阶段，区域教育资源的配置要合理，应实现相应的均衡，包括校舍、基础设施、师资力量、教育经费等办学条件的相对均衡。

综合以上所述，教育的公平和教育的均衡发展，并不是说要求城乡之间没有任何的差距，绝对的齐平，而是说要根据实际发展情况，尽量缩小区域之间、城乡之间、各校之间资源的差距，大力扶持基础较为薄弱的学校，加强基础设施的建设，实现资源的合理配置及优化。因此，大力扶持西部地区农村寄宿制学校的建设，为学生提供良好的学习生活环境，让更多的农村学校能够实现“学得好，学得快乐；留得住，留得有意义”是实现教育公平的重要方面。

（三）制度学理论

制度能够提供稳定的刺激和推动的作用，且在某一层面上还具有强制性。第一，人们工作的动机主要分为内在和外在两个方面，制度更多强化的是人们的外在动机，且在一定层面上也利于刺激人们的内在动机，对内在动机进行强化。第二，一项相关政策法规、制度的颁布使已有的预期在很大的程度上变为现实。第三，制度对人的发展具有一定的约束功能，能有效地抑制人的机会主义行为。因为制度一旦被公之于众，就意味着人人都是平等的，都将会接受制约与监督。第四，制度能够减少不确定性事件的发生，好的制度是公正的制度。

（四）人本管理理论

人本管理的主要观点：尊重人、依靠人、为了人。其基本的内涵包括：一、人的管理是第一位的；二，以激励的方式为主；三，建立和谐的人际关系；四，积极开发人力资源；五，培育和发挥团队精神。

教师是学校管理的重要人力资源，学校的管理应该更多强调教师的主导地位，充分调动教师的积极性、主动性、创造性。因此，学校在对教师的管理过程中，要注重对教师的人文关怀，关注教师的生活，鼓励并促进教师自身专业的发展，加强专业的训练以提高教师的教学水平，进一步尊重、关怀、理解、激励广大教师，激发教师对自身岗位及专业的热情。

（五）马斯洛的需求层次理论

1943 年，马斯洛提出，人有一系列复杂的需求，按其优先需求的顺序可以排成阶梯式的层次。马斯洛将需求分成生理需求、安全需求、社交需求、尊重需求和自我实现需求五类，依次由较低层次向较高层次做了排列。

第一，生理上的需求。这是人类的第一层次的需求，指能够满足个体生存所必需的一切需要，如食物、衣服等方面的需求。

第二，安全需求。这是人类的第二层次的需求，指能够满足个体免于身体与心理危害恐惧的一切需要，如稳定的收入、强大的治安力量、良好的福利等。

第三，社交需求。这是人类的第三层次的需求，指能够满足个体与他人交往的一切需要，如友谊、爱情、归属感等。

第四，尊重需求。这是人类的第四层次的需求，指能够满足他人对自己的认可及自己对自己认可的一切需要，如名誉、地位、尊严、自信、自尊等。

第五，自我实现的需求。这是人类最高层次的需求，指满足个体把各种潜能都发挥出来的一种需要，如不断地追求事业成功、使技术精益求精等。

教育的发展及受教育的过程就是受教育者不断满足自身需求的过程。马斯洛的需求层次论很好地诠释了这一过程。对农村低龄寄宿儿童的现状进行研究并提出相应的对策，也是为了不断完善寄宿教育发展的过程，追求教育朝着“完美”方向发展的过程。

（六）校本管理理论

校本管理更多提倡的是政府把权利下放到各个学校，使学校实现管理体制的有序进行和机制创新，从而让各个学校能够优化办学资源，进行合理配置，提高教学效率与教学质量，实现自主发展，实现不断的创新，创办并体现出各自的教学特色。

（七）学校管理理论

学校管理理论的重点在于能够为我们描述学校的管理现象及管理规律，并对学校自身所存在的管理问题及出现问题的原因做出合理性的解释，并能为今后学校的有效发展和管理提出有指导性的切实可行的方法和对策，例如，学校规章制度的建设、管理体制组织结构的建设、管理手段和方法、学校课程资源的开发与利用，以及教学资源等方面的管理等。

第二节　研究背景

一、选题背景

寄宿制学校是党和国家根据农村地区特殊的地理环境以及经济不发达地区的交通不便、教育落后等特点举办的一种特殊形式的学校，目的是为了帮助这些地区教育的发展，提高当地人们的素质。2001 年 5 月 29 日国务院发布的《关于基础教育改革与发展的决定》中提出："因地制宜调整农村义务教育学校布局。按照小学就近入学、初中相对集中、优化教育资源配置的原则，合理规划和调整学校布局。农村小学和教学点要在方便学生就近入学的前提下适当合并，在交通不便的地区仍需保留必要的教学点，防止因布局调整造成学生辍学，学校布局调整要与危房改造、规范学制、城镇化发展、移民搬迁等统筹规划。调整后的校舍等资产要保证用于发展教育事业。在有条件的地方，可举办寄宿制学校。"自《关于基础教育改革与发展的决定》的政策颁布后，农村的寄宿制学校开始有了制度性的保障，国家对我国大部分地区，特别是教育较为落后的中西部地区的中小学教育进行了大范围的调整。在这次的整改中要求生源较少、不稳定的学校进行"撤点并校"，提高了教师和资源的有效利用率。布局的调整从教学层面对于学生的学习有一定的积极作用。然而，凡事都存在两面性，"撤点并校"对于一个区域只有一所小学或生源较少的一师一校的学校学生而言，为了接受或完成教育，就不得不离开家乡去所合并的学校内求学。学生离家远，尤其是对于低年级的学生而言，上学接送的问题制约了教育的发展。为解决相应的问题，有关部门对学校布局进行了适当调整，把农村寄宿读书作为解决农村中小学教育所面临的求学难的一种重要手段。这样一来，在现行的教育制度下，低年级的学生也不得不过上"低龄寄宿"的生活。

教育部的相关数据显示，2006 年全国中小学寄宿的学生已接近 3 000 万，而这 3 000 万之中，西部地区的中小学寄宿生占比过大。而在寄宿的人群中，农村寄宿生又高于城市的寄宿比例。寄宿制小学在大力发展的同时，寄宿教育呈现出了低龄化的趋势，东北师范大学针对 870 名小学生进行寄宿制的调查研究显示：小学低年级阶段，寄宿生的比例达到 55.4%，远高于高年级寄宿生，出现了低年级寄宿生数量逐渐超越高年级寄宿生的情形。

当然，低龄寄宿儿童的出现是多方面因素共同作用的结果。我们主要从宏观层面上将其分为主观和客观两个因素。

（一）主观因素

主观因素，主要是从家长和学生方面而言。

1. 家长对孩子的期望过高

正如有关研究人员所言："一个人在社会中想要有活动，比如继承、从军、迁移、婚嫁或是创业等等，都可能实现，但是最基本的要素还是接受教育。因此，教育不单单是一个可以通向社会上级的阶梯，与此同时它还是为了走通以上途径不可或缺的助推器。"家长都"望子成龙""望女成凤"，多数家长则认为孩子不接受高等教育就将一事无成，不能融入上层社会的发展，为了让子女"成龙""成凤"，家长不惜把孩子送去远离家乡的城镇采取寄宿的方式上学，实现自身所设定的教育目标。然而，目前农村教育的现状以及发展进程，不能满足家长对教育的需求。所以，低龄化的寄宿现象成为未来寄宿制发展的一种趋势。

2. 缺乏良好的家庭教育环境

生活在农村，大部分家长的时间精力都忙于做农活，无法空出更多空余的时间来照顾或有效教育自己的孩子。当然，部分家长由于自身能力及知识有限，在农闲时节也无法管理教育自己的孩子，且教育和管理的方式也存在不恰当的地方。教育观念的不合理以及教育方式的不恰当，使得更多的家长愿意花钱将孩子送到学校采取寄宿的方式进行学习，认为这样的方式能够让孩子受到更好的教育，同时也减轻了自己照看孩子的负担，所以从主观层面而言会抱着"花钱省心"的态度送孩子去寄宿。

（二）客观因素

从客观层面而言，低龄寄宿制的产生原因有两方面，一方面，由于农村基础教育资源短缺，相对落后的教育观念以及相对薄弱的基础教育，让农村学生与城市的学生在起点上存在着很大的差异；另一方面，教师资源的相对匮乏，特别是对于山区学校，独特地理环境及气候使教师资源只有"流出"而没有"进入"，导致教师队伍存在不稳定性，教师身兼多科的现象导致教学质量得不到保证。所以相比较而言，家长为了孩子自身的发展，往往选择寄宿的方式让孩子就读。

农村寄宿制学校的产生，在一定层面上解决了多数学生读书难、辍学等问题，利于教师的集中教学与师资力量的有效整合。然而，现实的寄宿生活，对于小学寄宿生，特别是低龄寄宿的儿童而言，存在着种种挑战，如有研究者在研究涉及低龄寄宿生的生活现状时，提到很多低龄儿童在寄宿中会产生情感上的问题，导致性格上的缺陷，具体表现为：开始住寄宿校的前几个星期，低龄寄宿儿童晚上会出现哭闹等各种不适应寄宿生活的现象。农村的低龄寄宿儿童寄宿后的生活状况给研究者们提出了一个挑战，将此话题提上了一个新的台阶。

二、农村寄宿制学校产生的背景

计划生育政策的实施，使我国农村适龄儿童入学的人数越来越少，尤其是我国的中西部农村地区，小学生生源不足，学校较为分散、规模小、基础设施较城镇学校而言较为落后，导致出现教学质量偏低、教学效果不明显的问题。为解决相应的现实问题，提高农村学校的教学效率及教学质量，对教学资源进行合理的配置，国务院于2001年颁布了《关于基础教育改革与发展的决定》。该政策规定："要因地制宜地进行中小学的义务教育，对现阶段农村的中小学教育现状进行有效的解决，合理的规划和调整学校的布局。"同年，国务院将农村中小学教育的布局调整作为中心工作。有了国家政策的倾斜及制度的保障，从2001年开始，我国各地政府纷纷根据当地的中小学教育现状制订调整计划，对于生源少、教学质量差、办学条件恶劣的学校给予大幅度整改，采取"撤点并校"的方式。通过地方政府的积极调整与配合，我国中小学办学调整的措施取得了显著的效果，有关数据显示：截至2006年年底，全国共撤减中小学校15.46万所，其中小学的撤点比例居高，多达15万所（其中包括教学点2.3万个），占撤销学校总数的97.02%。

学校布局如火如荼地调整，虽然解决了农村教育的实际问题，但也衍生出一系列的农村教育问题，出现的寄宿制模式是为了解决"撤点并校"使学生前往离家较远的地方求学的问题，但也影响了学生的正常学习生活。随着经济的发展，为满足家庭生活的需求，农民工进城打工出现了一种"潮流"，农村的教育中也出现了一些特殊的群体——留守儿童。为了解决留守儿童的实际问题——身心及思想道德的健康发展，保障留守儿童的教育工作顺利有序进行，针对具体情况进行分析后，各地政府及时调整农村中小学的布局结构，以确保农村中小学的义务教育逐步向城市化看齐，发展科学合理、有序的寄宿管理模式的学校体系。

面对留守儿童群体及集中办学的形势发展，以及寄宿制学校所在的地区多为边远、贫困地区和少数民族聚居区，经济落后，管理经验不足等问题，2004年12月20日《西部地区农村寄宿制学校建设工程实施方案》要求："按照国家有关教育法律法规和政策要求，保障对寄宿制学校的经费投入，提高寄宿制学校的管理水平和教育教学水平，合理规划寄宿制学校的布局，配置各项附属设施和必要设备等。"该方案针对学校的建设、住宿、安全等多方面的问题都提出了具体要求。为了让学生能更好的学习，教育部于2004—2008年斥资100余亿元，加大了我国中西部地区寄宿学校建设的步伐和力度，建立了主要以初中寄宿为核心的教育模式，对于不具备寄宿教育条件的地区，加大扶持力度，帮助它们尽快具备寄宿条件，让学生真正享受到国家的政策方针，保障中西部农村地区义务教育的有效实施，确保学生在舒适的寄宿环境下健康、快乐地成长。

据2006年教育部的数据统计，截至2006年我国的中小学寄宿人数达到3 000万，中西部地区初中生的寄宿比例过大，小学的寄宿人数超过中学的寄宿人数，农村的寄宿人数远超过城镇的寄宿人数，其中云南、广西等地寄宿的人数远超于其他省份，比例惊人。在农村寄宿制学校大规模进行发展的同时，我国的寄宿教育呈现低龄化的发展趋势，东北师范大学针对870名小学生进行调查后的数据显示：小学低年级寄宿比例为55.4%，农村地区小学低年级的寄宿比例高于高年级的寄宿比例（在调查报告中所提到的小学低年级一般是指小学一、二年级的学生）。

低龄寄宿儿童所呈现的上升趋势。政府主导下所举办的寄宿制学校，主要针对的是我国的中西部农村地区。数据显示，在2007年我国的中小学寄宿生已突破3 000万，中西部的寄宿人数居多，其中，云南、西藏等地的中小学寄宿比例较高。寄宿的普遍现象已成为我国农村地区主要的办学形式之一。国家对西部地区的“两基”计划的实施和《西部地区农村寄宿制学校建设工程实施方案》措施的颁布和实行，促进了我国中西部农村寄宿制学校的迅猛发展，有效解决了学生的入学问题，使九年义务教育得以合理有效地实施。

综上所述，农村寄宿制学校产生的背景主要有两个方面：一是经济的发展，迫使大量的农民工进城务工，导致留守儿童群体的出现，为了确保这一群体的有效学习，寄宿制学校成为最有效的解决实际问题的方式；二是在九年义务教育政策的实施下，为确保相应政策的有效落实及缩小城乡差距，提高国民素质，国家教育部门颁布相应的方针政策，从制度和政策层面确保和推动寄宿制学校的发展。

三、低龄寄宿生产生的原因

寄宿制模式成为农村中小学进行有效教学的一种办学模式。农村中“低龄寄宿”现象的出现，是由于多种因素共同作用的结果，从宏观上，可以分为两个主要的方面：一方面是主观上的原因，主要是与家里的父母有关，与家庭教育有关。例如，父母对孩子的期望过高，孩子身负“重任”，但是父母自身的管理及教育能力有限，无法对孩子进行有效的教育与管理，包括无法辅导孩子的功课，对孩子所问的问题没有能力给予正确解答，迫于家庭生活的压力不得不做出让孩子寄宿的决定，以及部分家长内心存在的盲目从众心理。另一方面是客观上的原因，最主要的是与相关的政策法规相关。例如，义务教育政策的颁布，对于适龄儿童必须强制性完成九年义务教育，我国城乡二元结构的发展难以改变，农村人才资源短缺、资源投入不够，以及客观上农村的发展比起城市而言较为缓慢等。

（一）低龄寄宿生产生的客观原因

1. 城乡二元结构的持续性发展（城乡发展的不平衡）

随着经济的发展，我国城市和农村在经济、教育等方面的差距显得较为明显。为了满足家庭生活发展的需求及提升家庭生活的质量，伴随着经济的发展“民工潮”成为这一时期的产物，大量的民工每年都纷纷涌入大城市承担着城市的各项分工，较为常见的主要是体力劳动者、服务类人员等等。务工的目的是为了谋取生活的基本收入，满足家里的基本生活需求。由此可知，随着人口的大量流动，我国城乡存在的二元结构差距从某一层面而言逐渐被削弱，城乡之间多了一份便利与交流。但在这其中也存在一个问题：大量的民工进入大城市务工后，家里更多留下的是妇女、老人与儿童，或者只留孩子，家里的老人或亲近的亲戚承担起临时的抚养义务，这些孩子被迫成为“留守儿童”，面对教育体制的改革及发展，这些“留守儿童”便成为“低龄寄宿”的接受者，成为靠寄宿求学的低龄寄宿生。

2. 农村学校基础性的教育资源短缺

“民工潮”促使大量的民工进城务工，留下来的孩子成为“低龄寄宿”的对象，而教育资源的短缺则成为助长这一现象的“助推器”。在农村学校，教育资源的短缺主要呈现在以下几个方面：一方面，农村的教学环境及场所较为狭窄，且地处偏远，基本的教学设备不齐全，只有残缺的黑板、课桌和简陋的教室。在同等接受教学的条件下，城市的学生，学习环境宽敞明亮，基础设施完善，有多媒体等设备，还有机会发展个人的兴趣爱好与特长等。从基础性的教学设置而言，农村与城市存在着一定的差距。另一方面，农村学校教师资源短缺，特殊的地理环境使多数新教师望而却步。留守于农村学校的教师一人扮演着多种角色，首先，农民是其中最主要的角色，仅凭工资不足以满足其自身家庭生活的需要，因此在课后或课前，教师们扮演的是农民角色，进行“务农”。其次，另一个角色才是教师，经常出现一人身兼多科，或一师一校的情况。教师资源的短缺及不稳定，使农村学校教学质量难以得到保证与提升。在此情况下，家长们为了孩子的更好发展，往往会选择在孩子较小的时候就送他们去城里寄宿学习，更促使了“低龄寄宿生”的产生。

3. 相关政策方针的实施推动了“低龄寄宿”群体的发展

“撤点并校”的实施，让更多的孩子远离家乡到集中办学点求学。农村地区人口多分散居住，交通不便，为了安全及学生的正常学习，更多的学生以寄宿的方式进行学习，促使学校将寄宿模式当作特殊的教学方式。1986 年 4 月我国颁布了《中华人民共和国义务教育法》，规定："适龄儿童和青年都必须接受，国家、社会、家庭必须予以保证的国民教育，其实质是国家依照法律的规定对适龄儿童和青少年实施的一定年限的强迫教育的制度，义务教育又称强迫教育和免费义务教育。"义务教育政策的实施及"撤点并校"的兴起，让更多的农村及偏远地区的学生远离家乡，寄宿于学校。在此发展过程中，低龄寄宿生的比例逐渐增加，推动了低龄寄宿群体的发展。

（二）出现低龄化寄宿的主观原因

1. 父母对子女的期望高及孩子对知识的渴求

对于出生于农村家庭的孩子而言，父母对孩子的期望过高，希望孩子能够通过学习改变整个家庭的"命运"，"望子成龙""望女成凤"。在很多家长的潜意识层面里，都希望孩子能够拥有更高学历的文凭，从而能找到好的工作，家长对孩子的期望过高。正如有关研究人员所言："一个人在社会中想要有活动，比如继承、从军、迁移、婚嫁或是创业等等，都可能实现；但是最基本的要素还是接受教育。因此，教育不单单是一个可以通向社会上层的阶梯，与此同时它还是为了走通以上途径不可或缺的助推器。"家长"望子成龙""望女成凤"，多数家长则认为孩子不接受高等教育就将一事无成，不能融入上层社会的发展，为了"成龙""成凤"，家长不惜把孩子送去远离家乡的城镇采取寄宿的方式上学，实现自身所设定的教育目标。另外，孩子对于知识的渴求，从一定层面上也促进了低龄化寄宿群体的产生。

2. 缺乏良好的家庭教育环境

生活在农村，大部分家长的时间精力都忙于做农活，无法空出更多的时间来照顾或有效教育自己的孩子。当然，由于部分家长自身能力及知识有限性，在农闲时节也无法管理教育自己的孩子，且教育和管理的方式也存在不恰当性。教育观念的不合理性以及教育方式的不恰当性，使得更多的家长愿意花钱将孩子送到学校采取寄宿的方式进行学习，认为这样的方式能够让孩子受到更好的教育，同时也减轻了自己照看孩子的负担。所以从家长主观层面而言会用"花钱省心"的态度送孩子去寄宿。

3. 家长对于寄宿学校的从众心理

为了让孩子接受更好的教育，也使自己减轻照看和教育孩子的负担，部分家长采取寄宿求学的方式将孩子送至离家较远的学校。正如经济的发展一样，一个地方经济的发展必然会促使另一个地方的经济也会直追发展。在寄宿制教学形式下，有些家长看到别人家的孩子送到寄宿制学校就读后，自身的家庭教育和家庭管理变得轻松了，也就学着跟别人一样，将孩子送至寄宿制学校；或者孩子在听到别人说寄宿制学校的各种好处之后，就恳求自己的家长将自己送至学校进行寄宿学习。家长自身没有正确对待寄宿学习的看法，就跟着大众盲目地将孩子送往寄宿制学校进行寄宿学习，尽管寄宿所要支付的费用可能比不寄宿的学校要高，但是部分家长为了跟风，不惜花这一笔费用，要求孩子寄宿。家长的这一从众行为，也成为低龄寄宿群体产生的“助推器”。

四、农村寄宿制学校存在的必要性和可行性分析

（一）农村寄宿制学校存在的可行性

农村地区特殊的地理环境以及封闭状态的生活方式，使大多数农村家庭的家长不愿意将自己的孩子抚养长大后留在农村继承自己的“产业”。大多数家庭都希望将自己的孩子送出大山，走向城里，走向社会，接受好的教育，都明白受教育的重要性。但是，由于自身的经济能力有限，教育费用对于他们而言无疑是身上的一个重要负担。然而，若国家和社会能给予更多的优惠政策，让他们从中受益，那么他们还是会对教育事业给予支持的。因此对于农村寄宿制学校存在的必要性可从相关法律政策的支持、教育思想以及社会经济保障体系的进一步完善等方面入手进行分析。

1. 由相关法律政策构成的支持系统

（1）1986 年 4 月我国颁布了《中华人民共和国义务教育法》

该法规定：“适龄儿童和青年都必须接受，国家、社会、家庭必须予以保证的国民教育，其实质是国家依照法律的规定对适龄儿童和青少年实施的一定年限的强迫教育的制度，义务教育又称强迫教育和免费义务教育。”义务教育的实施使更多的孩子进入学校进行求学，也促进了寄宿制学校的发展和存在。

（2）《国务院进一步加强农村教育工作的决定》（2001 年 7 月）

该决定指出，由于农村家庭经济困难的适龄儿童接受义务教育迫切需要得到关心和照顾，国家在已有助学办法的基础上，建立和健全扶持农村家庭经济困难学生接受义务教育的助学制度，争取到 2007 年全国农村义务教育阶段家庭困难学生都能享受到“两免一补”（免学杂费、免教材费、补助寄宿生活费）。这一举措大大降低了寄宿的成本，减轻了农民的负担，也促进了寄宿制学校的发展。

（3）《2004—2007 年教育振兴行动计划》

该计划坚持将农村教育放在重要地位，加快农村教育发展，进一步深化农村的教育改革，促进农村经济与教育协调发展。计划以实施“农村寄宿制学校建设工程”为突破口，加强农村中小学建设。要将“两基”攻坚作为西部大开发的重要任务继续实施“国家贫困地区义务教育工程”和“中小学危房改造工程”。这份文件不仅提出了农村寄宿制学校的建设工程，同时对于一些关于农村

的发展性问题和优惠政策也做出相应的指示与说明。

(4)《关于进一步做好农村寄宿制学校建设工程实施工作的若干意见》

该意见的主要目的是为了要求各级地方政府结合相关部门，根据本地的具体实际教学情况，出台优惠政策，尽量减免“农村寄宿制学校建设工程”建设收费，提高工程资金的使用效益，督促各地加快实施工程进度、加强建设质量管理与保证“农村寄宿制学校建设工程”的顺利实施。

2. 社会经济体系的进一步保障

教育的发展是同政治、经济发展相结合的。政治的发展确保了经济的平稳发展，经济的发展又保障了教育的兴起与发展，教育的发展又为经济和政治的发展提供了促进保障的作用。义务教育法实施后，国家为保证农村学校能进行有效的教学及稳固师资和生源，采取各种补助的手段及奖励政策，使农民变得越来越支持教育，因为从教育中他们获得了益处。

对于农村地区而言，家长们对教学观念的转变需要一个过程，这是一种必然的发展趋势。生活在边远山村的人们不是不愿意接受教育，而是由于特殊的地理环境限制了当地经济的发展，没有稳定及持续的收入，即使通过努力也只处于解决温饱问题的基线上。因此，受教育的观念意识淡薄，更别提用法律意识来为自己争取受教育机会的法制观念。

义务教育政策实施后，学生的学费、住宿费、生活费等问题得到了保障，部分农民感受到了政策带来的福利，在观念上逐步发生了改变，更多的家长送孩子去当地的学校求学，或者将孩子送到离家较远的集中办学点采取寄宿的方式学习。家长观念的转变，对寄宿制学校的产生和持续性发展有促进作用。

(二) 农村寄宿制学校产生的必要性分析

1. 留守儿童等诸多现象使农村中存在的现实问题不断加重

随着经济的发展，城乡经济差距的逐步拉大，为了满足自身的需求，我国出现了人口的大流动现象，更多的农民工进入城市务工，将孩子留给亲戚或老人照看，这就促进了“留守儿童”这一群体的发展。为了使孩子能够接受更好的教育及完成应接受的九年义务教育，寄宿制教学办学模式应运而生。为了孩子的有效学习，寄宿制学校的产生成为教育机制必不可少的一部分。

2. 人民群众生活水平的逐步提高，对子女的受教育需求不断增加

如今，国家对农村地区的经济发展进行了大力的调整和扶持。同时在得到了教育方面带来的相关益处后，人们的生活水平逐步提高，逐渐从追求物质生活转向追求精神生活，教育观念也发生了转变，都希望将自己的子女送入学校进行学习。这一观念的转变进一步推动了寄宿制学校的发展，证实了农村寄宿制学校产生的必要性。

3. 经济发展的需要

百年大计，教育为本。经济的发展为教育的发展提供了物质基础，同样教育的发展也有利于经济的进一步提升，而农村寄宿制学校对于农村经济的发展起到了一定的带动作用，因为学校是传播知识与文化的主要途径。

4. 教育自身发展的需要

农村地区虽然地理环境独特，但也有自身发展的优势，应该根据因地制宜的原则来办教育。中西部地区在教育资源相对有限的前提下利用自身所拥有的优势进行办学也是一种有效的办学途径，既满足当地学生接受教育的需求，也促进了当地经济的发展及教育的有效发展。

综上所述，无论是从可行性方面进行分析，还是从必要性层面来分析，农村寄宿制学校都有产生的意义和价值。黑格尔的“存在即是合理的”，这句话对于概括寄宿制学校产生的必要性和可行性是最恰当不过的。寄宿制学校作为我国西部贫困地区农村教育的主要学校形态，是历史的选择，也是西部地区发展教育事业的必然选择。事实证明，对于教育水平相对较低、基础教育设施相对不完备的民族地区而言，举办寄宿制学校有利于促进并加快该地区有效实施“义务教育”的步伐，全面提高劳动者的素质，是优化办学资源的有效途径。

第三节　已有研究文献回顾与分析

一、寄宿制学校与少数民族地区教育发展之间的关系问题研究

最早关于民族寄宿制学校的文章《记民族教育的一次盛会》1982 年刊登在《人民教育》上，这篇文章记载了当时来自全国 13 个省、自治区的代表 68 人在新疆参加全国牧区山区寄宿制民族中小学经验交流会的情况。这次会议形成了关于少数民族地区寄宿制中小学的一些共识：一是阐述了分散办学与集中办学的关系，提出了“四为主”的办学方针，强调了寄宿制和走读制相结合，以寄宿制为主。二是强调了牧区办寄宿制学校的必要性。牧区地域辽阔，地处高寒，交通不便，尤其是流动放牧，居住相当分散，在这种条件下，办走读学校有困难，办巡回学校效果又不太好，只有办寄宿制学校才比较切合实际。三是认为办寄宿制学校不能盲目发展。办一所寄宿制学校，要比一般学校多花几倍的钱，在各方面经济还不算富裕的情况下要办寄宿制学校必须是态度积极，步骤稳妥。新建一所寄宿制学校，规模、校址选择、经费来源、师资等均需充分考虑，不能盲目发展。会议还总结了寄宿制学校的优点：提高了学龄儿童的入学率和巩固率；学生人数较多，便于分科、分班教学，有利于提高教学质量；便于集中

师资加强教学，开展教学研究活动；教学有时间保证，课程能够开设齐全，有利于学生德智体全面发展；学生从小过集体生活，有利于培养集体主义观念，增强组织性和纪律性。总结认为，办好民族地区寄宿制学校的关键在于领导，同时学校也要解决两个问题：一是抓好教学，努力提高教学质量；二是抓好学生生活，安排好学生的衣食住行及医疗和文娱活动，使他们有一个好的学习环境，才能稳住孩子的情绪，使家长放心。①

周旺云（1986）对民族地区发展寄宿制学校提出了四个方面的问题：一是要坚持“积极稳步”的方针，因为寄宿制学校在投资和师资要求上要比一般学校高得多，如果盲目发展，既削弱了重点，又无法保证质量。二是在办学形式上要坚持突出重点、分类指导的原则，实行多规格、多层次、多形式和多渠道办学。三是加强教育管理，在质量上花大力气。四是要办好伙食，这不仅关系到学生的身体健康问题，而且还可以巩固学生额，是使之安心就学的重要条件之一。②

龚安波（1989）研究苗族寄宿制问题时认为，寄宿制学校不仅能够有效消除民族隔阂，加强民族团结，还较全面地提高了苗族学生的思想素质；寄宿制学校学生在校时间长，有利于教师的平时辅导，既能做好新生的查漏补缺工作，又能全面掌握学生的知识底细，为提高教育质量，改进教学方法提供了可靠的依据；寄宿制学校能够提高苗族学生的身体素质，学生在寄宿制学校营养有保障，锻炼有规律，疾病能够得到及时控制与治疗。因此，实行寄宿制是提高苗族学生素质的最佳形式之一。③

夏铸（2004）认为，在经济文化不太发达，居住分散，山高谷深，交通困难和常年游牧的牧区、山区和边疆地区举办寄宿制中小学，已经成为改善和提升这些地区家庭经济困难学生学习、生活条件的一项德政工程，成为民族地区实现“两基”的一项重要措施；对于繁荣和发展各民族经济文化、增强民族团结，巩固边疆有着重要的战略意义。随着办学条件的不断改善，今后的工作中心应该是抓好寄宿制学校的管理，提高办学质量和效益。④

姚万禄（2008）在《当代中国民族地区农村教育的特色模式及其绩效》一文中认为，寄宿制学校的建设，已经成为改善和提升少数民族地区，特别是山

---

① 连健生．记民族教育的一次盛会［R］．人民教育，1982.

② 周旺云．切实办好寄宿制学校，努力提高民族教育质量［J］．四川教育，1986（10）：65.

③ 龚安波．寄宿制是提高苗族学生素质的最佳形式［J］．民族论坛，1989（2）：86－87.

④ 夏铸．大力加强民族寄宿制学校管理工作，为促进民族地区实现“两基”目标做贡献［J］．中国民族教育，2004（6）：6－8.

区、牧区、边境地区贫困学生学习生活条件的一项德政工程，成为少数民族地区实现“两基”的一项重要措施。实践证明，寄宿制学校是解决农村人口分散、整合教育资源、提高办学规模效益的有效教育模式，民族地区举办寄宿制学校除解决了教育本身的难题外，还有重要的社会意义。寄宿制教育存在的地区，主要是广大的农牧地区，传统的生计方式制约着教育和民族社会的发展，寄宿制教育较好地促进了教育与居住、生产的分离，传统生计方式制约教育的局面得到了较大改观。寄宿制教育还使民族地域文化融入现代社会中，有助于民族心理的现代塑造。①

二、寄宿制学校与农村学校布局调整的关系问题研究

20 世纪 90 年代中后期以来，我国农村学龄人口不断减少，并且伴随着城镇化水平的不断提高，农村地区尤其是中西部地区出现了中小学生源不足、布局分散、规模小及质量低等现象。2001 年国务院颁布了《关于基础教育改革与发展的决定》，要求“因地制宜调整农村义务教育布局，按照小学就近入学、初中相对集中、优化教育资源配置的原则，合理规划和调整学校布局”。由此，农村中小学布局调整拉开帷幕，而学生上学路程远随之成为一个突出的问题。

彭涛等（2006）主张，西部农村基础教育撤点并校，投入大量资金建设寄宿制学校，实质上是我国西部农村基础教育的一次历史性重组，重组的战略意义和历史意义就在于一步到位，不仅要解决学生“上学难”的问题，更重要的还在于为学生提供“优质教育的问题”。因此，西部基础教育重组不能以“头痛医头，脚痛医脚”的短视行为给国家和人民的极为有限的教育资金造成困难。②

范先佐（2009）认为，要解决学生上学远的问题，保证农村中小学布局调整顺利实施，搞好农村寄宿制学校建设不失为一种好的选择。寄宿制学校既可以解决布局调整后农村中小学生上学路程远、学习和安全得不到保障的问题，还可以增强师生、同学之间的交往，提高农村中小学生的生活自理能力和与人合作的能力，对于他们的成长无疑具有积极作用。中小学布局调整过程要结合“农村中小学危房改造工程”“国家贫困地区义务教育工程”等项目的实施，在有条件且必要的地方改扩建一批农村中小学寄宿制学校，同时加强对寄宿制学校教学、生活、安全等方面的管理，以充分发挥学校教育的主体作用，帮助农

---

① 姚万禄. 当代中国民族地区农村教育的特色模式及其绩效［J］. 社科纵横，2008（11）：133－135.

② 谷生华，彭涛，等. 西部农村基础教育重组应一步到位——关于西部农村基础教育寄宿制学校建设的调查与思考［J］. 教育发展研究，2006（6）：32－35.

村孩子克服中小学布局调整后面临的各种困难。①

三、寄宿制学校与解决农村留守儿童问题之间的关系问题研究

随着现代化建设步伐的不断加快，大量的农村富余劳动力转移到城市务工，使得“留守儿童”教育成为当前和今后一段时间内亟待解决的一个社会问题。关注“留守儿童”教育问题，不仅关系这些孩子的健康成长，而且关系中国建设现代化的成败。

范先佐（2008）认为，在家庭功能不健全的情况下，学校应成为留守儿童社会化过程中一个极其重要的场所，如果学校能够给予他们更多的关爱和帮助，将会在很大程度上弥补家庭教育上的缺憾，并能保证他们公平接受教育。而要解决这一问题，搞好寄宿制学校建设不失为一种好的选择。寄宿制学校可以解决留守儿童无人照顾和学习与安全得不到保障的问题，解除进城务工农民的后顾之忧。为此，国家必须为农村寄宿制学校建设提供财政支持；适当放宽农村寄宿制学校教师编制，配备专门的生活指导教师，并对相关人员的素质提出新的要求；学校应在政府的支持下千方百计改善学生寄宿条件或开办专门的留守儿童宿舍，给留守儿童及广大农民子女提供较好的学习和生活环境，以吸引打工者将他们的孩子寄宿在学校，从而加强对留守儿童的管护。加强寄宿制学校的日常管理；学校应开展丰富多彩的活动，让留守儿童感受到来自学校大家庭的温暖；要重视学生的心理咨询与辅导，建立留守儿童心理发展档案；学校应有专门的机构和人员来承担与留守儿童家庭的联系，以制度的形式保障与留守儿童父母及监护人经常性的联系。②

李炳呈等（2009）在分析了农村留守儿童的教育现状之后，对寄宿制道德现实性进行了分析，认为，寄宿制学校有为农村留守儿童提供更好的学习环境、人身安全保障的优势，同时在留守儿童良好行为习惯的养成和人际交往、心理健康发展方面也具有明显优势。最后得出结论，实行集中寄宿是解决农村留守儿童教育问题的最佳途径。③

综上，两位学者都将寄宿制学校视为解决留守儿童问题的最佳途径，当然，也有人持不同的观点。张克云等（2010）在《社会支持理论视角下的留守儿童干预措施》一文中以社会支持理论为基础，对寄宿制学校、“代理家长”、托管

---

① 范先佐．中国中西部地区农村中小学合理布局结构研究：基于对中西部地区6省区38个县市177个乡镇的调查分析［M］．北京：中国社会科学出版社，2009：69.

② 范先佐．关于农村“留守儿童”教育公平问题的调查分析及政策建议［J］．湖南师范大学教育科学学报，2008（6）：11－17.

③ 李炳呈，任建东．论解决农村留守儿童教育问题的最佳途径：集中寄宿制［J］．长沙大学学报，2009（1）：132－134.

家庭和社区亲情活动室等留守儿童干预方式进行了比较，认为农村寄宿制学校最直接的好处是为儿童提供吃饭、住宿等基本生活条件，在一定程度上减轻了监护人的负担，同时也更好地满足了留守儿童学习辅导的需要；留守儿童在寄宿制学校有更多的时间和同学在一起，满足了与同辈群体交往的需要。但是，寄宿制学校对留守儿童的社会支持存在一定的局限性，不少寄宿制学校学生由于年龄小，生活自理能力差，人际交往方面也有困难，因而常常情绪低落，影响正常的学习生活。另外，由于寄宿制学校本身的基本设施不全等原因，致使寄宿学生普遍感觉生活单调。

四、农村寄宿制学校管理存在问题的研究

（一）基础设施薄弱，办学条件落后

集中办学给大多数农村寄宿制学校带来了规模扩大和生源增长的难题，使学校原有的办学条件显得不足和落后，有限的教育设施和学生的需求之间的矛盾凸显。吴庆国（2011）指出："许多寄宿制学校的教室数量不足，图书馆图书奇缺，内容陈旧，缺少相关的实验仪器和实验室。学生宿舍紧张，条件非常简陋，后勤设施配套不到位，学生的安全、医疗、卫生、营养缺乏必要的保障，不能满足寄宿学生的基本需要。"① 杨玉兰等人（2013）也指出："因生源的陆续增加，而经费却未能及时补充，导致硬件设施不齐全，学生课余生活单调。"其中主要表现为"教学设施严重缺乏，校舍紧缺，生均活动面积过小，现代化教学设备和体育器材数量有限，害怕被损坏，只能作为学校的'标本'，使用率较低；因人多床少，寄宿生的寝室很拥挤，最拥挤的时候一张床睡三四个学生，严重影响学生正常的学习生活"。②

（二）缺乏师资队伍，增加教师负担

陈帅认为："由于学校办学经费有限，学校无力招聘足够的生活教师。因此，任课教师与班主任在承担日常教学的基础上，还要监管学生的安全、饮食、住宿，这导致教师长时间超负荷工作，心理压力巨大。"③ 邓悦也指出："寄宿制学校教师实际在原有职责的基础上，又附加了一部分'家长'的责任，与非寄宿制学校的教师无论在工作时间、工作范围、管理内容还是工作责任性等方

---

① 吴庆国．刍议农村寄宿制小学建设［J］．黑龙江教育学院学报，2011（3）：41－42.

② 杨玉兰，吴星国．农村寄宿制小学面临的问题及解决对策［J］．中国校外教育，2013（31）：13.

③ 陈帅．农村寄宿制小学生生活指导的问题与对策研究［J］．广西教育学院学报，2012（1）：173－175.

面相比都增加了工作强度和难度。”① 肖长谦和张斌在谈到此问题时也指出：“学校实行全员寄宿以后，寄宿生的年龄参差不齐，一、二年级的学生年龄太小，生活无法自理，这就要求学校增加保育员、保卫、校医等专业岗位。然而，目前没有这些人员的编制，学校不得不自行解决人员安排和工资待遇问题。同时，寄宿制学校学生在校时间长，活动量增加，这就需要教师更有爱心和耐心，要求教师提高自身的业务水平和管理能力。”②

（三）农村寄宿制学校学生课余生活管理问题研究

丰富的业余活动是保证学生童年生活完整性的关键。因此，充分保障并利用学生的业余时间就显得愈发重要。然而，目前很多寄宿制学校对这一问题仍然缺乏足够的认识，很多研究对这一问题给予了高度关注。

中央教育科学研究所课题组（2008）对广西都安县、河北丰宁县调研后发现，由于贫困地区贫困寄宿生的生活补贴费用处于低标准水平，农村教师编制紧张，不能设置专门的生活指导教师，公用经费没有对寄宿制学校学生的管理做出专门的安排，使得农村寄宿制学校学生课余活动很贫乏，不利于学生成长。课题组调研发现，农村寄宿制学校学生课余生活方面存在诸多问题：学校不能开展学生所期望的课余活动；寄宿学生课余活动形式单调；教师对寄宿学生课余活动开展评价不高；教师工作量大，待遇低，开展课余活动的积极性不高；寄宿生心理慰藉凸显真空。③ 王远伟（2007）对内蒙古三个旗的农村寄宿制学校调查发现，农村寄宿制学校的课余生活以学业为主，存在超负荷学习的现象。④ 从以上研究可以看出，寄宿学生几乎不能自主掌握课余时间，很多时候，课外活动时间都是被繁重的课堂作业所充斥，大部分学校都存在超负荷学习的现象。

（四）农村寄宿制学校卫生问题研究

将学生的生活纳入管理范围成为农村寄宿制学校义不容辞的责任，同时集体生活对饮食卫生及学生个人卫生提出了更高的要求。因此，对寄宿制学校学生的饮食卫生、个人卫生、流行性疾病预防及心理健康的研究层出不穷。

朱敏等（2006）通过对四川省通江县正文小学的卫生和健康状况的个案分

---

① 邓悦．农村寄宿制小学建设的探索与思考［J］．基础教育，2007（z1）：33－33.

② 肖长谦，张斌．国贫县农村寄宿制学校建设的调查与思考．民族教育，［DB/OL］．http：//www. cnki. net. 2008：61.

③ 中央教育科学研究所课题组．贫困地区农村寄宿制学校学生课余生活管理研究——基于广西壮族自治区都安县、河北省丰宁县的调研［J］．教育研究，2008（4）：9－12.

④ 王远伟．农村寄宿制中小学的问题与思考——以内蒙古三个旗为例［J］．新课程研究（教育管理），2007（3）：19－22.

析得出结论，寄宿学生的基本饮食与卫生知识普遍不足，低龄学生生活难以完全自理，特别是农村留守儿童的卫生问题更为突出，在学校难以养成良好的卫生习惯，回家之后由于父母不在身边，家庭卫生教育缺失，往往使他们无法享受同龄孩子的“花季”，生理与心理的成长都面临着严重的问题。[①] 唐振柱（2008）对广西农村寄宿制学校饮用水卫生现状进行实际考察，结果表明：广西农村寄宿制学校饮水卫生安全形势严峻，对师生健康构成严重的现实和潜在危害。研究认为主要原因有三点：一是以自备水源供水为主的农村寄宿制学校，水源卫生防护差，造成饮水污染；二是饮水卫生消毒设施匮乏，许多农村寄宿制学校自备水源供水缺乏必要的水质净化和消毒设施；三是受到污染的饮水已对师生健康造成危害，肠道传染病疫情频频发生。[②]

安徽省教育厅高校专项科学研究重点项目（2008）对农村寄宿制学校的卫生问题进行了专题研究。杨玲、陶芳标对寄宿制学校教室、宿舍、厕所进行了卫生学评价，结果显示，安徽省农村寄宿制学校卫生安全状况不容乐观，主要是教室班额过大，采光系数低；人工照明不良；课桌椅不符合学生身高；学生宿舍居住拥挤；厕所蹲位严重不足。这些指标达不到对农村普通学校教室、宿舍和厕所卫生调查的一般水平。[③] 伍晓艳、陶芳标对安徽省农村寄宿制学校食堂卫生现状进行了实际调研，结果表明，食堂卫生总体情况、食堂布局和卫生设施、食品安全和储存过程、从业人员卫生行为和原料采购、卫生管理方面都难以达到国家相关规定。安徽省农村寄宿制学校食堂卫生普遍存在问题，相关部门应加强监督和管理力度，保障农村寄宿制学校食品安全。[④] 程代娟对安徽农村寄宿制学校传染病发病情况进行了调查研究，结果表明，传染病发病率男生高于女生，初中生是传染病的高发人群，在家住宿学生的传染病发病率低，住校生乙肝和疥疮发病最多见。[⑤]

中国科学院农业政策研究中心（2009）和斯坦福大学合作进行的一份有关学生饮食、身体发育和心理方面的调查研究报告表明，农村寄宿制学校学生和非寄宿生之间存在显著差距。调研报告显示，小学一年级寄宿生的身高比世界

---

① 朱敏，陈润．寄宿制小学卫生和健康状况的调查——四川省通江县正文小学个案分析［J］．现代中小学教育，2006（11）：71－73.

② 唐振柱．广西农村寄宿制学校饮用水卫生安全状况分析［J］．中国学校卫生，2008（7）：628－630.

③ 杨玲，陶芳标．安徽省农村寄宿制学校教室宿舍厕所卫生学评价［J］．中国学校卫生，2008（9）：779－781.

④ 伍晓艳、陶芳标．安徽省农村寄宿制学校食堂卫生现状［J］．中国学校卫生，2008（9）：796－796.

⑤ 程代娟．安徽省农村寄宿制学校学生传染病发病情况［J］．中国学校卫生，2008（9）：788－790.

卫生组织监测的同龄人的平均身高低 6 厘米，非寄宿生为 4 厘米，二年级这一差距分别为 7 厘米和 4 厘米，三年级分别低 7 厘米和 5 厘米，四年级寄宿生这一身高差距快速增长到 10 厘米，而非寄宿生这一差距只有 6 厘米。另外，该研究还发现，与非寄宿生相比，寄宿生更倾向于自卑、无法安心学习、怀疑自己能力、易为一些小事烦恼、焦虑失眠、易对某些日常食物怀有恐惧心理、易冲动以及控制力差等。①

以上关于农村寄宿制学校卫生状况的研究具有很强的说服力，同时也反映出了农村寄宿制学校目前仍亟待解决的问题，当然，如何通过相关政策来改变这一局面还需进一步探讨。

（五）农村寄宿制学校安全问题研究

寄宿制一方面为学生提供了更充裕的学习时间，但另一方面也对学校的安全管理带来了极大挑战。当前的研究对校园食品、火灾、交通安全及学生伤害事故等方面进行了有益的探索。

徐永生等（2005）指出，随着农村寄宿制学校逐渐增多，一些农村乡镇寄宿制中小学校园安全问题凸显。具体问题包括：危房的大量存在；交通安全缺乏保障；伪劣食品泛滥；消防设施欠缺；建筑工地与学生活动区没有严格分开；学生间的矛盾冲突存在隐患。究其原因，主要是管理者学校安全意识单薄；危房不能在短时期内完全消除；学校管理面临着新的难题；周边环境对校园安全的影响等。② 梁朝辉、杨杰军（2005）介绍了龙胜县低龄学生寄宿安全管理的经验。对低龄学生的管理主要有以下经验：教师值日与高年级学生值日相结合；教师负责和指定学生干部负责相结合（放学后低龄寄宿生可以到街上、河边或野外去玩，但要求要事先报告当日的负责老师）；家长和教师接送相结合；教师休息与学生娱乐相结合；教师管理和学生室长配合管理相结合；教师照顾和学生互相照顾相结合；同学搭配和学校安排相结合；专职与兼职管理相结合。③

黎承（2007）在《乡镇寄宿制中小学校火灾隐患及对策》一文中指出，乡镇寄宿制中小学人员密集，学生众多，一旦发生火灾，极容易造成重大人员伤亡。该文在分析了当前乡镇寄宿制中小学存在的火灾隐患以及造成这些隐患的原因后，从消防建筑审核、验收、消防监督等角度探讨了如何加强乡镇寄宿制

① 中科院．有关农村学生饮食、身体发育和心理问题的调查研究报告［R］．政策简报，2009.

② 徐永生，宋世兵．关注农村寄宿制学校校园安全［J］．湖南教育，2005（12）：4－5.

③ 梁朝辉，杨杰军，等．爱与责任，护佑低龄寄宿生——广西龙胜各族自治县低龄小学生寄宿管理纪实［J］．中国民族教育，2005（5）：18－21.

中小学校的消防安全工作。[①] 程代娟、陶芳标（2008）对安徽省5个县25所寄宿制学校5 556名学生进行了调查研究，通过对住校、住亲朋家、租房住和住在家里四种类型的伤害情况进行统计分析，结果表明，学生伤害发生率为52%，男生发生率高于女生，初中和小学生伤害发生率均高于高中生；交通事故和动物咬伤以住家学生多见。该文认为，寄宿生活可能是交通事故和动物咬伤的保护因素。[②]

目前，很多学校都针对寄宿管理制定了严格的规章制度，但其共性为措施缺少人性化。可以说，安全问题依然是困扰学校管理的重要因素之一，也是对寄宿生实行“圈养”的无奈之举。当然，如何加强安全管理，如何界定寄宿制学校安全事故的法律责任有待进一步研究。

五、农村寄宿制学校教育问题的研究

（一）寄宿儿童的心理健康问题研究

随着社会经济的发展和教育体制的变革，寄宿制学校逐渐成为办学的主流形式为增加在校的学习时间，很多家庭选择让孩子远离自己住进学校。尤其是在农村地区，寄宿意味着父母有更多的时间忙于工作，大部分父母都愿意让孩子住校，认为自己没文化也教不了孩子，而学校里有老师，不仅能“看住”孩子，还能教给孩子知识，何乐而不为？然而，我们都知道家庭才是孩子的第一所学校，父母才是孩子的第一任老师，培养孩子离不开家长的支持与配合，单纯地将他们“扔进”学校，不管不顾，不但学习成绩难以提高，而且长期以来，心理健康也将受到极大影响。目前，很多研究都关注到了寄宿生的心理健康问题。

肖利敏等（2008）选择安徽省农村小学五年级至高三年级的3 834名学生为样本，使用Zung抑郁自评量表（SDS）和焦虑自评量表（SAS）评定抑郁、焦虑状态，并运用多因素Logistic回归分析探讨农村寄宿生和走读生抑郁、焦虑症状的影响因素。结果显示：寄宿生抑郁症状检出率（52.7%）高于走读生（46.2%），焦虑症状检出率（27.7%）也高于走读生（21.5%）。多因素Logistic回归分析结果表明，寄宿是抑郁和焦虑症状的危险因素。[③] 张丽锦等（2009）

① 黎承．乡镇寄宿制中小学校火灾隐患及对策［J］．广西师范学院学报（哲学社会科学版），2007（S1）：175－178.

② 程代娟，陶芳标．安徽省农村寄宿制学校学生伤害发生情况［J］．中国学校卫生，2008（9）：782－784.

③ 肖利敏，陶芳标，陈钦，等．安徽省农村寄宿制学校学生抑郁焦虑症状及其影响因素分析［J］．中国学校卫生，2008（9）：785－787.

用《中学生心理健康量表》对宁夏274名寄宿制学校初中生和300名非寄宿制学校初中生的心理健康状况进行了对比研究。结果发现：寄宿制学校初中生总体心理问题发生率显著高于非寄宿制初中生，其各种心理问题的检出率也高于后者。寄宿对不同年级初中生心理健康状况的影响有所不同。该研究结果显示，初一、初二寄宿学生的心理健康水平显著低于非寄宿学生，而初三学生没有差异；寄宿学生各年级心理健康水平没有差异，而随着年级的增高，非寄宿学生心理健康水平呈下降趋势，初二、初三显著劣于初一。结论：寄宿制学校初中生心理健康状况不如非寄宿制学校，且主要表现在初一年级学生身上。①

周春兰等运用中学生心理健康量表、青少年生活事件量表和自编调查问卷，对某市150名寄宿制中学生进行调查，结果显示，寄宿制中学生44.0%存在心理问题，其中中度心理问题的为8.0%，重度心理问题的为3.4%；各分量表具体得分情况排列前五位依次为学习压力、抑郁、敌对、情绪不稳定和心理不平衡；生活事件各因子应激量前三位依次为学习压力、人际关系和受惩罚；全体被试生活事件发生频率前五位的依次为学习负担重、考试失败、家庭施加学习压力、与好友发生纠纷和升学压力。结论为，寄宿制中学生心理健康状况不容乐观，主要表现在学习压力和人际关系方面，应引起相关教育机构的重视，为寄宿制中学生营造一个良好的学习氛围。②

同时，也有很多研究显示出走读生与寄宿生的心理健康状况有所差异。陈彦芳（2008）在《寄宿生心理健康研究综述》中指出，与走读生相比，寄宿生存在更多人际交往问题、焦虑及抑郁倾向、性格缺陷和行为问题，问题类型因年龄差异有所不同。③ 叶敬忠、潘璐（2007）对北京、江苏和湖南的四所农村寄宿制小学展开问卷调查，调查对象为一至五年级的178位寄宿生与193位走读生及相关亲属、教师、教育部门负责人，结果发现：很多寄宿生在住校期间感觉内心孤独、思念家人却无法与家人进行情感交流。④ 王玲、李崇勇等（2008）采用Achenbach儿童行为量表对三至五年级寄宿儿童和普通儿童进行调查发现：寄宿女生在活动情况上较非寄宿女生差，在社交退缩、体诉、多动、

① 张丽锦，沈杰．寄宿制与非寄宿制学校初中生心理健康状况比较［J］．中国特殊教育，2009（5）：82－86.

② 周春兰，吴艳妮．寄宿制中学生心理健康状况调查与分析［J］．广东医学，2009（9）：1366－1368.

③ 陈彦芳．寄宿生心理健康研究综述［J］．教育理论与实践，2008（S2）：98－100.

④ 叶敬忠，潘璐．农村寄宿制小学生的情感世界研究［J］．教育科学研究，2007（9）：29－31.

违纪因子分以及总量表分比非寄宿生有相对多的问题。[①] 昝旻（2011）通过对寄宿与非寄宿制小学生自尊和孤独感差异研究发现，寄宿制与非寄宿制的小学生的孤独感差异显著（$T=2.419$，$P=0.016<0.05$），寄宿制的学生孤独感得分为 29.86 ± 10.63，非寄宿制学生孤独感的得分为 27.73 ± 9.05，寄宿制学生总体孤独感得分显著高于非寄宿制学生。[②] 曹建英、蔡铁成、王海龙（2008）对重庆地区 4 至 6 年级寄宿儿童和一般儿童采用龚耀先修订的埃克森个性问卷（EPQ）儿童版进行测评，其结果显示：寄宿儿童的神经质 N 分明显高于一般儿童（$P<0.05$），即寄宿儿童更加倔强固执、孤僻，更缺乏同情心，且情绪不稳定，易激动。[③] 王大涛、张学周、何玟锦（2014）对寄宿制和非寄宿制初中生分别采样，使用“中国中学生心理健康量表”进行心理健康状况的比较，结果表明：非寄宿生的心理健康状况要优于寄宿生，尤其表现在人际关系紧张敏感方面，此外男生和女生在“敌对”程度上也有显著差别。[④]

此外，部分学者还对寄宿制学生心理问题突出的原因进行了研究。董树梅（2006）选用华东师范大学周步成编制的《心理健康评定测验（MHT）》，对天津市某寄宿制小学学生开展调查，结果显示：导致寄宿制小学生心理问题突出的重要原因是家庭原因。[⑤] 储小庆（2009）对导致农村寄宿小学生学校适应不良的原因进行深入分析，其中包括校长教育理念落后；学生学习压力过大；教职员工素质低，参与学生管理的积极性不高；同伴关系欠佳，人际交往缺乏引导；家长没有在学校教育中发挥应有的作用等等，对改善农村寄宿小学生的学校适应做出了一个有益的探索。[⑥]

（二）寄宿儿童的适应性问题研究

农村寄宿制学校是我国特殊时期的一种教育举措，从长远来看，其必将有助于提高农村的教育质量，克服和弥补许多农村独生子女家庭教育缺失和教育不当的问题，同时对优化教育资源、推进教育公平及解决农村留守儿童问题都

---

① 王玲，李崇勇等．寄宿制小学生行为与父母教养方式的研究［J］．中国心理卫生杂志，2008（7）：494－495.

② 昝旻．寄宿与非寄宿制小学生自尊和孤独感的现状研究［D］．成都：四川师范大学，2011.

③ 曹建英，蔡铁成，王海龙．寄宿儿童与一般儿童人格特征的比较研究［J］．教育前沿综合版），2008（6）：337－340.

④ 王大涛，张学周，何玟锦．农村寄宿制初中生心理健康调查研究［J］．河西学院学报，2014：126－128.

⑤ 董树梅．影响城市寄宿制小学学生心理健康状况的家庭原因探析［J］．西北成人教育学报，2006（4）：38－40.

⑥ 储小庆．农村寄宿小学生学校适应问题及对策研究［D］．重庆：西南大学，2009.

有重要价值。但是，寄宿制学校也会使一部分学生尤其是低龄儿童因寄宿而产生种种不适应。目前。大部分研究者主要把学生的适应分为学业适应、人际适应、行为适应、自我适应，并在此基础上分析了其影响因素。

李锋盈等人（2008）指出，在学习适应上，我国学生的学业适应不良率偏高，所以有相当一部分学生存在学习适应问题，并且城乡结合部小学高年级学生的学习适应不良现象极其严重，其适应不良检出率远远高出全国的平均水平。[①] 田澜指出，从总体上看，学习适应上男生要低于女生，但对这种差异程度的确定，不同的研究者会有不同的看法。[②] 此外，王晓妹认为，农民工子女的中学社会适应性及学习适应性较差，但在一定的范围内有差异的适应不良者在适合的条件下通过正确的指导可以向积极的一面转化。[③]

方怀胜认为，学生与教师的关系是人际适应的重要方面，并影响儿童的学业成绩和学校行为。同时还指出，学生的行为适应主要表现为儿童的行为问题，主要指在学校和家庭日常生活中因适应不良、自我调节困难、缺乏适当的指导帮助以及在一定的外界诱因影响下所产生的行为问题。主要包括外显与内隐两类：攻击性行为、破坏纪律、多动等属于外显的行为问题；而压抑、焦虑、缺乏自信、退缩属于内隐的行为问题。[④]

王小棉在《略论自我适应与适应环境》一文中，从自我适应的角度探讨人的适应问题。他认为“适者生存”是自然界的普遍规律，一切有机体都必须适应它们的环境，才能生存、繁衍。动物的心理活动使其能在环境中探究、定向并做出合适的反应。人类是动物演化阶梯的最高阶段，它不仅具有生物属性，而且还具有社会属性和意识属性，因此，人类适应的含义更加广泛。由于人是社会的人，因此个体不仅要适应自然环境，更重要的是还要适应社会环境，由于人具有意识，因此人不仅要适应外部环境，与外部世界取得平衡，而且还要取得内部心理世界的平衡，实现良好的自我适应。自我适应与适应环境共同构成了人类个体适应的丰富内涵。从心理学的角度分析，自我适应与适应环境都与人的自我意识有关。个体的自我适应与适应环境相互联系和相互作用，构成其整体的适应水平。[⑤]

---

① 李锋盈，杨伟明．城乡结合部小学高年级学生学习适应性的状况研究［J］．常州工学院学报（社科版）．2008：38－41.

② 田澜．我国中小学生学习适应性研究述评［J］．心理科学，2004（5）：38－41.

③ 王晓妹．关于农民工子女的中学学习适应性的研究——基于对大连66中学的调查与分析［D］．沈阳：辽宁师范大学，2007.

④ 方怀胜．中小学生的学校适应及教师的指导［J］．北京教育学院学报，2003（3）：46－49.

⑤ 王小棉．略论自我适应与适应环境［J］．教育研究与实验，1999，（3）：51－54.

尹廷杰（2010）也认为，伴随农村寄宿制小学规模的不断扩大，低龄儿童寄宿情况的迅速发展，给我国农村寄宿学校的工作带来了巨大的挑战，主要表现在：由于年龄小、见识少，加之离开家长等方面的原因，会在一定程度上对低龄学生身体、心理等方面的成长造成一定的影响，同时由于很多寄宿学校的教学和管理模式的陈旧，阻碍了素质教育的发展，也制约了学生的全面发展；寄宿学校的硬件配置的不完善，也使得寄宿教育的发展落后于新形势下的素质教育水平；贫困家庭寄宿学生生活困难，严重影响孩子的健康成长。①

储小庆在其硕士论文中指出："农村寄宿制小学生学校适应性不容乐观，主要表现在不适应学习环境、身心健康令人担忧；情感适应不良、倍感孤独、缺乏安全感；饮食起居不适应，健康不佳。"② 武海英等人（2011）在调查中发现，小学生由于寄宿，长期亲情缺失，在学校适应中出现的问题老师和家长没有有效的帮助解决，使很多孩子产生情感上的问题，导致性格上的缺陷。③

（三）家庭教育与寄宿儿童道德成长问题研究

当前，由于农村学校布局调整的实施，学校中出现了大批低龄寄宿的儿童，他们本该待在父母的身边，享受父母的关心、呵护，但是上学环境的改变使得他们不得不早早地离开父母住进学校。然而，父母才是孩子最好的老师，父母的以身作则才是对孩子最好的教育，尤其是父母的德行修养，它对孩子的道德成长有着很深刻的影响。瑞士心理学家皮亚杰曾说过："儿童早期的道德判断主要是受父母的影响，父母的观点被儿童内化并且成为以后自律功能的源泉。"

刘先丽的调查研究表明，寄宿儿童远离家长的监管，行为习惯容易出现偏差。比如寄宿生打架骂人的情况时有发生，容易养成乱花钱的习惯，甚至有偷窃行为。由于寄宿学生年龄较小，自我约束力和控制力较差，越低龄的寄宿生攀比和模仿的心理越强。随着儿童年龄增长，同辈群体的作用日渐重要，同龄群体对其成员的价值观和行为产生明显影响。没有家长的指导和管理，不良的行为习惯养成了，他们的道德行为也就出现了偏差。④ 贾丽凤等也通过调查研究指出，寄宿生日常生活学习中会有越轨行为：不遵守课堂纪律；取笑挖苦身体有缺陷的同学；损坏公物，破坏公共设施；爱搞恶作剧，使人上当受骗等。究其原因认为，由于中小学生正处于性格、心理及人格发展的关键期，即使是

---

① 尹廷杰．农村寄宿制小学发展刍议［J］．甘肃教育，2010（20）：9－9.

② 储小庆．农村寄宿小学生学校适应与对策［D］．重庆：西南大学，2009.

③ 武海英，等．农村寄宿制小学儿童心理发展状况调研报告［J］．河北北方学院学报（社会科学版），2011（4）：63－64.

④ 刘先丽．低龄寄宿对农村小学生社会化的影响［D］．中国优秀硕士学位论文数据库，2007.

比较轻微的越轨行为，若得不到及时的矫正，也必然会影响他们未来道德品质的形成和发展。①

因此，部分学者认为，家长教育功能缺失、家长榜样示范功能缺失及家长情感关怀缺失是低龄寄宿生形成其道德问题的主要因素。孩子远离了家庭就远离了父母，也就失去了重要的榜样，学校里面的不良行为一学就会，家里面的优良道德却无法习得。

胡延鹏（2009）指出，在寄宿制小学里，传统的“讲授式”课堂仍占据着主导地位。任课教师只注重知识传授，对学生的情感关怀处于一种无作为状态。生活教师只管理吃、住，在对寄宿小学生情感的关怀上显得无能为力。很多农村小学生在刚开始寄宿的时候不能够适应，此时生活教师几乎无作为。在对寄宿学生情感关怀的方面，生活教师不知道如何去做，教师对农村寄宿中小学生情感关怀显得“无为”和“无能”。②

当然，大部分学者认为，影响孩子道德成长的因素主要来源于家庭。吴航在《家庭教育学基础》这本书中提到，童年期一般与学龄初期相吻合，自六七岁到十一二岁，是为个人的一生发展奠定基础的时期。童年期因其发展的平缓和无尖锐冲突而未引起发展心理学家的充分重视。但对于教育家来说，由于童年期所具有的对成人的依赖、可塑的品格、极强的吸收能力等特点而成为接受教育的黄金时期。无论是为了国家还是个人的未来，人们都没有任何理由忽视童年期的教育，而家庭教育则是其中的一个重要组成部分。③ 而方建移等人也认为，父母的世界观、人生观、教育观对孩子有着决定性的影响。向孩子讲解知识和传递规则是父母的基本职责之一。父母教给孩子日后生活所必需的社会规范，日程生活中的行为规范，为人处世的道德观念，并且根据孩子的遵从或违背行为来给予奖赏或训斥。在此过程中，父母扮演着第一任教师的角色。父母对儿童的道德教育不仅表现为用语言传授文化价值并奖赏和惩罚儿童的行为，而且还表现为为儿童提供了行动模仿的榜样。在慈爱、诚实和勤劳的家庭中长大的儿童更易习得良好的道德。模仿机制在道德发展中起着关键作用。④

---

① 贾丽凤，刘冀徽，张焘．寄宿制教育对农村中小学生成长的影响问题研究［J］．继续教育研究，2009（8）：60－61.

② 胡延鹏．农村寄宿制小学情感关怀缺失问题研究［D］．长春：东北师范大学，2009.

③ 吴航．家庭教育学基础［M］．武汉：华中师范大学出版社，2010：15.

④ 方建移，何伟强．家庭教育与儿童社会性发展［M］．杭州：浙江教育出版社，2005：135.

六、农村寄宿制学校教育问题的对策与建议研究

纵观过往研究，对寄宿儿童现状的关注及所提策略，重在心理发展方面，关注寄宿儿童的人格特征、道德发展、社会性差异等等。除此之外也有少数文章关注寄宿儿童身体机能等方面的发展，或关注学校对寄宿儿童的管理制度。而关于以上的众多研究中，既有实证性的研究，也有非实证的研究。相关研究既有直接从农村寄宿儿童身心发展角度着手的，也有间接从学校改革与发展、家庭教育等角度开展的。对于低幼寄宿儿童的研究中，关注点都是小学生，对于幼儿园中出现的寄宿儿童的研究较为缺乏。

（一）关于农村寄宿制学校面临问题的对策研究

杨玉兰、吴星国在《农村寄宿制小学面临的问题及解决对策》中提出农村寄宿制小学存在问题的解决措施：第一，加大对寄宿制小学的公用经费投入。为保证农村寄宿制学校的良性、有序运转，不断提升教育教学质量，建议提高农村寄宿制小学公用经费的投入，保证学校有专项的经费，保障工作的顺利进行。完善寄宿制学校的教学仪器、运动设施、食堂、医务室等硬件设施建设，从经费上保证寄宿制学校的正常运转。第二，建立健全寄宿制学校的管理制度。学校在抓好课堂教学管理的同时，还要加强校园、食堂和宿舍管理。一是强化校园安全管理，聘请专职保安当门卫，加强校园巡逻，并安排教师值周巡逻；二是进一步完善卫生、医疗保障制度，加强食堂饮食卫生管理，建立校医务室，争取聘请心理健康教师，使学生的身心健康得到保障。第三，提高教师待遇，提高教师的工作积极性。寄宿制学校的教师，除了要完成上级安排的教学任务外，还要管理学校的寄宿学生，工作量大大增加。因此，建议学校及教育管理部门要把寄宿制学校老师的这份额外工作纳入考核范围，切实与绩效工资挂钩，激发老师们的工作积极性。第四，增设生活教师编制，保障学生的生活管理。教师的主要工作是完成教育教学工作，如果让教师再额外地承担生活管理工作，不论是从时间还是从精力上看，都会极大地影响其教学工作的完成。与其让教师在从事教学工作的同时为管理活动分心而影响教学，不如增设生活教师编制，招聘具有管理学生宿舍和食堂资质的生活教师，让老师们各司其职，更好地完成各自的本职工作。第五，加强教师的培训学习，提高教师的综合能力。寄宿制小学的老师们不仅承担着教育教学的任务，而且由于寄宿学生年龄较小，自理能力较差，常年远离父母，且“留守儿童”较多，老师们还面临对学生进行教授日常生活常识、饮食卫生知识，安全防护、心理健康教育等工作。因此，建议对老师进行管理学、教育学、心理学、卫生学等知识培训，以便教师更好地帮助学生身心全面的成长。寄宿制小学是一件有利于学生和家长的好举措，

有效地保证了山区孩子的受教育权，也在很大程度上实现了教育公平。我们要清醒地认识到，它在发展中所面临的困难和问题都只是暂时的，只要将寄宿制小学的软、硬件建设同时发展，遵循教育规律，把寄宿制学校与农村发展的实际相结合，就能实现农村寄宿制办学模式的可持续发展。

（二）关于农村留守儿童寄宿问题的对策研究

黄炳宣、阳崇波在《农村留守儿童的现状与思考——罗城仫佬族自治县留守儿童调查》中指出对罗城仫佬族自治县农村留守儿童情况调查表明，要解决留守儿童存在的家庭教育缺失、价值观扭曲、网络成瘾、早恋等问题，应该运用法律手段来规范农民的务工行为，如在子女未成年前，夫妻双方应有一方留在农村照顾家庭和子女，促使他们履行教育子女的职责；改革劳动就业制度，切实保证《义务教育法》的顺利实施；增加人员编制，办好寄宿制学校；修订对学生的生活补助办法，根据不同情况区别对待，以改善农村留守儿童的生活和教育环境。陈敏强、徐蕊、倪斌斌、刘白鹭、梁良、高劲松等人分析了留守儿童所面临的问题，在《关于农村留守儿童存在的问题以及对策的探讨与研究》针对留守儿童感情荒芜、教育质量低下、自我保护意识薄弱、人生价值观不明确等，提出了解决留守儿童问题对策和建议：第一，建立学校、家庭、社会三位一体的教育和监护体系，优化留守儿童成长环境，学校要积极承担其教育者的角色，在留守儿童接受教育的同时对他们的相关信息做好备案，加强管理，与家长、妇联以及村委会保持密切联系，针对学生出现的情况积极做出动态调节。开设家长课程，对监护人定时地进行学生方面辅导，针对留守儿童可能出现的情况妥善对家长进行引导和提醒，积极帮助监护人发挥第一教育者的身份地位。开设学生心理课程，根据留守儿童可能出现的心理状况及时做出预防以及疏导工作。妇联、团委、村委会等组织要加强联系和管理，齐抓共管，加大留守儿童管理力度。第二，改善学校寄宿条件，加强学生寄宿管理，政府应积极开展学生寄宿条件整改工作，尽可能早地给留守儿童提供一个舒适的温巢。在学校的统一管理下，团体生活的开展将极大地调动学生的积极性，留守儿童将在与老师、同学的相处中感受到关怀从而能够尽早地排除由于父母不在身边而造成的困扰。与此同时，学校寄宿管理的加强对于学生的安全也将是一个极大的保证。第三，投资兴建农民工子女学校，确保亲情关爱能够到位。政府相关单位应加大农民工子女学校的兴建力度，切实保障农民工子女的受教育权益。降低学校借读等费用门槛，提高农民工子女核准要求，真正保障农民工子女有学上，上得起学，上好学。此外，农民工子女学校的大规模兴建将切实保障留守儿童能够留在父母身边，真正担当起亲子教育阵地的第一线。第四，大力发展地方经济，促进劳动力区域性就业，积极开展以县域经济为主体的地方经济，促进以第二、第三产业为主的产业链发展，促进劳动力密集型就业。通过地方经济的发展为本地区提供更多的就业岗位以及创业机会，紧紧抓住本地区农民工的务工动态，从根本上解决农民工外出打工的问题，从根本上减少留守儿童数量。

广西地区的留守儿童问题也被关注。郑晓华在《广西农村留守儿童问题及对策——对农村寄宿制学校建设的思考》也提出了相应的建议。第一，努力完善政府政策措施。广西各级政府要研究建设农村寄宿制学校的政策和措施，确保寄宿制学校建设有法可依、有章可循、规范管理；要出台关于进一步保障教育用地的若干意见，依法保障教育用地规划和寄宿学校建设标准的落实；各地要出台教育建设项目的优惠政策，提高项目资金使用效益，也要对建设寄宿制学校工作开展督促检查，建立进度监测和信息反馈制度，及时上报寄宿制学校建设进展情况。第二，确保教育资金的足够投入。自治区政府要把建设寄宿制学校的工作列为政府教育工作的重大项目，建立健全以政府投入为主、多渠道筹措教育经费的教育资金来源体制，严格按照国家相关教育法律法规和《国家中长期教育改革和发展规划纲要》的规定，切实保证全区和各级财政教育支出占一般预算支出的比例达到中央及自治区核定的比例，同时统筹安排各级相关专项资金，落实寄宿制学校建设的各项筹办经费，并按相关规定和额定比例征收教育费附加及地方教育附加。第三，严格落实农村义务教育经费保障新机制，加快学校配套设施建设。自治区政府要充分贯彻《国务院关于深化农村义务教育经费保障机制改革的通知》精神，依照其中所规定的经费投入比例，确保寄宿制学校各种基础设施的建设与管理制度的健全。对一些合并而来或计划合并的寄宿制学校首先要务必积极筹建学生生活配套设施，从最基本的改水、建厕、建食堂等工作做起，切实保障学生最基本的生活需要；教学设备、图书阅览室、电脑室也是学生正常学习的必需条件，应配置到位。教育主管部门和纪检审计部门在督导和督察过程中也应按照该通知相关规定，确保寄宿制学校经费的专款专用。第四，大力加强农村师资队伍建设，优化管理队伍，提高教育教学质量。加强师资队伍建设是提高寄宿制学校教学质量的重要保证。其一，政府要将自治区教师队伍建设纳入区寄宿制学校建设的整体规划中，进一步理顺教师管理体制，为寄宿制学校提供实效的师资保障。其二，切实解决自治区学校教师结构性缺编问题，适度增加音、体、美等专业教师的录用名额，集约教师资源，对不同文化课教师的编制结构进行适度调整，均衡教师数量，避免出现多数教师集中在某几门文化课，其他文化课教师资源紧张的情况。其三，加强对部分转岗教师的专业培训，鼓励教师进修学习，提升其在新岗位的业务水平。其四，加强学校间、城乡间、地区间教师的交流活动，吸取先进经验，取长补短，提高教育教学质量。第五，积极推进寄宿制学校各种保障措施的落实。首先，自治区政府要积极采取措施帮助家庭困难的留守学生，通过减免学杂费，发放奖学金，同时鼓励企业捐资助学，保障每一个留守儿童的受教育权利。其次，政府资助资金，鼓励学校实行“校车制”，从根本上解决学生上学安全问题。最后，建立专职的生活老师、心理老师、校医队伍。学生年纪小，在寄宿制的学校容易出现各方面的问题，需要各方面的保障。生活老师、心理老师、校医都应纳入自治区财政编制，落实相关福利待遇，保障教师安居乐教。

谢治菊和刘洋在《边远贫困山区农村寄宿制学校建设研究——基于贵州省黔东南州“两山”地区的实证调查》中为解决贫困地区寄宿儿童所面临的问题提出了几点建议。第一，建立健全农村寄宿制学校的多元投入机制，除政府外，还应倡议企业捐助和社会力量的投入。第二，加强师资队伍建设，具体措施包括：提高寄宿制学校师资队伍的整体素质；放开寄宿制学校的编制，增加保育师资；配备专职心理教师和生活教师，加强对寄宿学生的心理干预；提高教师待遇，增强教师的责任感。第三，提高学生餐费补助标准，制定学生车费补贴政策，以减缓寄宿制家庭的经济压力。需要注意的是，车费补贴不能搞“一刀切”，而应根据学生离家路程的远近按比例发放。第四，寄宿制学校要科学规划、合理布局：不仅应与地区发展和人口发展趋势相结合，同区划调整相结合，更要具有可操作性，在办学规模上不搞“一刀切”。例如，对于交通不便的边远村寨学生就读寄宿制学校的问题，应因地制宜，慎重对待，把农村寄宿制学校和村小教学点等各种办学形式结合起来，走多样化办学的路子；对少数民族聚居地，由于人口稀少、居住分散，在校生人数应适当放宽，对学校的校舍建设也要从实际出发，做好长远的规划，按照当地人口发展的趋势，该撤并的予以撤并，暂不宜撤并的应逐步压缩办学规模，适当时候再考虑撤并，尽量避免教育资源的浪费。此外，还要充分挖掘现有资源的潜力，尽可能少建新点、易地新建和扩建学校，应在整合资源的基础上控制寄宿制学校的规模。如果非要新建，那么也应按当地农村经济发展规划和农村总体规划的要求，集合人口密度、学生来源、交通条件、地理环境等综合条件确定寄宿制学校的选址。选址时还应避开地震断裂带、滑坡体、山区和丘陵的阴坡面、泥石流和洪水沟口等不良自然地段。第五，要适当加大投入，完善寄宿制学校的基础设施建设。其具体措施包括：建立规范的澡堂、厕所、宿舍和食堂；同时，考虑到学生的课外活动比较单一，学校应充分利用资源，修建适合学校规模的操场和运动场所；此外，还应重视图书室对学生的影响，增加图书室的图书资源，延长图书室的开放时间，引导学生养成良好的阅读习惯。

（三）关于寄宿儿童心理发展的对策研究

林惜君、刘可等人也在关注留守儿童心理发展问题，其在《广东省贫困地区部分留守儿童心理健康状况的调查研究》中指出他们的研究与宋义等的研究都显示体育运动有利于留守儿童的心理健康。可能是因为在体育运动过程中，留守儿童能较好地克服孤僻、不自信等性格缺点，自然地融入群体中，人际交往能力得到提高所致。父母、家庭是儿童获得社会支持最主要的来源，因此要加大对留守儿童父母及其监护人健康教育的力度，让他们有意识地加强与留守儿童的情感沟通；学校应关爱留守儿童，加强心理健康教育，丰富学生课余生活；社会各界也要共同关注留守儿童的问题，促使相关部门发挥广东省经济优势，完善农民工子弟在城镇的教育、居住、医疗等问题，解决留守儿童与父母分居的情况，为留守儿童创建良好的社会环境。武海英、马国义、金盛华等人进行了关于寄宿儿童性格发展方面的研究，通过对 521 名农村寄宿制小学儿童进行问卷调查来研究其个性与社会性发展状况，其《农村寄宿制小学儿童个性与社会性发展状况研究》揭示了在农村寄宿制小学运行现状下，需要特别注重以下方面：第一，政府和社会应大力支持寄宿制小学的文化设施建设，为儿童的心理发展创设丰富的微观文化环境。目前，寄宿制学校的建设大多都是简单的校舍，建设齐备，就通过验收，投入运行。实际上，学校的教育，特别是作为一个相对封闭环境中的寄宿制学校的教育，是个体直接面对和接触的生活舞台，环境建设的丰富性与质量高低，直接影响其成员的生存与发展质量。特别是青少年正处于生长发育加速、人生观与价值观形成的关键时期，他们精力旺盛、好奇心求知欲强烈，刺激与活动不足，会严重影响他们的心身发展水平。因此，寄宿制学校的建设绝不仅仅是“盖房子”这样简单，需要政府和社会大力投入，建设好诸如体育设施、图书馆、课外活动室等一系列的软、硬件设施。第二，配备心理健康教育教师，为儿童的心理发展提供专业化的保障。研究结果显示，张家口市 275 所寄宿制小学，没有一位专职的心理健康教育教师。小学生寄宿于学校，远离父母特别的关怀、支持与帮助，要独自面对各种生活问题与人际问题，长期得不到及时有效的帮助，很容易产生心理问题。因此，教育行政部门必须为每所寄宿制学校配备心理健康教育教师，由专业教师采取活动性、参与性、体验性、校本性和个性化突出的教育方式，使寄宿生在有需要的时候，能及时得到帮助，避免因问题的累积而导致心理障碍凸显。第三，定期开展家庭教育指导，为儿童的心理发展提供亲密有效的支持。许多研究显示，亲子沟通与儿童的健康密切相关。学校定期为学生家长开展家庭教育指导，强化父母的教育意识，使父母掌握有效的亲子沟通技巧，提升亲子沟通的质量，帮助假日回家的儿童获得父母最有效的支持。第四，加强班主任与科任教师的责任意识，为儿童的心理发展奠定基础方向。面对寄宿的小学儿童，班主任老师一定要投入更多的时间和精力，特别要关注高年级儿童的学习和品行问题，深入学生生活、学习的实际，全面把握学生的思想和心理发展动态，有目的、有计划、系统地贯彻教育方针，提升教育质量，使他们德智体美劳等方面全面发展。

张高产研究了寄宿学校对于低幼龄儿童心理发展的影响，其在《低龄寄宿对儿童心理健康的影响》中列举了寄宿对儿童心理发展的不利影响，也据此提出了有针对性的建议。他认为在一个孩子从自然人变为社会人的过程中，不可避免地会受到家庭、学校、社会三方面的影响。所以，解决这一问题的最好方法是三方面有机结合。但家庭和社会所受学校的影响有限，且对于寄宿儿童来说，在学校的时间最长，学校对儿童的影响也最大，下面仅从学校方面对解决该问题的应对策略进行阐述。第一，完善学校设施，保障后勤生活。无论是教学设备、还是寄宿的相关设备，都要进一步的完善，为学生们的学习和生活提供一个良好的条件。即使有些地方经济条件不好，但是住宿的基本设施一定要具备，同时要保证安全。第二，加强师资队伍建设。为了保证学校的教学质量，要经常组织本校老师外出学习，不断提高自身的个人修养。同时，要让每位老师都具备一些心理健康方面的知识，以便于及时发现学生的问题并解决问题。对于生活老师，最好请具备相关专业知识的专职人员担任。如果生活老师不懂得儿童心理发展的规律和特点，也不善于与孩子交往，那么在他们的管理下，儿童的成长必然出现问题，即便他们能够保证孩子们的生活起居，但是却不能对孩子进行正确科学的引导，也是无用的。所以，寄宿制的学校对每一个老师的要求都很高。第三，构建和谐的师生关系。在学校里，学生们与老师朝夕相处，作为一名老师，应该对学生一视同仁，不搞特殊对待，能够真诚关怀、充分理解学生，经常和同学们聊天，像朋友一样相处。对于低龄寄宿生，更应该用爱来温暖他们，让他们感觉到这个世界是美好的，这有利于他们良好人格的养成。不过要从心里真正区分学校和家庭、家长和教师的角色，给孩子一个清晰的界限，避免造成孩子混乱的身份认同，造成教师的越位和家长的缺位。第四，开展丰富多彩的课外活动。寄宿制学校的生活一般比较单调乏味，增加课外活动可以激发学生的创造性思维，让他们在快乐中学习，可以大大提高学习效率，而且可以让学生们得到全面发展。游戏是儿童的权利，他们可以通过游戏建立积极的情感，调节消极的情感。对于一些比较内向、自卑的学生来说，也可以较快地融入班集体和改善他们的人际关系，有些学生还能够在活动中获得自信，提升他们的自我价值感。第五，尽可能地为学生提供与家庭联系的条件。寄宿生们渴望与父母交流，学校可以为他们建一个电话亭，或者确定某一天为“交流日”，在这一天，学生们可以给父母打电话或者写信，主要目的就是让学生与家里人沟通。如果不方便找到父母，也可以找老师、同学谈谈心。

第六，开展心理健康教育和心理咨询。要对有关教师进行专业培训或者是配备专业的心理咨询师，开设心理辅导课程，设立心理咨询室，对学生们普及心理学常识。对个别同学进行有针对性的指导，帮助同学们解决心理问题。并且帮助他们建立健康的心理防御机制，让他们在面对生活中所遇到的困难时，不胆怯，能运用某种办法摆脱困扰，塑造良好的心理品质。同时挖掘学生的潜能，满足他们多样化的心理需要，让他们能够认识自我、悦纳自我、控制自我。第七，针对寄宿制特点，改革教学模式。由于学生一直待在学校里，所以不能延续以往的课程安排、作息时间等，应做一些调整，比如低龄寄宿生要学会一些生活常识，学会适应集体生活，可以开设生活技能课。对于各个年级都可以适当地增加实践课，锻炼他们的动手能力和创新能力，这样有助于良好性格的养成。第八，带领学生参加社会实践。要尽可能多地组织学生们参加社会实践和社区服务的机会，让他们在接触与了解社会的同时，对这个社会有个全面的认识，从而让他们了解父母、体谅父母，尊重社会各个阶层的人，学会感恩。

萧枚认为过早寄宿会导致孩子抑郁，所以，即使要送孩子去寄宿制幼儿园，其认为父母也应该尊重孩子的想法，否则，有些孩子很可能因为寄宿生活产生被父母遗弃的极端想法，埋下抑郁症的种子。父母要多关心孩子，更重要的是要理解他们，对他们多加开导，避免专制的家长作风，让孩子把自己心中的积郁倾吐出来，想办法耐心地解决或合理地解释，使孩子满意，让孩子能从内心深处感到父母是他最亲近的人，仍然一直在关心他们。这样，孩子的忧郁心境就会得到改善和缓解。苏鹏举通过对甘肃庆阳地区宁县的中小学进行调查，认为农村留守儿童的心理问题主要体现在：性格内向，脾气暴躁；道德情感缺失，道德意志脆弱；心理失衡，易产生嫉妒心；人生观、价值观扭曲；逆反心理严重，自律性差。解决留守儿童的心理问题需家庭、学校、社会、政府、法制建设及留守儿童自身共同努力。家长和留守子女经常保持联系和沟通，完善家庭教育体系；增设学校心理咨询及辅导机构，大力培养心理咨询方面的师资力量；政府通力合作搭建留守儿童爱心平台，努力实现教育公平；建立寄宿制学校，创造良好的社会环境，增强留守儿童的归属感；建立和完善我国关于农村留守儿童管理的相关法律法规；在自我教育方面，留守儿童本人要学会自我调节，形成健康的心态。王铁柱、陈明春、孙业桓、杨林胜、孙莹、曹庆庆、顾超美、韩腾伟等人调查发现农村地区留守儿童与非留守儿童相比，心理发展遭遇不良影响，其在《某农村地区儿童抑郁症现状与留守状况的关系》中指出为了使农村儿童健康发展，父母中一方留下来，对孩子的心理成长会起到至关重要的作用，建立良好的家庭环境，可降低留守儿童抑郁症状的发生。

（四）关于寄宿儿童道德认知与行为问题的对策研究

许勇认为农村中小学布局调整后出现的寄宿制小学，有效地整合了教育资源，提高了教学成果，但是却给寄宿儿童的道德发展带来了负面影响，部分寄宿儿童出现了道德认知偏失、道德行为偏差的问题。其在《农村寄宿儿童道德发展问题研究》中指出规避影响寄宿儿童道德健康发展的负面影响的对策如下：第一，加大政策扶持力度。农村寄宿制学校管理工作不到位，原因之一就是资金缺乏。税费改革后，学校不能自筹资金，只能靠财政拨款来维持学校运转，有限的资金束缚了学校的发展。没有优秀教师愿意留下，造成师资短缺的情况；没有专门的生活老师，增加了教师的负担，更疏忽了对寄宿儿童的照顾。为此，希望政府通过加大资金投入、改善农村教师待遇，促进学校管理工作的进一步完善，给予寄宿儿童道德发展方面更多的关注。第二，优化品德与生活课的教学效果。品德与生活课是学生在校学习道德知识的重要途径，可是教师大多只是进行简单的道德知识灌输，课堂成为学生说小话、开小差的场所，因此，不能取得良好的教学效果，这就造成了这一教学平台的浪费。针对这种情况，学校可以进行专门培训，丰富老师的授课形式，提高学生的上课积极性，进而优化教学效果。苏联教育家苏霍姆林斯基说过："儿童高尚的心灵是在劳动中逐渐培养起来的，关键是要使幼儿从小就参加劳动，使劳动成为人的天性和习惯。"这也为上课形式提供了一种借鉴。第三，丰富课外活动内容，促进学生全面发展。寄宿生在校课外时间长，学校不能只是一味地监督学生学习，适当地开展诸如体育比赛、写字比赛、朗读比赛等课外活动，在丰富学生课余生活的同时，还有利于发展学生的兴趣爱好，培养彼此之间团结互助的精神，提高他们人际关系的处理能力，有利于儿童的社会化。第四，加强家校联系，增加学生信息的交流。家长与学校对孩子的认知和了解存在着互补性差异，两者之间需要互补和融合。为此学校需要拓宽与家长的联系渠道，以达到有效的沟通。19 世纪末 20 世纪初，许多国家从法律上赋予家长参与学校教育的合法权利，家长委员会成为最主要的形式。家长委员会可分为班级委员会和学校委员会两级形式，由家长代表组成。委员会的主任由家长选举产生，定期开展评教活动，探讨有关家庭教育中存在的普遍性问题，增进家长与教师、家长与学校之间的联系，并对家长学校的开办情况进行评估和监督，帮助家长改善家庭教育。在家校的合力作用下，促进儿童健康成长。

（五）关于寄宿儿童教育管理模式中存在问题的对策研究

段凯思、冯虹研究了当前留守儿童所面临的问题，并在其《当前留守儿童的教育管理模式的研究》中提出了相应的建议。第一，政府应针对农村寄宿制学校提出配套的教育投资体制，督导好农村寄宿制学校办学条件优化完善并限制农村寄宿制学校的盲目扩张以造成教育资源浪费。同时，利用现今的大数据技术构建农村留守儿童信息网，建立留守儿童的学信档案，对留守儿童采用

“教育券”的模式，即针对留守儿童的教育经费财政支出应根据其入学信息落实到就读学校，从一定程度上减少学校和家庭的经济负担。第二，相比于公立学校，寄宿制学校既要完成学生的教育教学任务，还要负担起学生的食宿生活管理。针对留守儿童生活自理能力不强，内心情感存在一定缺陷的特点和现状，应按一定比例给寄宿制学校配置专门的生活指导老师和心理咨询老师，保障留守儿童的生活环境和心理健康。同时，政府和教育部门应对农村寄宿制学校教师予以一定的政策倾斜，如职称评定上的优惠，薪资待遇上的提高，将大学生下乡支教与农村寄宿制学校有效对接，并积极引导公立学校与农村寄宿制学校联合办学，实施“走教”“讲学”等教学辅助手段。第三，现有的代理家长制中一部分是出自爱心家庭的自发善举，另一部分则是由政府和学校出面进行组织协调的，因而有些代理家长并不是在完全自愿基础上和留守儿童结对的，而且在代理过程中，代理家长不仅要对孩子进行情感培养、心理疏导、学业辅导，还要为孩子提供必要的物质条件。这些代理制度更多地要求了代理家长需承担的责任和义务却缺少应有的激励和扶持政策，客观上使这种代理制度存在许多不尽人意的问题。代理家长制的意义就在于弥补留守儿童由于父母缺位造成的情感缺失和教育缺失，使这些孩子感受到“父母”的关怀和家庭教育的温暖，使其走上正确的人生轨迹，和非留守儿童一样健康的成长。正所谓“言传身教”是最好的老师，中国式父母愿意努力给孩子最好的物质生活、最慵懒的生活环境，却往往难以给孩子最需要的身教——来自家长的优秀品德。鉴于此，代理家长制度应当将有偿性与无偿性结合起来，逐步由公益化转向专业化，让这些专业的代理家长能够弥补农民工家长自身因教育水平有限而无力承担对孩子的教育督导，以专业的代理将“衣食父母”和教育者有机结合，给孩子以正确的人生引导和指向。

王定伟在其《民族地区寄宿制小学生心理品质现状调查》指出寄宿制小学生与非寄宿制小学生心理品质方面的差异，并对民族贫困地区寄宿制小学的管理提出以下建议：第一，明确寄宿制小学管理的目的。寄宿制小学的管理工作不能为了响应上级号召而开展，更不能为了管住压住学生而开展。管理的出发点和落脚点是“以人为本”，具体地说就是要以寄宿学生为本，以寄宿学生的健康成长和获得良好的发展为本。通过寄宿生活，培养学生具有追求上进、有理想、敢于竞争、求知欲旺盛、独立性强、意志坚强、善于沟通和合作的良好个性心理品质，从而实现让“寄宿学生学得好、有保障，家长放心、社会满意”的管理目标。第二，加大经费和设备设施投入。民族贫困地区学校地处边远山区，交通不便，资金短缺，与寄宿制学校标准化建设有较大差距。政府部门应加大投入，进一步改善寄宿生住宿条件和生活条件，更新学生寝室设备设施，提高食堂饭菜质量。补充图书、实验器材、体育器材和表演道具等活动器材，加快教育信息化和现代化建设，搞好课堂内外相关活动，为促进寄宿生个性心理品质发展奠定物质基础。第三，切实做到规范化管理。寄宿学生在校时间大多是一周五天，时间跨度大。因此，教师责任也大。原本属于家庭和社会的一些责任也落到了学校领导和老师身上，因此对寄宿制小学生的管理容不得半点差错，更不能放任自流。首先，要建立健全寄宿制条件下的教育教学、安全、卫生和服务等规范化管理制度，建立寄宿生管理的应急预案，这是寄宿制小学管理最基本的要求。其次，要实行双班主任制，即每个班级要配备教学班主任和生活班主任各一名，做到生生有人管、事事有人管、时时有人管，加强对寄宿小学生“两课两后”的管理（课堂、课外活动、饭后、睡后），一定要做到“管理无盲区”。对于年幼的寄宿小学生，由于他们生活自理能力差，学校可以采用相邻村社“手拉手、大对小”方式组建寝室，便于这些学生在宿舍里和回家路途中得到足够照顾。第四，充分发挥“一主体三结合”作用。苏联教育家苏霍姆林斯基认为：没有自我教育的教育不是真正的教育。家庭教育、学校教育以及社会教育最终只能通过学生这一主体而发挥作用（简称“一主体三结合”教育）。在小学寄宿制管理工作中，我们一定要办好家长学校，提高家长素质，增强家长对孩子的教育影响力和期望值，优化社区环境和服务，加强学校教育教学的目的性，系统地、有针对性地为寄宿制学生设置有利于他们个性心理品质和人格发展的“校本课程”，落实好养成教育，充分发挥家庭、社区和学校的“合力”作用。针对民族贫困地区小学寄宿制学生特点，增强理想前途教育，激发学生的求知欲。在教育教学方法上，不断调动学生的积极性、主动性和创造性，最终通过学生的主体作用最大限度地实现学生的自我管理和自我教育，最终形成学生健全的人格和良好的个性心理品质。

（六）关于寄宿儿童卫生与保健问题的对策研究

为了解甘肃省农村留守儿童营养知识、态度及行为状况，为开展营养教育提供科学依据，岳莉、李佳樾、何莉等随机整群抽取甘肃省皋兰、康乐、静宁、会宁和甘谷县小学四至六年级留守儿童共839名，对其进行营养知识、态度和行为的问卷调查。通过调查发现留守儿童营养知识掌握程度较低，但有积极良好的态度，所以岳莉等人认为，应采取多种方式，对其开展有效的营养教育，为其良好饮食行为的形成提供支持。应依据小学生不同年龄基本营养素摄入需求，结合实际情况提供经济可行、营养搭配合理的食谱，提高早餐质量，使其多样化。李军、刘凤华研究了河北农村低幼儿童寄宿的现状，并在其《河北省农村低龄寄宿教育的现状与策略》中提出了其解决该问题的几点看法。第一，从社会角度看，广大社会成员应充分认识寄宿生教育的重要性和紧迫性，从各自工作特点出发，关心和支持寄宿生的成长，为他们多多提供接触社会、参与社会实践活动的机会。第二，各级政府及其教育行政部门要高度重视寄宿制学校的工作。在政策上予以倾斜，工作中予以支持。在增加生均经费补助的基础上，在学校硬件建设方面，支持寄宿制学校改善住宿条件，让学生住得舒适、温馨；增加体育、艺术、科技等活动的设施、设备和场馆，增设电子阅览室、学校电视系统，增配多种类的图书和报刊，让孩子有更多获取课外知识的途径。在教师编制和专业教师人员配置的软件方面，全面合理地予以考虑，以适应寄宿制学校的工作需求。第三，学校多为学生提供与家庭联系的条件。寄宿制小学要为孩子和家庭的沟通、交流和联系提供便利的条件和可能的设施。比如在学生宿舍内安装电话，方便学生与家人的联系，比如组织学生给家长写信等。第四，加强校本课程的科学有效实施。在寄宿制学校中，学习和活动规则需要大家遵守，白天寄宿制学校和普通学校一样要完成教学任务，下午和晚上虽有一些空余时间，但学校很难组织发展学生个性、兴趣和特长的活动。寄宿制学校应针对学生的实际情况，加强校本课程的研发，为孩子提供可供选择的多样的活动课程，充实学生的课余生活。第五，从教师的角度看，寄宿制小学对教师提出了更高的要求，教师不仅要不断提高教育教学水平，给孩子以“母亲”般的关爱，还应全面地提升专业水准，学习更多的和家长教育、家庭教育指导以及心理健康教育辅导等方面的有关理论知识和实际操作技巧。从心里真正区分学校和家庭、家长和教师的角色，给孩子一个清晰的界限，避免造成孩子身份认同的混乱，造成教师的越位和家长的缺位，或者家长的越位和教师的缺位，给孩子的成长造成不良影响。第六，从家庭或家长的角度来讲，对孩子要有积极主动的亲情关怀，并且亲情关怀的方式和手段要得当。正确认识和积极参与学校组织的家长学校的培训，加强与老师之间的交流沟通，及时了解学生生活学习现状和情感变化。家庭要对寄宿生的心理予以足够的重视和关心，家长应加强与学生的联系，关注学生情绪和性格等方面的变化，不会因寄宿而使亲子间产生心理距离，享受家庭的亲子之乐，寓家庭教育于无痕之中。第七，构建家校共育体系。寄宿制条件下，由于学生大部分时间待在学校，其学习、生活、管理全由学校老师操办完成，如此家庭教育还要不要开展、如何开展等等问题不容回避。学校必须加强与每个村庄、每户家庭的联系，建立起稳定的联系方式，进行经常性交流。班主任和生活教师要定期与家长交流，不仅要了解每一个学生，还要熟悉每一个家庭。家校是两个有交叉又有各自独特领域和功能的不同环境。学校这个正式的教育机构，如何指导家庭教育、家校共育工作如何开展还需进一步研究予以细化，从而使学校、教师、学生、家庭成为一个整体，共同发挥作用。总之，只有将寄宿生在校课余时间的活动科学安排，将寄宿生的家庭教育和学校教育的内容科学进行，充分发挥二者在学生成长过程中的各自角色功能，形成合力，才能满足学生的身心需要，使之健康成长。

（七）关于小学中寄宿儿童问题的对策研究

纪红辉对江苏省连云港市的一个县实验小学四年级一个班的留守儿童做了调查，以了解其身心发展的变化。在其文章《寄宿制：小学生的伤与痛——以灌云县新区实验小学四（7）班寄宿儿童为例》中从教师的角度提出了与留守儿童的相处之道，其大致内容如下。第一，建立寄宿制学生的档案。每学期开始的时候，学校都要我们做一份关于“留守儿童”的资料，每次填完资料后，我都会留存一份，并且进行适当的修改，因为其中有部分“留守儿童”是跟随近亲的爷爷奶奶生活，而有些“留守儿童”就是直接寄宿的，除了这里面的“留守儿童”以外，还有部分家长在本地生活，但是因为忙于生活而送孩子去寄宿的，这些孩子，都是我在平时的教学教育工作中要时刻关注的。第二，建立家校联系的纽带。现在的资讯网络发达，老师与家长之间的沟通也越来越便捷，我们学校是依托中国电信，开设了“翼校通”家校联系平台，新班级成立后，我又利用QQ与微信成立了“家长QQ群”“家长微信群”，不定时地通过图片、视频等向家长展示孩子在学校生活的每一个细节，让家长能及时关注自家孩子的进步及变化，以便家长更好地教育孩子，家长之间也能彼此通过交流来了解老师无法关注的一面。第三，定期参加学校心理健康咨询。寄宿制孩子的心理是脆弱的，不知道生活中的哪句话就能伤害到他，而且这些孩子往往因为自尊心理不愿意对别人说。所以，学校心理健康咨询室的筹建，就显得非常适时，孩子们都喜欢去那里，去和心理老师聊聊自己在学习上、生活上、情感上遇到的困惑，而不用担心别人的嘲笑与讽刺。每次，孩子从心理咨询室出来，脸上都是带着发自内心的轻松与微笑。第四，同学的互帮互助很重要。班上有不少非寄宿制学生来自于经济条件不错的家庭，而且最让寄宿孩子羡慕的就是他们的家长都在身边，那无形中的关爱是可以从孩子自信的脸上看出来的。我在安排座位时，都是尽量考虑到孩子的性格特征，考虑安排一些活泼开朗、平易近人的孩子和寄宿孩子坐在一起，让他们在自然的情况下成为好朋友，在一起活动，无话不谈，用自己阳光的一面，温暖寄宿孩子内心深处不易察觉的阴霾。每一个孩子都是幸福的花朵，我只希望无论开在哪里的花，都能绽放属于他的美丽。这种美丽，不仅需要我们老师的精心灌溉，更需要家长的全心配合。所以，我呼吁家长，尤其是小学生的家长：不要把自己的孩子送去寄宿。

（八）关于幼儿园中寄宿儿童问题的对策研究

牛吉青也关注到了幼儿园中的寄宿儿童，在其《寄宿儿童情感缺失幼儿园不能成“孤儿院”》文章中提到的师宗县的调研建议，认为应当高度重视低龄儿童寄宿带来的社会影响，建议加大对幼儿园心理老师的培训辅导，强制配备心理学专业的老师，及时发现、解决寄宿学生的心理问题；加强家庭道德教育，引导、督促家长认识到家庭教育对孩子成长重要性的认识，尽量抽出时间接送孩子，不要“丢”给学校就不闻不问；深入探讨过早寄宿对孩子身心造成的不良影响，引导政府完善对低龄寄宿学生各方面的保障措施；在校点布局调整时，要统筹考虑农村的实际，综合考虑各方面的实际情况，真正做到便民；加快工业经济和第三产业发展，尽可能多地为群众就近、就便打工创造条件。

第一章　云南民族贫困农村地区低龄寄宿儿童的现状

第一节　调查的研究工具、程序、对象和数据处理

一、研究工具和程序

《云南民族贫困农村地区低龄寄宿儿童现状调查问卷》是我们在基于查阅国内外关于寄宿儿童生存状况的相关文献，参考国内外已有的相关研究成果的基础上进行理论推导的方式编制而成的。我们从寄宿儿童的基本情况、安全管理、卫生管理、饮食管理、宿舍管理和学校适应性情况等维度对云南省民族贫困农村地区低龄寄宿儿童的现实境况进行调查，通过发放调查问卷，与学校行政领导、广大教师、学生与家长进行书面交流，并将收集来的问卷进行统计分析，为改进云南民族贫困农村地区低龄寄宿儿童状况提供较为全面的信息资料。初编问卷经该领域五位副教授职称及以上专家进行评议，将不符合云南民族贫困农村地区低龄寄宿儿童的内容和设问表述不清晰的条目剔除。在预测试阶段抽取部分样本县进行调查，对该问卷进行项目分析。经检验问卷内各因子内部一致性克伦巴赫（Cronbach）α 系数在0.732到0.791之间，问卷总体内部一致性系数是0.762；各因子的内容效度均高于0.7，属于可以接受的范围，表明该问卷结构效度良好。各因子分半信度在0.697到0.849之间，总问卷分半信度为0.746。总的来讲，该问卷具有良好的信度、效度和严谨的科学逻辑。

二、研究对象

采用方便取样，抽取云南省贫困地区部分样本县进行调查，发放教师问卷55份，实际回收55份，剔除无效问卷5份，有效回收问卷50份，有效回收率为90.90%。发放学生问卷420份，实际回收420份，剔除无效问卷11份，有效回收问卷409份，有效回收率为97.38%。

三、数据处理

问卷调查的主试由课题组主要成员担任，测试前让其熟悉指导语以及测试程序。本次调查采用集体施测的方式，以班级为单位由学生填写问卷，测试时间大约为30分钟，问卷填写完毕后现场收回。利用SPSS 17.0统计工具对收集到的有效数据进行可靠性统计量、描述统计、t检验等。

第二节　学生调查问卷数据分析

学生问卷共收回有效问卷409份。

一、研究对象基本情况

（一）受调查学生的年级、年龄、是否独生子女的分布情况

1年级学生107人，占26%；2年级学生115人，占28%；3年级学生106人，占26%；4年级学生81人，占20%。分布情况如图2所示。

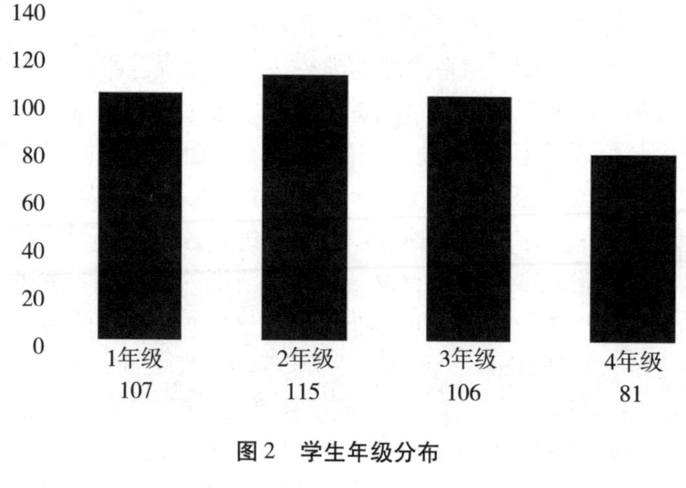

图2　学生年级分布

5岁学生43人，占11%；6岁学生105人，占26%；7岁学生100人，占24%；8岁学生91人，占22%；9岁学生70人，占17%。分布情况如图3所示。

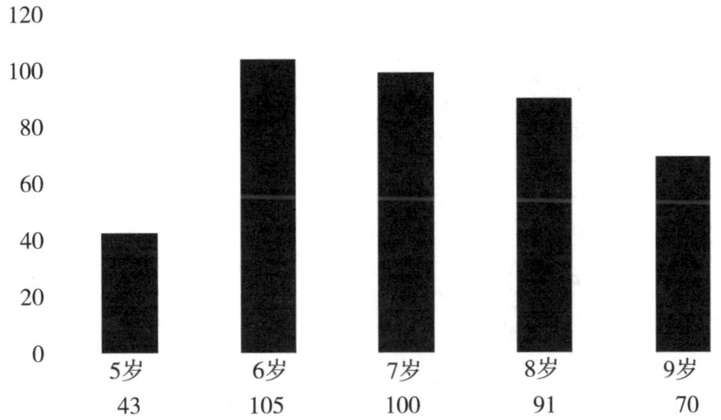

图 3　学生年龄分布

其中有 202 人为独生子女，占总人数的 49%；207 人为非独生子女，占总人数的 51%。分布情况如图 4 所示。

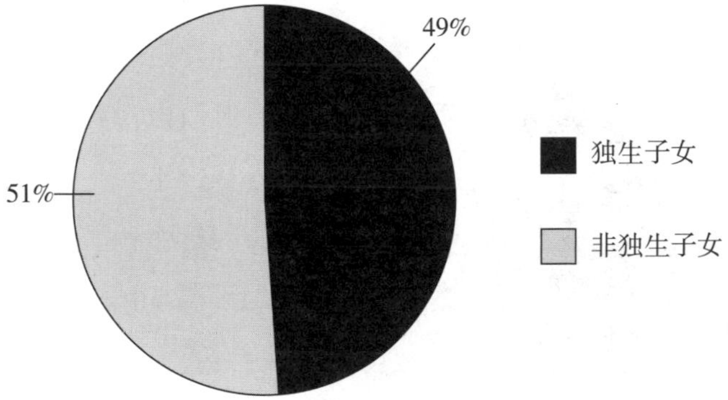

图 4　学生是否独生子女的情况

由以上数据分析得知，受调查学生多数为小学 3 年级以下及少部分 4 年级学生，学生年龄为 5 ~9 岁，为研究所需要的对象，由于取样偏差，造成 3 年级以上的学生较少，在数据分析时将酌情根据问题处理；在调查学生中，独生子女和非独生子女的比例约为 1∶1，呈平均分布状态。

（二）受调查学生的家庭（父母）情况

在父亲的文化程度上，有 5% 的学生父亲没有上过学，94.5% 的学生父亲上过小学，0.5% 的学生未填写父亲的文化程度。分布情况如图 5 所示。

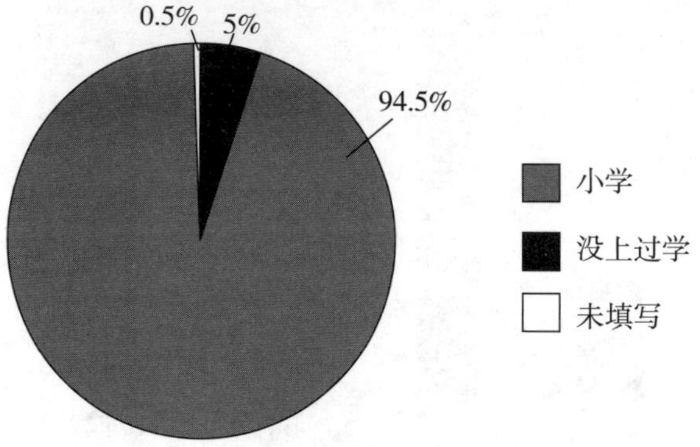

图5　学生父亲受教育程度

在母亲的文化程度上，有4%的学生母亲没上过学，49.5%的学生母亲接受过小学教育，43%的学生母亲接受过初中教育，3%的学生母亲接受过高中或中专的教育，0.5%的学生母亲接受过大专及以上的教育。分布情况如图6所示。

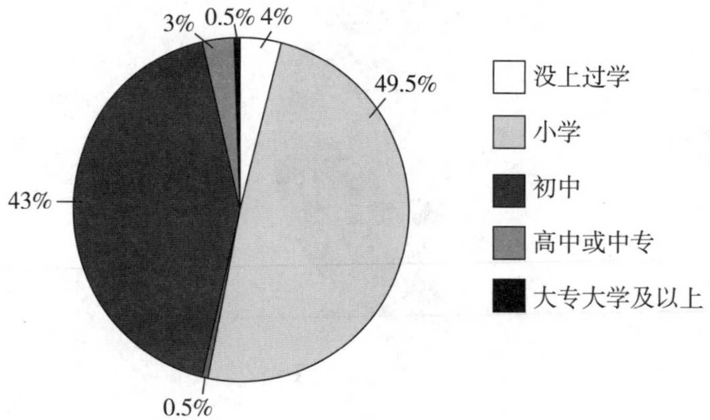

图6　学生母亲受教育程度

在父母外出务工的情况上，有17.8%的学生仅父亲外出务工，有26.4%的仅母亲外出务工，44.3%的学生父母都外出务工，只有11%的学生父母都没外出务工，有0.5%的未填写。分布情况如图7所示。

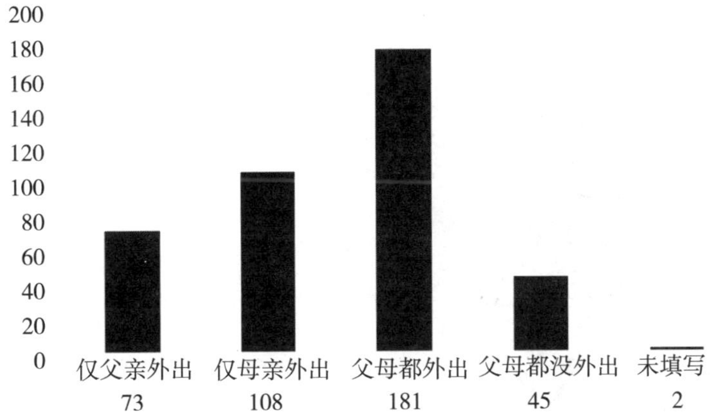

图 7　学生父母外出务工情况

分析以上调查数据得知，受调查学生的父母受教育程度均不高，父母很难承担起启蒙孩子的教育功能，且大多数学生都存在父亲外出、母亲外出或父母均外出务工的情况，这就使得家长无暇对孩子进行教育和管理，导致大部分孩子与上一辈老人居住，而老人精力有限，这便是越来越多的低龄寄宿生产生的原因。

（三）受调查学生的回家情况

在回家频次上，99% 的学生是 5 天回家一次。只有少部分人 1 天或者 2 天回家一次，分布情况如图 8 所示。在回家方式上，大部分学生（235 人）选择公共汽车，占总人数的 57.5%，一部分学生（172 人）选择步行回家，占总人数的 42%，极少学生（2 人）未填写，占总人数的 0.5%。分布情况如图 9 所示。

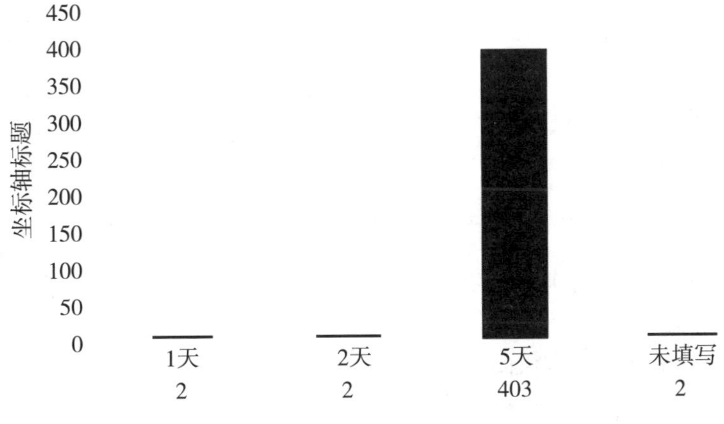

图 8　学生回家次数

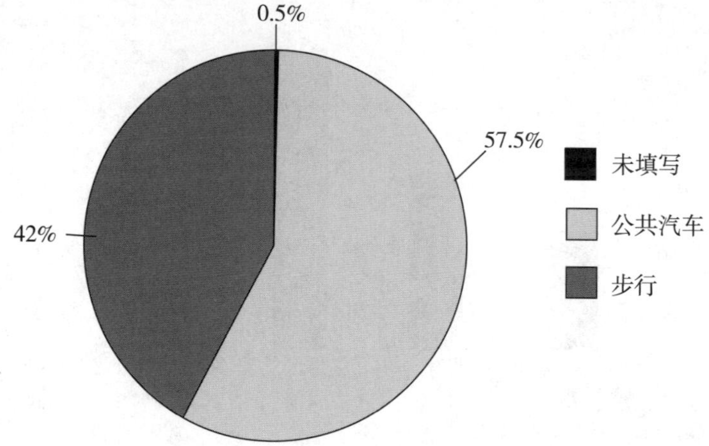

图 9　学生回家采用的方式

每次回家都需要父母或亲戚接送的学生为 2 人，占总人数的 0.5%，回家偶尔需要父母或亲戚接送的学生为 45 人，占总人数的 11%，回家不需要父母或亲戚接送的学生为 362 人，占总人数的 88.5%。分布情况如图 10 所示。

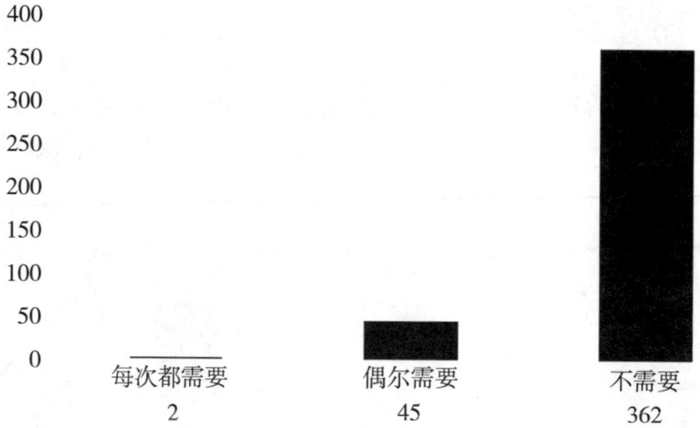

图 10　学生回家是否需要父母或亲戚接送

在出行方式上，由于距离不同，选择步行和选择公交汽车的学生人数比例约为 2∶3，多数寄宿学生一周回家一次，不需要父母或家人亲戚接送，这使得学生的出行安全具有一定风险，需要得到关注。

（四）受调查学生的住宿情况

学生 1 年级开始住宿的人数为 24 人，占总人数的 5.9%；学生 2 年级开始住宿的人数为 78 人，占总人数的 19%；学生 3 年级开始住宿的人数为 305 人，占总人数的 74.6%；学生 4 年级开始住宿的人数为 1 人，占总人数的 0.25%；学生 6 年级开始住宿的人数为 1 人，占总人数的 0.25%。分布情况如图 11 所示。

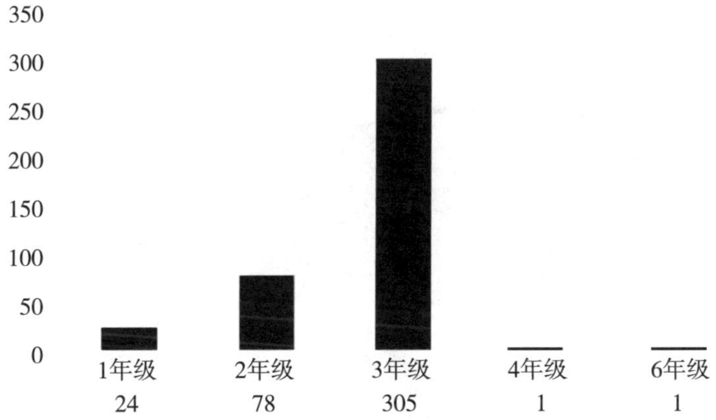

图 11　学生几年级开始住校

学生绝大部分寄宿在学校宿舍，人数为 400 人，占总人数的 97.8%；同时也有少部分学生寄宿在亲戚家，人数为 5 人，占总人数的 1.2%；少部分学生在校外租房，人数为 2 人，占总人数的 0.5%；少部分学生未填写，人数为 2 人，占总人数的 0.5%，分布情况如图 12 所示。

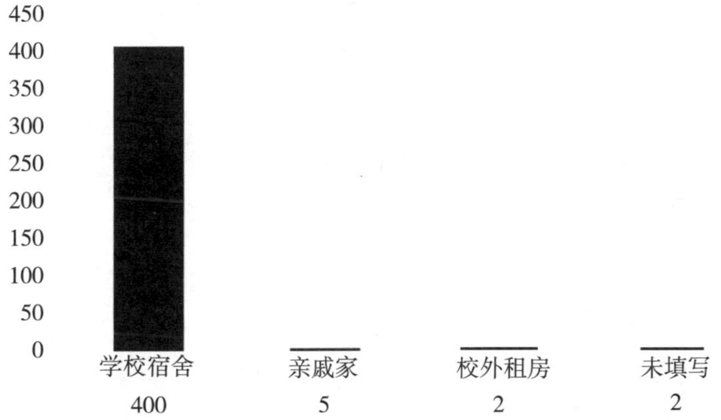

图 12　学生住宿分布情况

大多数学生从 3 年级开始在外寄宿，且绝大多数居住于学校宿舍，可以看出学校宿舍的管理与安全对低龄寄宿学生十分重要。

（五）受调查学生对住宿情况的态度

学生对寄宿学校的态度方面，103 人表示喜欢，占总人数的 25%；204 人表示不喜欢，占总人数的 50%；102 人表示差不多、无所谓，占总人数的 25%。分布情况如图 13 和表 1 所示。

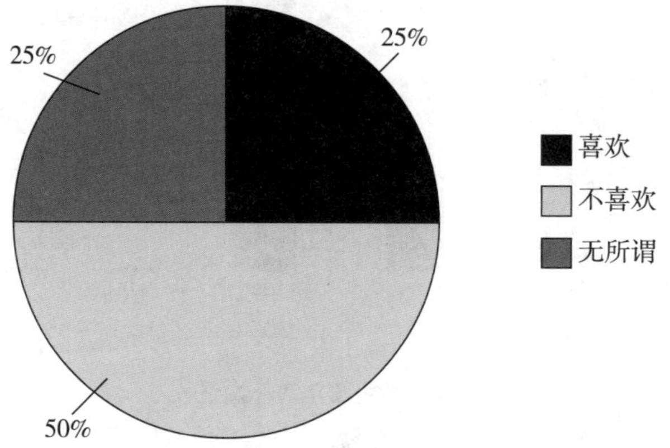

图 13　学生对寄宿学校的态度

表 1　不同性别寄宿学生对学校的态度

性　别	喜　欢	不喜欢	无所谓
男	55	86	61
女	48	118	41

由上述表格中，可以分析得到：低龄寄宿学生中，女生对寄宿学校的态度比男生更倾向于不喜欢，女生的情感比男生细腻，更容易受到外界环境的影响，寄宿制学校需要离开父母离开家，这使得女生的情感更趋向负面方向，造成女生的态度更多表现为不喜欢。

学生认为学校哪些方面比家里好，其中 244 名同学认为学校饮食条件方面比家里好，210 名同学认为学校学习条件方面比家里好，20 名同学认为学校住宿条件比家里好，85 名同学认为学校同学交际方面比家里好，84 名同学认为学校课外活动多比家里好。分布情况如图 14 所示。

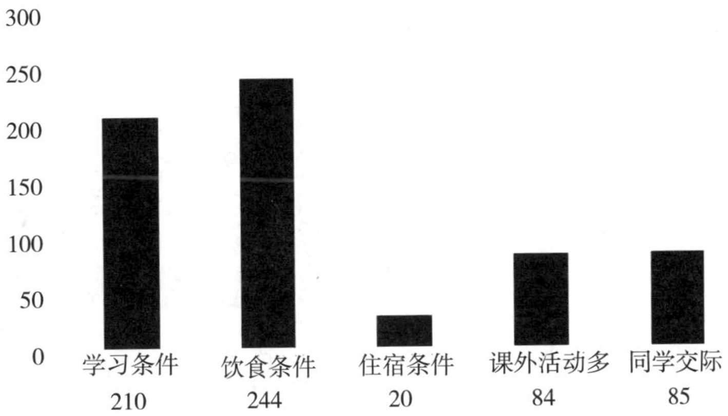

图 14 学生认为学校什么方面比家里好

在学生父母让学生住宿的原因方面上，53% 的学生认为是因为上学路程远，34% 的学生认为是因家里没人照顾，只有 13% 的学生认为是因为学校管理严格。分布情况如图 15 所示。

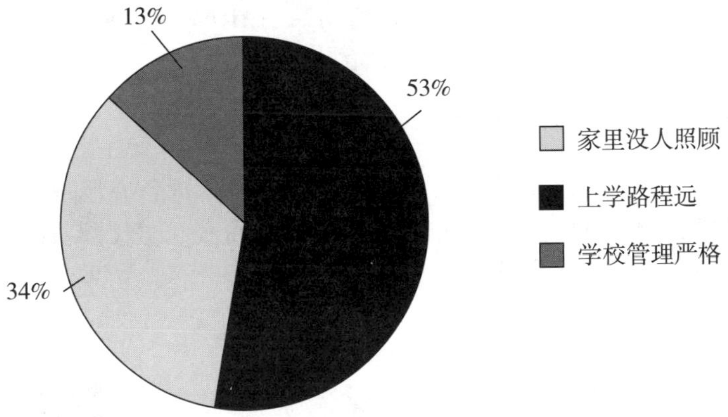

图 15 父母让学生住宿的原因

学生在学校住宿在多个方面遇见了许多困难。其中最多人遇见的困难为，想家、不会洗衣服、住宿条件不好，其次为不安全、上厕所害怕、没有地方洗澡等，最后为课外生活单调、伙食不好、没有开水喝等问题。具体分布如图 16 所示。

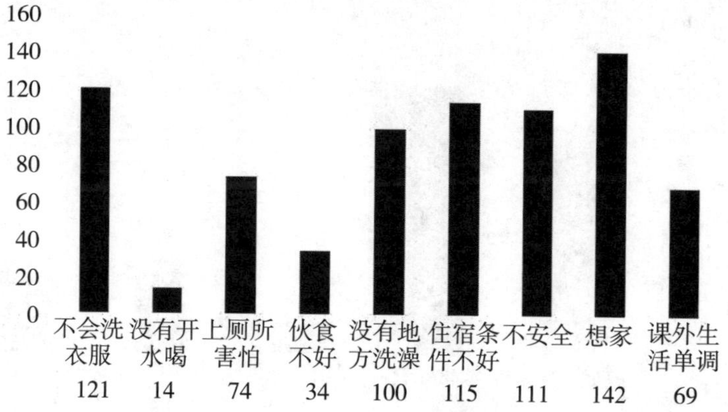

图 16　学生寄宿学校遇到的困难

对人口学变量和调查数据进行比较分析发现，在寄宿制学校遇到的困难方面，男生（189 人）更多选择了生活类困难，例如不会洗衣服、没有开水喝、住宿条件不好等，女生（156 人）则更多选择了上厕所害怕、不安全、想家等情感类困难。这也是性别差异造成的结果，这意味着学校在对不同性别寄宿学生进行管理和生活帮助时，应针对不同性别学生采取不同的策略和手段，对女生应以情感抚慰为主，对男生应以生活帮助为主。

二、学校安全管理情况的调查

对学校安保人员配置，大部分学生表示学校并未配备专职或兼职的安全保卫人员，即使有兼职的安保人员也是不固定的，而表示学校配备了专职安保人员的只有 1 名学生。分布情况如图 17 所示。

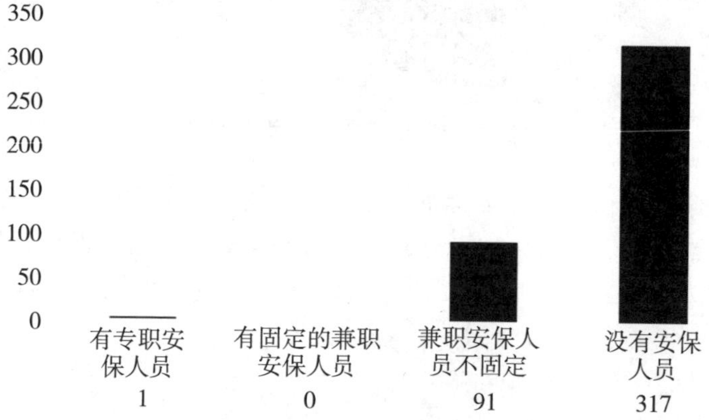

图 17　学校安保人员配置

对学校安全教育情况，38.63%的学生表示学校没有对学生开展交通安全法制教育、禁毒教育及防火防震等安全教育，33.25%的学生表示学校偶尔开展安全教育，仅有115名学生（占总数的28.12%）表示学校能够实现每学期或一学年进行至少一次安全教育。分布情况如图18所示。

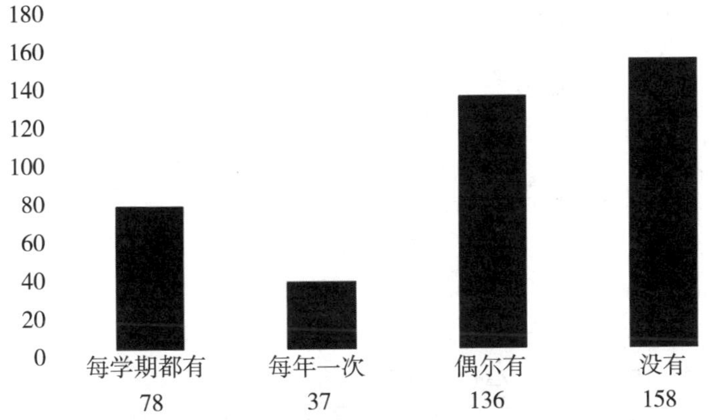

图18　学校安全教育情况

对学校上下楼梯顺序的管理，大部分学生（399人）表示学校有明确规定学生上下楼梯按顺序并有专门练习和检查，但其中有78.48%的学生表示学校虽有相关规定，但并没有强制要求遵照执行。分布情况如图19所示。

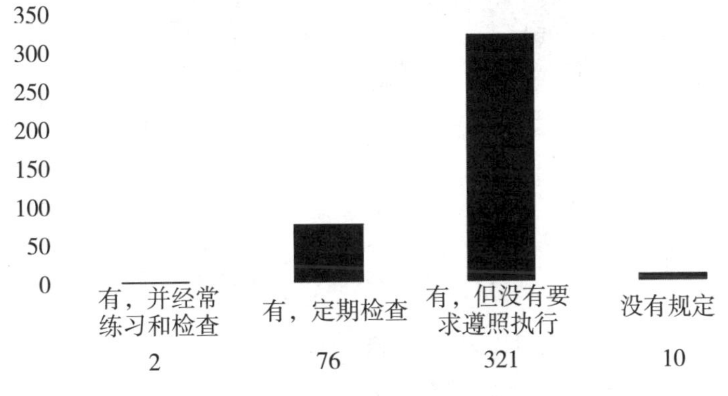

图19　学校对于上下楼梯顺序的管理

对在寄宿期间学生离开学校，过半数学生（238人，58.19%）表示不需要经过审批和批准，可以自行离开，少数学生表示需要得到家长、教师的同意才可以离校。分布情况如图20所示。

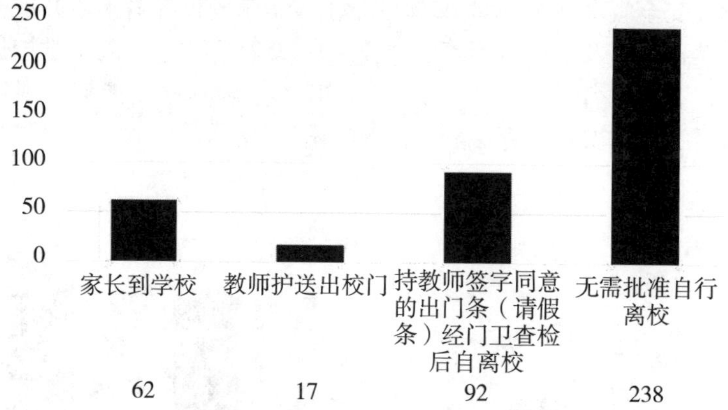

图 20　学校对学生外出的管理

当学生出现突发事件时，52.57%的学生表示校领导和班主任能够及时到场进行解决，37.16%的学生是在同学的相互帮助下处理事件，分布情况如图 21 所示。我们推测这是根据事件发生的严重程度来选择处理方式的。

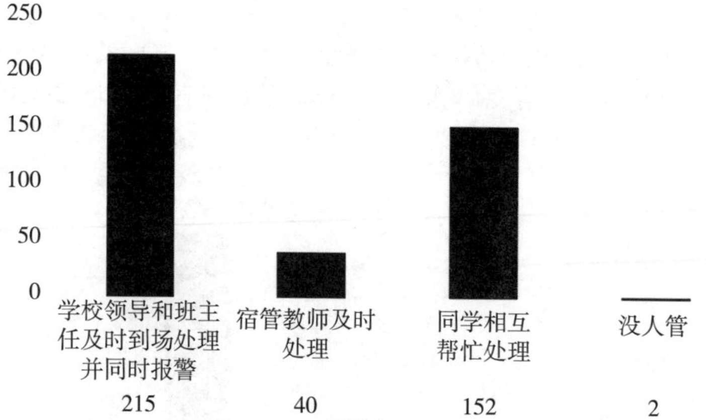

图 21　学校对突发事件的处理

综上所述，在安全管理方面，低龄寄宿制学校由于人员不足、教师培训不够、经费不足等原因，造成低龄寄宿制学校的安全管理工作缺少正规的执行人员，对学生的安全教育与安全管理都存在不足和漏洞，安全教育方面只能做到表面统筹学习，而无法进行安全实践教育，安全管理方面仅仅靠学生的自行监督和约束，只有在重大安全事故时才有领导和班主任负责，没有配置专业的安保人员，其他安全隐患无法从根源处解决，无法给予学生完全的安全保障。

针对这一情况，低龄寄宿制学校应设立专门的安全管理部门，在安保人员方面选择更为专业的教师或职工，对学生的安全教育不可一蹴而就，应定期定时进行安全教育活动，活动的形式不应流于表面，应采取更多安全实践活动，加强学生们的安全观念。

三、学校卫生管理情况的调查

对学校配备医务人员情况，315 名学生表示学校没有配备医务人员，生病只能自行到医院就诊，52 名学生表示学校的医务人员由其他教师兼职，仅有 42 名学生表示学校有专职的医务人员固定或定期到学校巡诊。分布情况如图 22 所示。

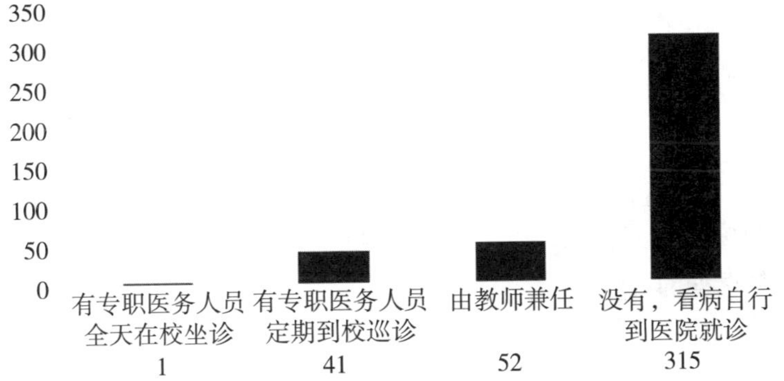

图 22　学校配备医务人员情况

对学校公共区域卫生管理情况，398 名学生表示学校公共区域的卫生主要由学生负责，学校安排检查和评比，几乎没有专职的保洁人员，定期消毒次数较少。分布情况如图 23 所示。

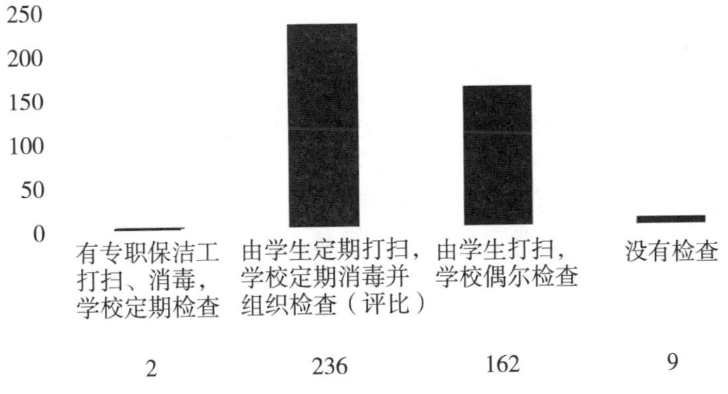

图 23　学校公共区域卫生管理情况

对学生体检情况，87.78%的学生表示学校没有对学生进行常规体检，仅有10.51%的学生会在毕业前进行体检，且大部分学生都在入学时接受过学校安排的讲究个人卫生、注重培养良好生活习惯的教育。分布情况如图24所示。

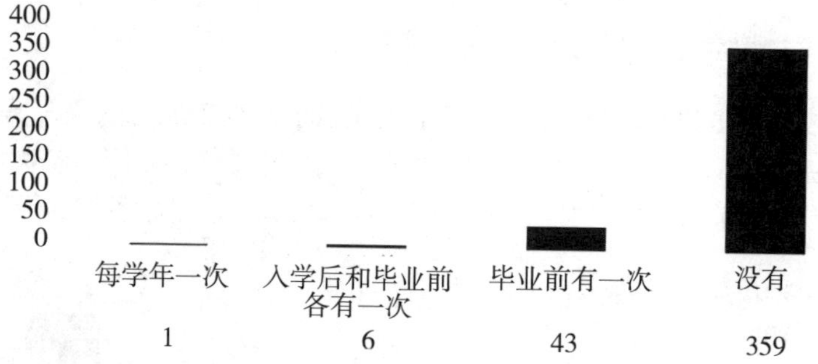

图24　学生体检情况

对学校开展流行病预防法动情况，42.3%的学生表示学校会请卫生防疫部门或医院到校开展流行病预防活动，但更多（58.7%）的是不开展相应的活动。分布情况如图25所示。

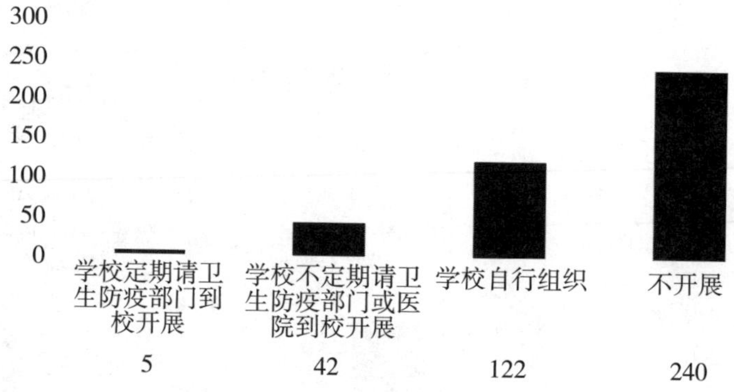

图25　学校开展流行病预防活动情况

综上所述，低龄寄宿制学校对于学生卫生教育一般在入学时完成，能够进行基本的卫生管理工作，学生们能够实现基本的体检、流行病预防等卫生保障。但低龄寄宿制学校在日常卫生管理方面还处于薄弱层面，应当设立专门的卫生室，给学生们的健康增添一份保障。

四、学校饮食管理情况的调查

对学校食堂食材购买情况，大部分学生表示学校的食材购买能够保证基本的新鲜，两到三天一次（60.64%）或一周一次（39.12%），但无法做到当天采购当天食用。分布情况如图26所示。

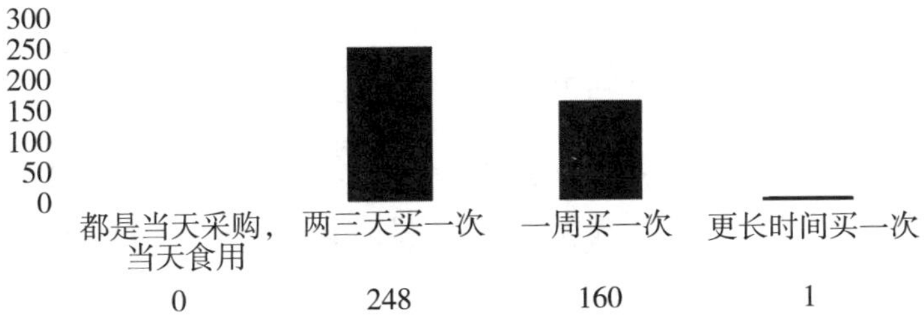

图26　学校食堂食材购买情况

对学校饮食搭配情况，78.97%的学生表示学校的正餐有一荤两素，但品种较少，19.32%的学生表示学校只能保证一周一次一荤。分布情况如图27所示。

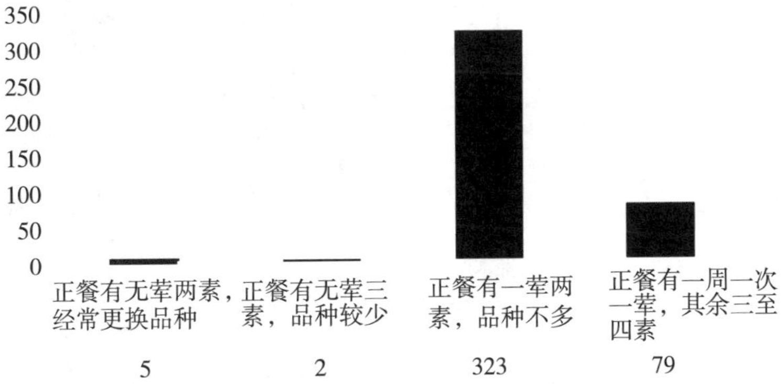

图27　学校饮食搭配情况

对学校饮食卫生情况，大部分学生表示没有在学校食堂吃到腐败变质食品（78%），但还有少部分人表示仍然存在腐败变质食物（21%）。分布情况如图28所示。

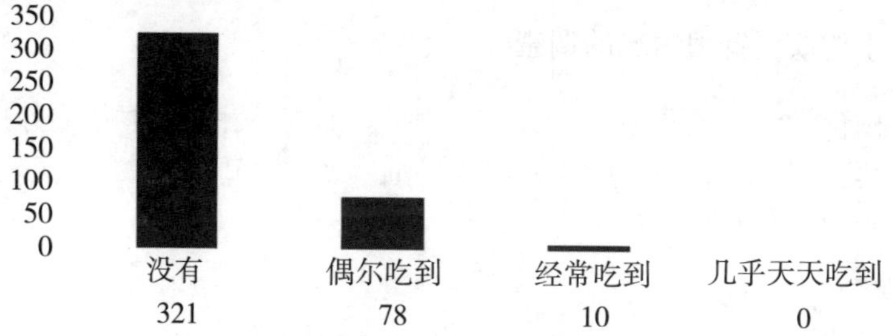

图 28　学校饮食卫生情况

对学校餐具清洁情况，34.96%的学生表示餐具由学生统一清洗和消毒，更多的学生是自带餐具，自行清洗，且学校没有提供消毒工具，分布情况如图 29 所示。

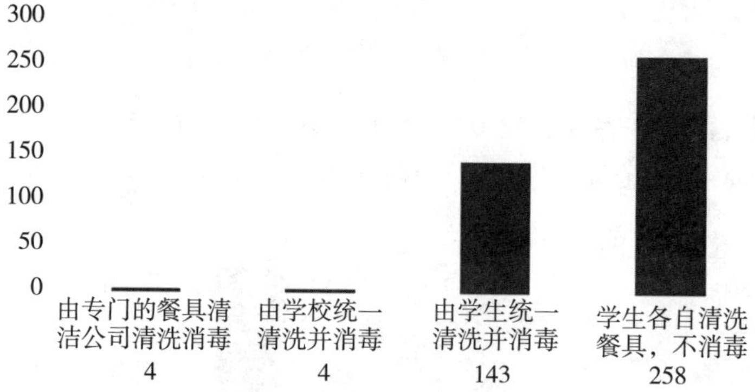

图 29　学校餐具清洁情况

饮水方面，学校很少提供桶装饮用水，更多的是提供开水和喝自来水，仍有一部分学生（19.56%）表示只能饮用水池或水窖储存的水。分布情况如图 30 所示。

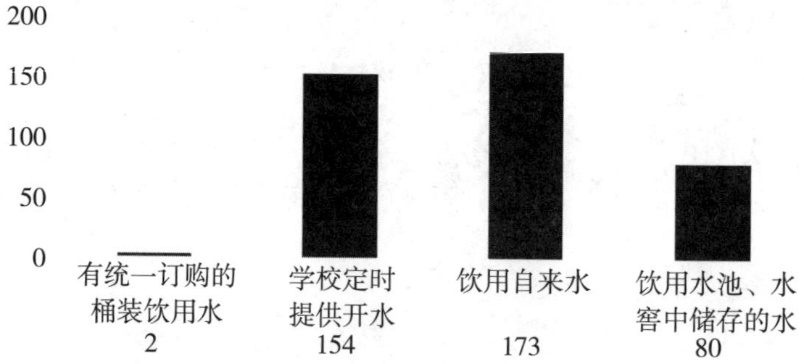

图 30　学生饮水情况

综上所述，在饮食方面，学校能够保证食材的基本新鲜和健康，膳食搭配也比较合理，学生大多为自带餐具，自行清洁，但由于硬件条件不足，无法进行消毒；在饮水方面，也许是由于寄宿制学校处于农村交通不发达地区，所以无法统一订购桶装水，学生们只能饮用学校提供的开水或自来水。

五、学校宿舍管理情况

对学校宿舍规章制定情况，47.68 的学生表示学校制定了《宿舍公约》《作息时间》等宿舍管理制度，但在执行上有待改进，35.21% 的学生表示不清楚有没有相关的规定。分布情况如图 31 所示。

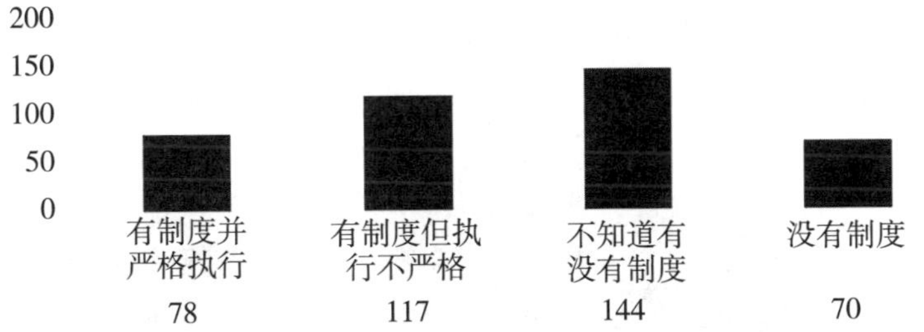

图 31　学校宿舍规章制定情况

对学校宿舍楼居住情况，过半的学生表示学校会安排值班人员夜间对宿舍进行巡查，并能够进行宿舍人员的晚点名工作。仍有少部分学生表示学校没有夜间值班人员，也没有晚点名的工作。60.9% 的学生表示学校按楼层安排男女生宿舍，20.5% 的学生表示学校在安排男女生宿舍时，没有按照性别分楼层住，而是男女生住在同一楼层。仅有 18.09% 的学生表示学校禁止混住。分布情况如图 32 所示。半数学生的宿舍有 8—12 人居住，43.28% 的学生表示宿舍里有 13—19 人居住。

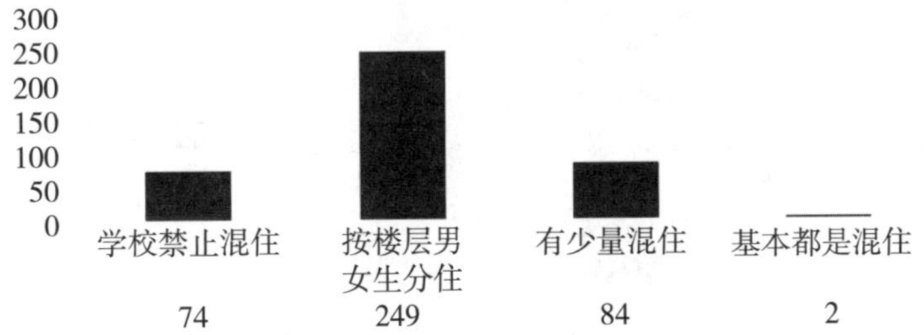

图 32　学校宿舍楼居住情况

综上所述，由于本次调查的低龄寄宿制学校大多处于农村，造成了硬件方面的不足，在学生住宿方面只能保证基本的需求，更多的为虽同住一幢楼，但按性别分居于不同楼层。在宿舍管理方面，学校制定了一系列的相关规章，但无法保证执行效果。

六、学生在校学习适应情况调查

在对学习适应性方面，43% 的学生表示自己觉得学习并没有很有趣，分布情况如图 33 所示；能够做到上课认真听讲的学生也仅有 46%，分布情况如图 34 所示；49% 的学生表示自己能够在课堂上提问，分布情况如图 35 所示；但 51% 的学生课后几乎不再与老师和同学讨论学习问题，分布情况如图 36 所示；仅有 40% 的学生对现在的学校和学习环境表示基本满意，分布情况如图 37 所示。

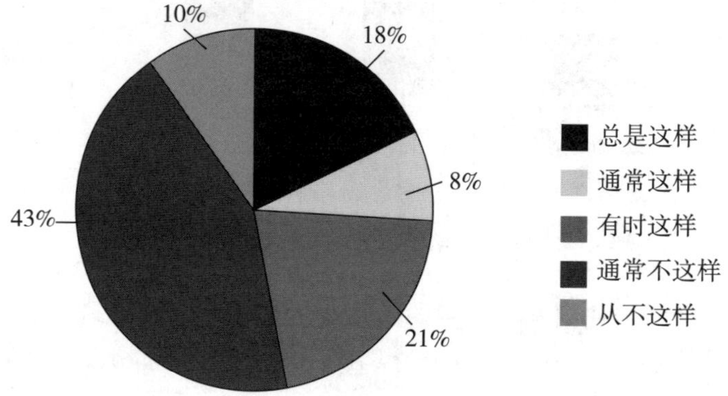

图 33　是否觉得学习有趣

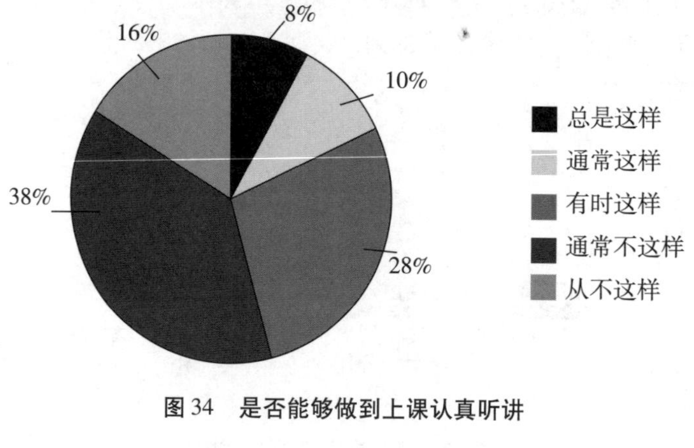

图 34　是否能够做到上课认真听讲

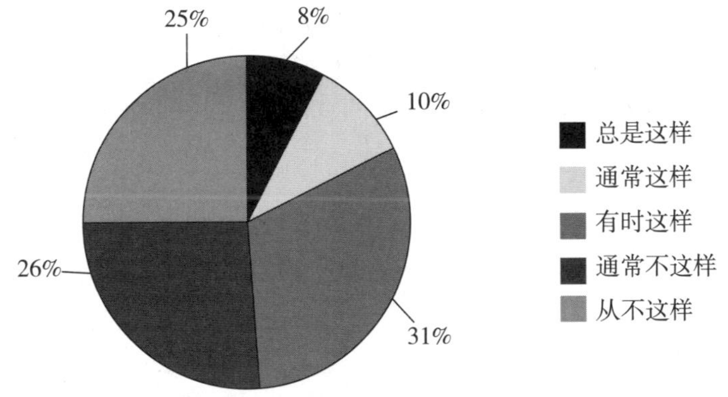

图 35　是否能够在课堂上提问

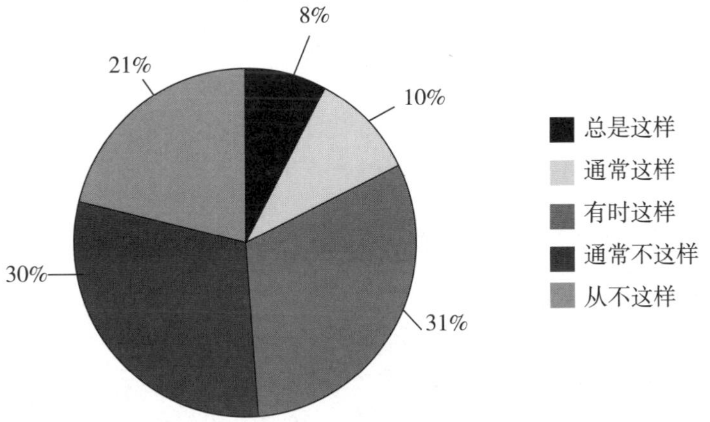

图 36　是否能够课后向老师和同学请教

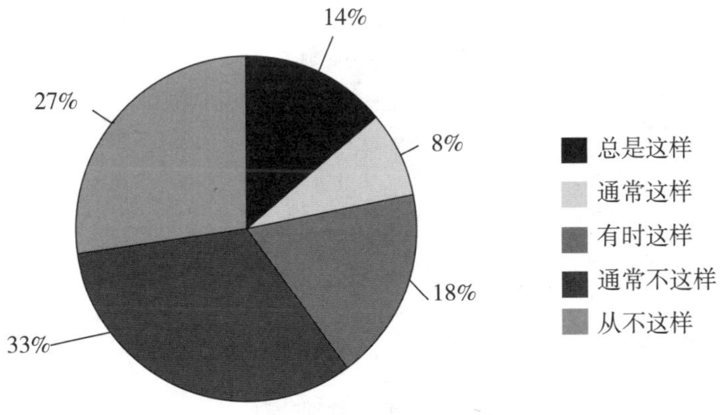

图 37　是否喜欢现在的学校学习环境

分析以上数据，我们可以得出，低龄寄宿制学校的学生的学习适应性不太良好，学习态度不够端正，学习的积极性有待提高。

以性别为分组变量，对受调查学生的总体学习适应情况进行独立样本 T 检验，得出如表 2 所示结论。

表 2　对受调查学生的总体学习适应情况的 T 检验结果

检验变量	性　别	个　数	平均数	标准差	t　值
学习适应	男	202	3.39	1.08	-0.967
	女	207	3.49	1.00	

不同性别的低龄寄宿学生的学习适应情况没有显著差别，由均值可以看出，女生的适应情况略高于男生，由于女生的心理成熟发展比男生更快。所以，同样长期寄宿，女生能更快更好地适应寄宿环境。

第三节　教师调查问卷数据分析

教师问卷共回收有效问卷 50 份。

一、研究对象基本情况

（一）受调查教师性别、年龄、教龄分布情况

男性教师 15 人，占 30%；女性教师 35 人，占 70%。分布情况如图 38 所示。

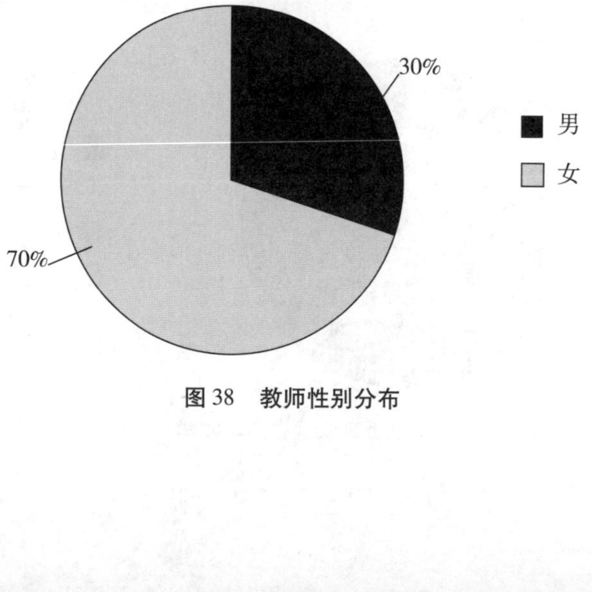

图 38　教师性别分布

其中，30 岁以下者有 4 人，占 8%；31 ~ 40 岁有 21 人，占 42%；41 ~ 50 岁有 23 人，占 46%；50 岁以上者有 2 人，占 4%。分布情况如图 39 所示。

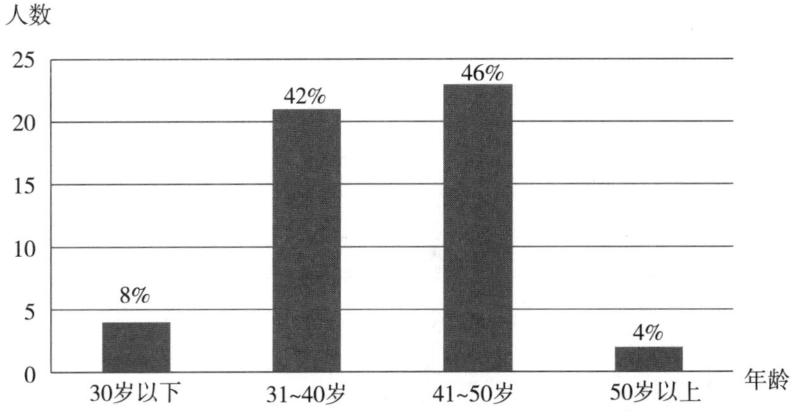

图 39　教师年龄分布

教师队伍中，教龄 10 年以下（包括 10 年）者有 11 人，占 22%；教龄 11 ~ 20 年者有 30 人，占 60%；20 年以上者有 9 人，占 18%。分布情况如图 40 所示。

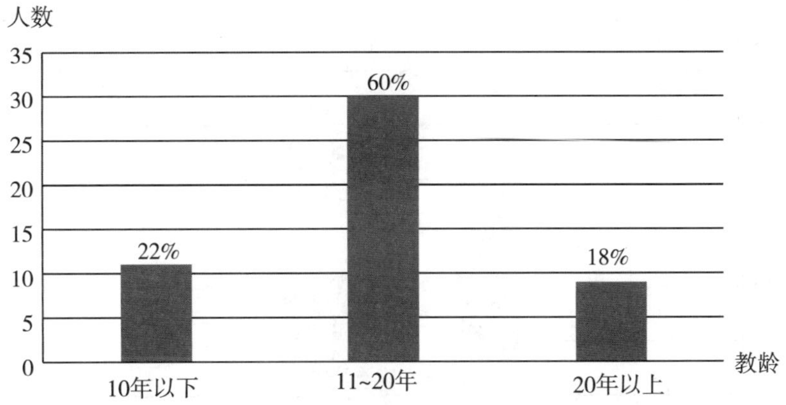

图 40　教师教龄分布

综上所述，我们可以得出：受调查者中，女性教师居多（70%），中年教师为教学骨干（30 ~ 50 岁教师占 88%），78% 的教师都拥有 10 年以上的教龄，师资力量为中等水平，教师队伍中年化，教学经验相对丰富。

（二）受调查教师职务、学历、职称分布情况

教师队伍中，学校中层干部兼教师 8 人，占 16%；班主任兼教师 38 人，占 76%；专任教师 3 人，占 6%；1 人未填写，占 2%。分布情况如图 41 所示。

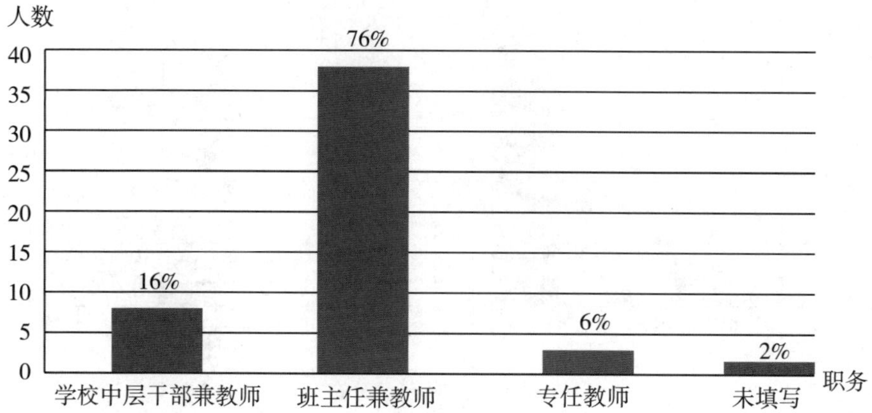

图 41　教师职务分布

在学历方面，专科学历 26 人，占 52%；本科学历 24 人，占 48%；高中（中专）及以下以及研究生及以上学历均为无。分布情况如图 42 所示。

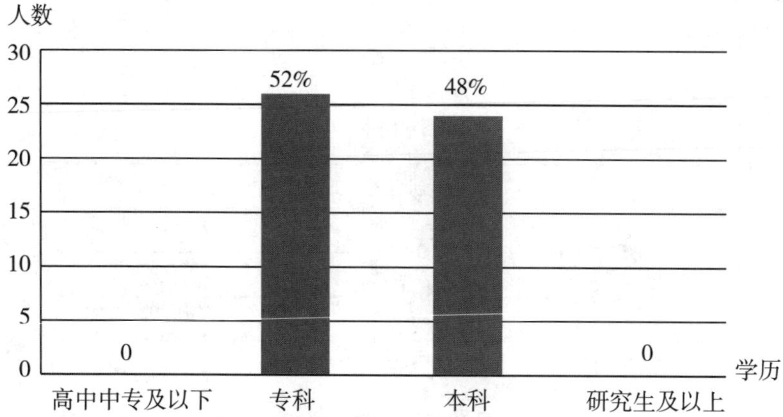

图 42　教师学历分布

在教师职称方面，未评级 4 人，占 8%；小二 6 人，占 12%；小一 28 人，占 56%；小高 12 人，占 24%。分布情况如图 43 所示。

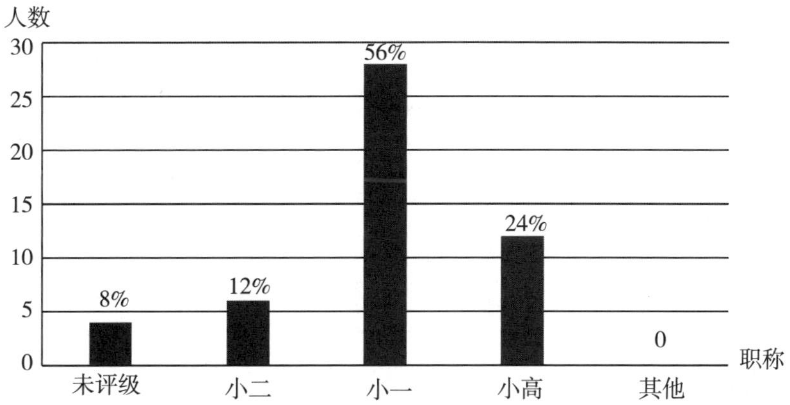

图 43　教师职称分布

综上所述，我们可以得出：所调查教师中，92% 的教师在担任学校其他职务的同时承担教学任务，仅有 6% 的教师专职教学。教师学历均为专科及本科，整体教师队伍在知识储备方面比较薄弱。大部分教师（92%）均具有一定的职称，代表其教学处于中上等水平。受调查教师总体情况分布如表 3 所示。

表 3　受调查教师总体情况分布表

		频　率	百分比（%）
性别	男	15	30
	女	35	70
年龄（岁）	≤30	4	8
	31～40	21	42
	41～50	23	46
	≥50	2	4
教龄（年）	≤10	11	22
	11～20	30	60
	≥20	9	18
职务	中层干部兼教师	8	16
	班主任兼教师	38	76
	专任教师	3	6
	未填写	1	2

续　表

		频　率	百分比（%）
学历	高中（中专）及以下	0	0
	专科	26	52
	本科	24	48
	研究生	0	0
职称	未评级	4	8
	小二	6	12
	小一	28	56
	小高	12	24

二、受调查教师所在学校的基本情况

受调查的教师中，所在学校位于城镇的有 2 人，占 4%，位于农村的有 45 人，占 90%，其余 3 人数据空缺。分布情况如图 44、表 4 所示。

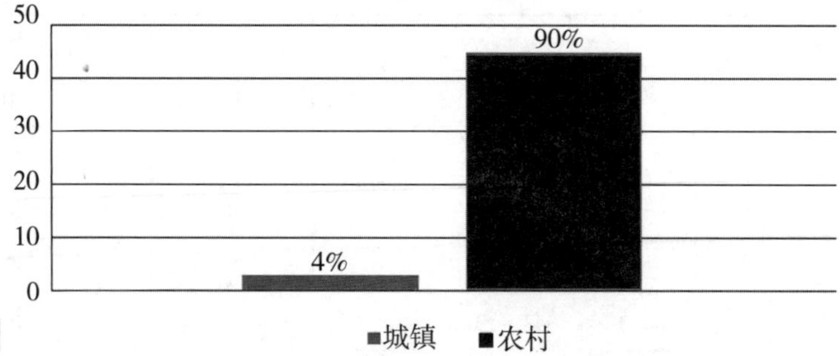

图 44　教师所在学校分布

表 4　教师所在学校分布

类　型	人　数	百分比（%）
城镇	2	4
农村	45	90
未填写	3	6

学生宿舍平均每间宿舍居住 6 人以内学生有 23 人，占 46%；7 ~ 12 名有 12

人，占 24%；13 ~ 19 名有 13 人，占 26%；20 名以上有 2 人，占 4%。分布情况如图 45、表 5 所示。宿舍中一人一铺有 2 人，占 4%；二人一铺有 48 人，占 96%。无大通铺，寄宿学生的床铺均为钢架结构（100%）。

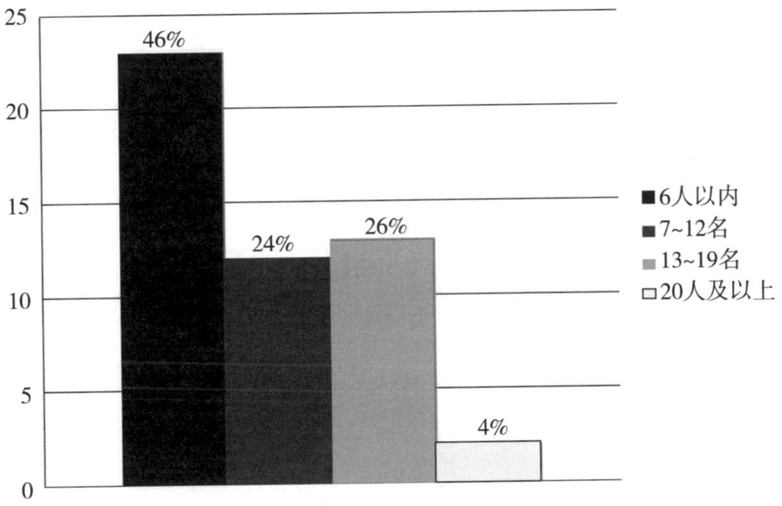

图 45　宿舍居住学生人数分布

表 5　宿舍居住学生人数

类　型	人　数	百分比（%）
6 名以内	23	46
7 ~ 12	12	24
13 ~ 19	13	26
20 名及以上	2	4

教师所任教班级有 20 ~ 30 名学生的有 22 人，占 44%，31 ~ 40 名的有 28 人，占 56%。分布情况如图 46、表 6 所示。

寄宿生 20 人以下的有 6 人，占 12%，21 ~ 30 名的有 40 人，占 80%，31 ~ 40 名的有 4 人，占 8%。

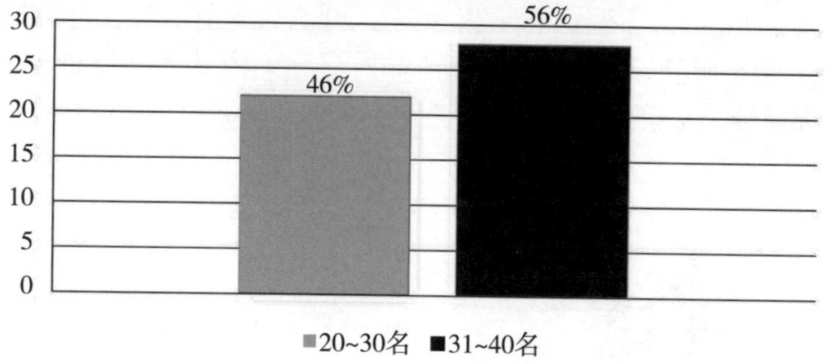

图 46　任教班级学生人数

表 6　任教班级学生人数

类　型	频　率	百分比（%）
20～30	22	44
31～40	28	56

寄宿生在校的学习时间每天平均 12 小时的 3 人，占 6%；13 小时的 2 人，占 4%；14 小时的 42 人，占 84%；15 小时的 3 人，占 6%。分布情况如图 47、表 7 所示。

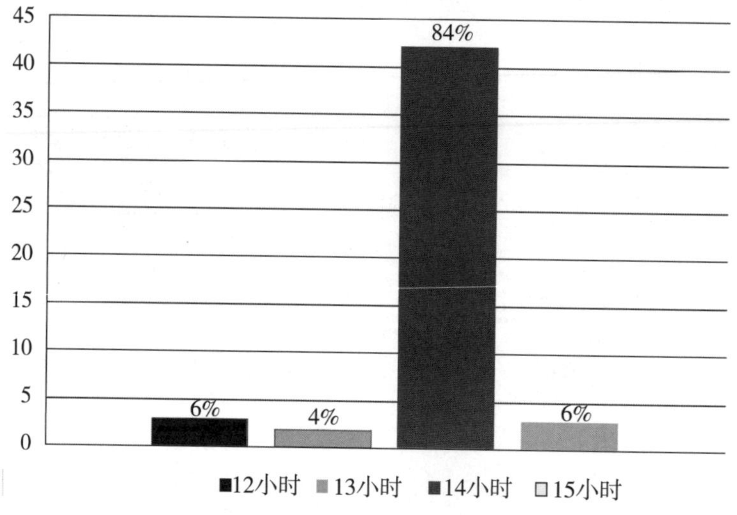

图 47　寄宿生在校时间情况分布

表 7　寄宿生在校学习时间

类　型	频　率	百分比（%）
12 小时	3	6
13 小时	2	4
14 小时	42	84
15 小时	3	6

对寄宿生业余时间活动情况，表示学生业余时间自由活动的为 40 人，占 80%；表示主要由班主任负责安排的为 10 人，占 20%。分布情况如图 48、表 8 所示。

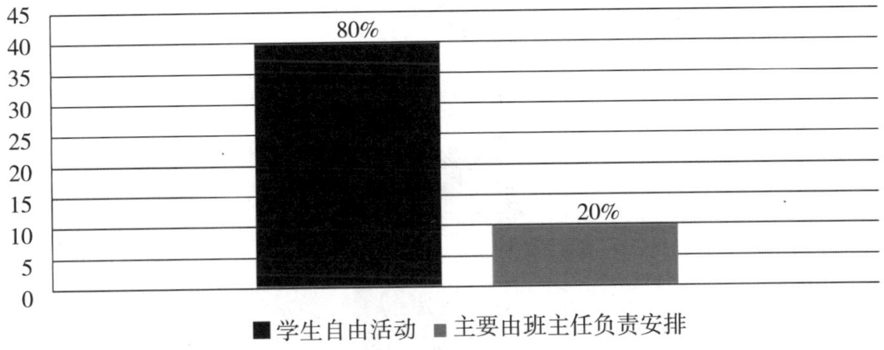

图 48　寄宿生业余时间活动情况分布

表 8　寄宿生业余时间活动安排情况

类　型	频　率	百分比（%）
学生自由活动	40	80
由班主任负责安排	10	20

综上所述，我们可以得出：低龄住宿生在农村学校中比较普遍，每日住宿生在校时间较多，多数教师认为课余时间学生应自由活动或由班主任负责，说明学生课余活动较少。学生数量多，在校时间长，组织活动较少，均证明应加强对寄宿生的管理与约束，提高其学习与生活质量。

三、受调查教师在校生活及工作情况调查

本次研究对象为 50 名在校教师，其中 30 名教师一周的工作量为 15 ~ 20 课

时，占60%；18名教师一周的工作量为20～25个课时，占36%；一周工作课时超过25课时的有2人，占4%。分布情况如图49（a）、表9所示。如果没有寄宿生，23名教师每周工作课时为15课时以下，占46%；27名教师每周工作量为15～20课时，占54%。分布情况如图49（b）所示。通过以上数据可以得知，每位教师的工作时间基本一致，在寄宿生管理上花费时间在5课时左右。

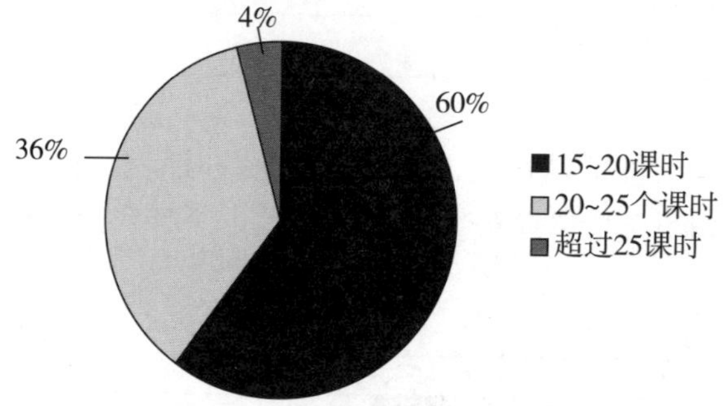

a. 有寄宿生

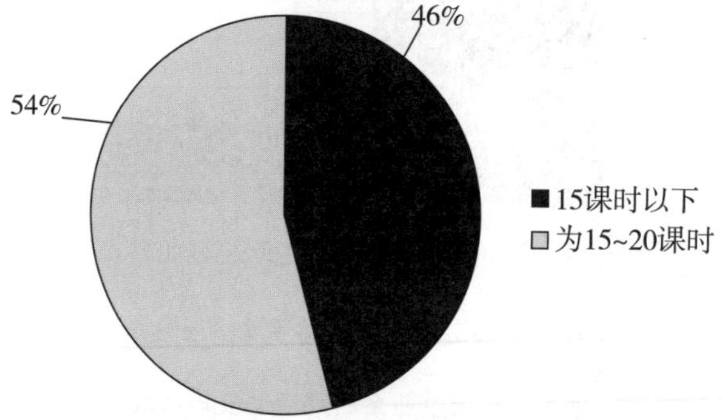

b. 没有寄宿生

图49　受调查教师工作课时情况

表9　教师一周的工作量

类　型	频　率	百分比（%）
15－20课时	30	60
20－25个课时	18	36
超过25课时	2	4

所有教师都在学校有周转房，并且均为一周回家一次，31名教师6:00—6:30起床，占62%；19名教师6:30—7:00起床，占38%。23点之前休息的教师

有 29 人，占 58%；有 21 名教师直到 24 点左右才会休息，占 42%。平均每天在校时间 10～15 个小时的有 22 名教师，占 44%；15～20 个小时的有 28 人，占 56%。分布情况如图 50 所示。

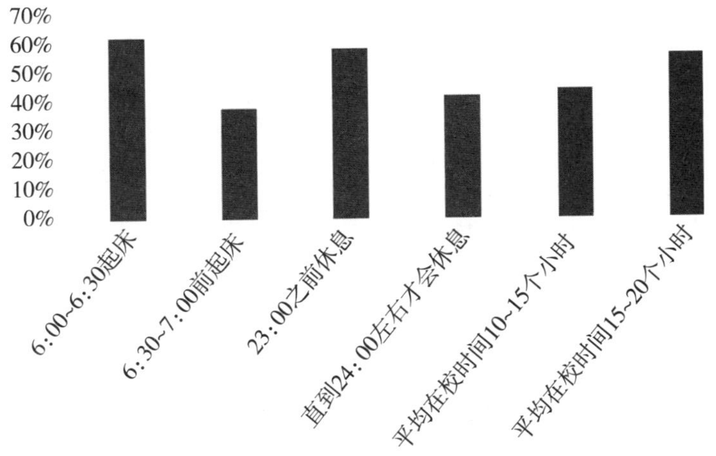

图 50　教师作息时间和在校时间

大部分教师（45 名，90%）认为实行寄宿制教学对家庭生活会产生一定的影响，其中 14 名教师认为寄宿制教学对家庭影响较大，31 名教师认为有影响但能够克服，仅有 2 名教师认为影响不大。分布情况如图 51、表 10 所示。在关于对寄宿生的值周（或值日）任务的调查中发现：3 名教师一个学期有 3 次以下值周任务，占 6%，25 名教师有 3～5 次值周任务，占 50%，50 名受调查教师均表示值周任务没有计算工作量。仅有 1 人表示其学校对教师管理寄宿生有硬性规定。

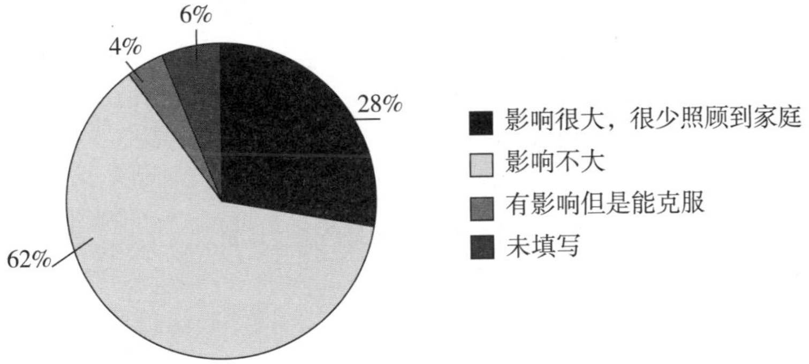

图 51　寄宿制教学对教师家庭生活的影响

表 10　寄宿制教学对教师家庭生活的影响

类　型	频　率	百分比（%）
影响很大，很少照顾到家庭	14	28
有影响但能够克服	31	62
影响不大	2	4
未填写	3	6

从以上数据，我们不难得出，受调查教师的作息时间与每周工作量都处于一般水平，但当存在对寄宿生的工作管理时，会花费额外的精力和时间，这会对教师的家庭生活产生一定的影响。学校并未对教师管理寄宿生有硬性规定，所以教师们为寄宿生花费的时间并未计算在工作量中，这可能会造成教师对管理寄宿生这一额外任务不满和懈怠。

四、受调查教师对低龄寄宿和低龄寄宿制学校的态度

在对宿舍管理员角色定位方面，50 名受调查者中，21 名教师认为宿舍管理员即为代理家长，占 42%；认为宿舍管理员充当着宿舍安全保卫人员的有 18 人，占 36%；另外有 7 人认为宿舍管理员即为学生课外生活的负责人，占 14%；极少部分教师认为宿舍管理员充当着维持者、引导者和监控者的角色。分布情况如图 52、表 11 所示。

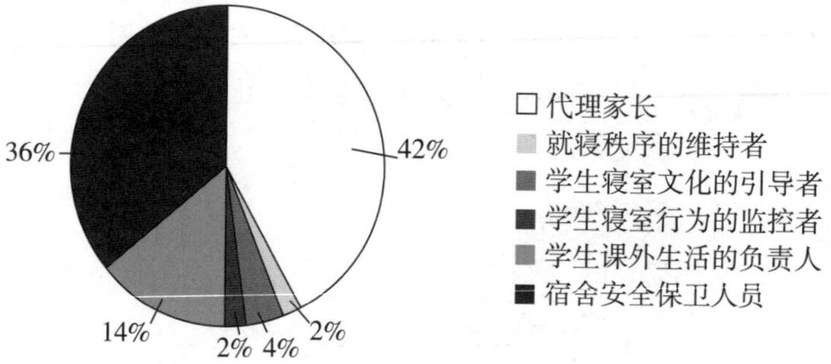

图 52　对宿舍管理员角色定位认知

表 11　宿舍管理员应该充当什么角色

类　型	频　率	百分比（%）
宿舍管理员即为代理家长	21	42
宿舍管理员充当着宿舍安全保卫人员	18	36
宿舍管理员即为学生课外生活的负责人	7	14
宿舍管理员充当着维持者、引导者和监控者的角色	4	8

在管理寄宿生方面，39 名教师认为管理寄宿生产生了额外的负担，7 名教师表示已经习惯了工作，没有什么感觉了。分布情况如图 53、表 12 所示。

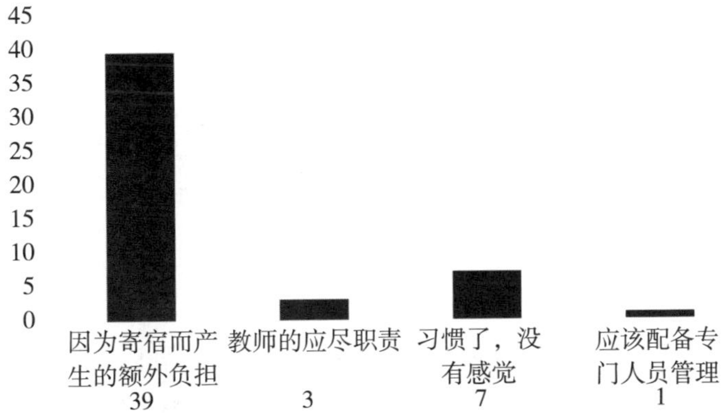

图 53　教师对值周（或值日）管理寄宿生任务的态度

表 12　教师对值周（或值日）管理寄宿生任务的态度

类　型	频　率	百分比（%）
因为寄宿而产生的额外负担	39	78
教师的应尽职责	3	6
习惯了，没有感觉	7	14
应该配备专门人员管理	1	2

在寄宿生与走读生管理方面，48 位教师认为管理一名寄宿生相当于管理 3～5名走读生，2 位教师认为管理一名寄宿生相当于管理 5～6 名走读生。分布情况如图 54 所示。

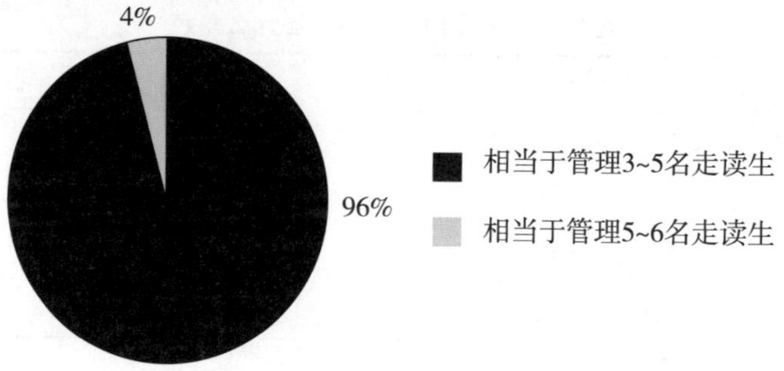

图 54　对管理寄宿生的态度

在学生寄宿年龄方面，认为学生应该从 1 年级开始寄宿的有 3 人，更多的教师认为学生应该在 4 年级开始寄宿（47 人，94%），受调查教师大多数认为低龄寄宿面临的主要困难集中于学生生活自理的问题（39 人，78%），少数人认为低龄寄宿也会造成学生的安全隐患（8 人，16%）

教师们普遍认为农村低龄寄宿制学校的好处主要有以下三点：便于学校的集中管理；使学生不需要每天辛苦走远路上学，增加有效学习时间；为留守儿童提供了便利。而寄宿制学校存在的问题主要集中在以下三点：低年级学生生活不方便；老师的工作量增加；缺少专门的宿舍管理人员。低龄寄宿制学校主要存在以下三个问题：学生的身心条件还没有达到独立生活的要求；寄宿制学校按非寄宿制学校模式办学；农村中小学的自然条件限制了低龄寄宿制学校的发展。

综上所述，教师们认为，农村低龄寄宿制学校能够方便学校对学生加强学习方面的管理，但在生活方面，低龄寄宿制学校由于学生的低龄化表现出管理困难的一面，再加上农村学校很少增设专门的宿舍管理人员，这使得教师的工作量增加，宿舍管理呈现非专业化的状态。

如果要解决低龄寄宿制学校存在的问题，主要可以通过以下三种途径来解决：配备必要的保育人员、生活指导教师和工勤人员、增加必要的配套经费、构建学生与家长感情交流的机制。在义务教育均衡发展背景下，认为国家对低龄寄宿制学校的投入重点应该放在建设宿舍、食堂、业余活动等硬件设施的教师有 36 人，认为应该增加学校公用经费的有 10 人，1 名教师认为应该增加生活指导教师的配备，减轻专任教师负担。分布情况如图 55 所示。

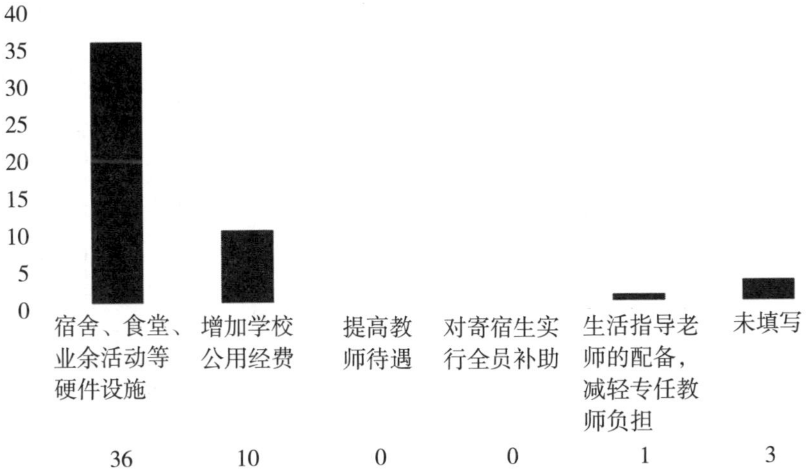

图 55　受调查教师认为国家对低龄寄宿制学校的投入重点

五、不同性别、年龄、职务、受教育程度的教师对寄宿制认知的差异比较

（一）关于“学生因寄宿而增加的时间应该如何设置”问题不同教师群体间认知的差异比较

1. 性别因素对“学生因寄宿而增加的时间应该如何设置”问题认知的影响

表 13　不同性别教师对学生因寄宿而增加的时间应该如何设置的认知差异比较

类　型	男		女	
	人　次	百分比（%）	人　次	百分比（%）
应由学校专人管理，学生自由活动	13	86.67	31	88.57
上自习以便学生完成当天作业	0	0	1	2.86
作为学校课时的一部分统一安排	2	13.33	2	5.71
任课教师自由处理	0	0	1	2.86
合计	15	100.00	35	100.00

由表 13 可知，男性教师 15 人，女性教师 35 人对学生因寄宿而增加的时间应该如何设置，发表了意见。整体来看，性别因素并未对此问题产生过多影响，大部分教师认为应由学校专人管理，学生自由活动。

2. 教龄因素对“学生因寄宿而增加的时间应该如何设置”问题认知的影响

表 14　不同教龄教师对学生因寄宿而增加的时间应该如何设置的认知差异比较

类　型	教龄小于 15 年的		教龄大于 15 年的	
	人　次	百分比（%）	人　次	百分比（%）
应由学校专人管理，学生自由活动	19	86.36	25	89.29
上自习以便学生完成当天作业	1	4.55	0	0
作为学校课时的一部分统一安排	2	9.09	2	7.14
任课教师自由处理	0	0	1	3.57
合计	22	100.00	28	100.00

由表 14 可知，学校中教龄小于 15 年的 22 人，教龄大于 15 年的 28 人对学生因寄宿而增加的时间应该如何设置，发表了意见。整体来看，大部分教师，无论其教龄长短，都认为这部分时间应由学校专人管理，学生自由活动。在对学生因寄宿而增加的时间应如何设置的意见中，教龄因素并没有对差异产生影响。

3. 职务因素对“学生因寄宿而增加的时间应该如何设置”问题认知的影响

表 15　不同职务教师对学生因寄宿而增加的时间应该如何设置的认知比较

类　型	学校中层干部兼教师		班主任兼教师		专任教师	
	人　次	百分比（%）	人　次	百分比（%）	人　次	百分比（%）
应由学校专人管理，学生自由活动	6	66.7	35	92.11	2	66.67
上自习以便学生完成当天作业	0	0	1	2.63	0	0
作为学校课时的一部分统一安排	3	33.3	1	2.63	1	33.33
任课教师自由处理	0	0	1	2.63	0	0
合计	9	100.00	38	100.00	3	100.00

由表 15 可知，学校中层干部兼教师 9 人，班主任兼教师 38 人，专职教师 3 人

对学生因寄宿而增加的时间应该如何设置，发表了意见。整体来看，大部分教师，无论其为何种职务，都认为这部分时间应由学校专人管理，学生自由活动，具体为：66.7%的学校中层干部兼教师，92.11%的班主任兼教师，66.67%的专任教师，这表明，在对学生因寄宿而增加的时间应如何设置的意见中，职务因素并没有对差异产生影响。

4. 教师受教育程度对“学生因寄宿而增加的时间应该如何设置”问题认知的影响

表16　不同学历教师对学生因寄宿而增加的时间应该如何设置的认知差异比较

类　型	专　科		本　科	
	人　次	百分比（%）	人　次	百分比（%）
应由学校专人管理，学生自由活动	24	92.31	20	83.33
上自习以便学生完成当天作业	0	0	1	4.17
作为学校课时的一部分统一安排	2	7.69	2	8.34
任课教师自由处理	0	0	1	4.17
合计	26	100.00	24	100.00

由表16可知，专科教师26人，本科教师24人对学生因寄宿而增加的时间应该如何设置，发表了意见。整体来看，教师学历因素并未对此问题产生过多影响，大部分教师认为应由学校专人管理，学生自由活动，本科教师少数选择了不同意见，猜测是由于本科教师能够更好地站在多种角度思考问题。

（二）关于“宿舍管理员应该充当什么角色”问题不同教师群体间认知的差异比较

1. 性别因素对“宿舍管理员应该充当什么角色”问题认知的影响

表17　不同性别教师对宿舍管理员应该充当什么角色的认知差异比较

类　型	男		女	
	人　次	百分比（%）	人　次	百分比（%）
代理家长	8	53.33	13	37.14
就寝秩序的维持者	1	6.67	0	0
学生寝室文化的引导者	0	0	2	5.71
学生寝室行为的监控者	0	0	1	2.86

续 表

类　型	男		女	
	人　次	百分比（%）	人　次	百分比（%）
学生课外生活的负责人	1	6.67	6	17.14
宿舍安全保卫人员	5	33.33	13	37.14
合计	15	100.00	35	100.00

由表17可知，分别有37.14%的女性教师倾向于将宿舍管理员视为代理家长或宿舍安保人员，有17.14%的女性教师认为其应该充当学生课外生活的负责人；53.33%的男性教师倾向于将宿舍管理员视为代理家长，33.33%的男性教师将其视为宿舍安保人员。整体分析可以看出，女性教师更希望宿舍管理员与学生的情感关系更密切，成为学生的家人，而男性教师更理性化，认为管理员只需要保证学生的安全管理即可。

2. 教龄因素对“宿舍管理员应该充当什么角色”问题认知的影响

表18　不同教龄教师对宿舍管理员应该充当什么角色的认知差异比较

类　型	教龄小于15年的		教龄大于15年的	
	人　次	百分比（%）	人　次	百分比（%）
代理家长	13	59.09	8	28.57
就寝秩序的维持者	0	0	1	3.57
学生寝室文化的引导者	0	0	2	7.14
学生寝室行为的监控者	0	0	1	3.57
学生课外生活的负责人	4	18.18	3	10.71
宿舍安全保卫人员	5	22.73	13	46.43
合计	22	100.00	28	100.00

由表18可知，大多数教龄小于15年的教师认为宿舍管理员应该作为代理家长，占人数的59.09%，其次是充当宿舍安全保卫人员的身份，占人数的22.73%；而教龄大于15年的教师认为，宿舍管理员更应充当宿舍安全保卫人员，占46.43%，应发挥代理家长、学生课外生活的负责人、学生寝室文化的引导者、就寝秩序的维持者、学生寝室行为的监控者的依次为28.57%、10.71%、7.14%、

3. 57、3. 57%。整体分析可以看出，教龄小于15年的教师更希望宿舍管理员与学生的情感关系更密切，成为学生的家人，而教龄大于15年的教师更理性化，认为管理员即为管理工作，只需要保证学生的安全即可。

3. 职务因素对“宿舍管理员应该充当什么角色”问题认知的影响

表19　不同职务教师对宿舍管理员应该充当什么角色的认知差异比较

类　型	学校中层干部兼教师		班主任兼教师		专任教师	
	人　次	百分比(%)	人　次	百分比(%)	人　次	百分比(%)
代理家长	2	22. 2	17	44. 74	2	66. 67
就寝秩序的维持者	0	0	0	0	0	0
学生寝室文化的引导者	1	11. 1	1	2. 63	0	0
学生寝室行为的监控者	1	11. 1	0	0	1	33. 33
学生课外生活的负责人	1	11. 1	6	15. 79	0	0
宿舍安全保卫人员	4	44. 4	14	36. 84	0	0
合计	9	100. 00	38	100. 00	3	100. 00

由表19可知：44. 4%的学校中层干部兼教师认为宿舍管理员即为宿舍安全保卫人员，44. 74%的班主任兼教师认为宿舍管理员为代理家长，36. 84%的班主任兼教师则认为宿舍管理员应为宿舍安全保卫人员，由此可以看出，职务因素在教师如何看待宿舍管理员方面有一定的影响，班主任教师由于更了解学生的需要，所以能够对宿舍管理员的角色有着较为正确的认知。

4. 受教育程度对“宿舍管理员应该充当什么角色”问题认知的影响

表20　不同学历教师对宿舍管理员应该充当什么角色的认知差异比较

类　型	专　科		本　科	
	人　次	百分比（%）	人　次	百分比（%）
代理家长	8	30. 77	13	54. 17
就寝秩序的维持者	1	3. 85	0	0
学生寝室文化的引导者	2	7. 69	0	0
学生寝室行为的监控者	1	3. 85	0	0
学生课外生活的负责人	4	15. 38	3	12. 5

续 表

类 型	专 科		本 科	
	人 次	百分比（%）	人 次	百分比（%）
宿舍安全保卫人员	10	38.46	8	33.33
合计	26	100.00	24	100.00

由表20可知：更多的本科学历教师认为宿舍管理员扮演的角色应为代理家长，而更多的专科学历教师认为宿舍管理员即为宿舍安全保卫人员，由此可以看出，学历因素在教师如何看待宿舍管理员方面有一定的影响。

（三）关于“实行寄宿制教学对家庭生活的影响”问题不同教师群体间认知的差异比较

1. 性别因素对“实行寄宿制教学对家庭生活的影响”问题认知的影响

表21　不同性别教师对实行寄宿制教学对家庭生活的影响的认知差异比较

类 型	男		女	
	人 次	百分比（%）	人 次	百分比（%）
影响很大，很少照顾到家庭	6	40	11	31.4
影响不大	1	6.7	1	2.9
有影响，但是能克服	8	53.3	23	65.7
合计	15	100.00	35	100.00

由表21可知，不同性别的教师在对实行寄宿制教学对自己家庭生活影响的问题认知上没有显著差异，大部分教师（男性53.3%，女性65.7%）认为有一定影响，但能够克服。

2. 教龄因素对“实行寄宿制教学对家庭生活的影响”问题认知的影响

表22　不同教龄教师对实行寄宿制教学对家庭生活的影响的认知差异比较

类 型	教龄小于15年		教龄大于15年	
	人 次	百分比（%）	人 次	百分比（%）
影响很大，很少照顾到家庭	9	40.91	8	28.6
影响不大	2	9.09	0	0
有影响，但是能克服	11	50	20	71.4

续　表

类　型	教龄小于 15 年		教龄大于 15 年	
	人　次	百分比（%）	人　次	百分比（%）
合计	22	100.00	28	100.00

由表 22 可知，不同教龄的教师在对实行寄宿制教学对自己家庭生活影响的问题认知上存在很大的差异，绝大多数教龄大于 15 年的教师（71.4%）认为实行寄宿制教学对自己家庭生活有影响，但是能克服；而教龄小于 15 年的教师只有一半的人表示有影响，但能克服，接近半数的教师表示实行寄宿制教学对自己家庭生活影响很大，很少照顾到家庭，占比达到 40.91%，同时值得注意的是一小部分教龄小于 15 年的教师认为实行寄宿制教学对自己家庭生活影响不大，占 9.09%。

3. 职务因素对“实行寄宿制教学对家庭生活的影响”问题认知的影响

表 23　不同职务教师对实行寄宿制教学对家庭生活影响的认知差异比较

类　型	学校中层干部兼教师		班主任兼教师		专任教师	
	人　次	百分比（%）	人　次	百分比（%）	人　次	百分比（%）
影响很大，很少照顾到家庭	6	66.7	9	23.7	2	66.7
影响不大	0	0	1	2.6	1	33.3
有影响，但是能克服	3	33.3	28	73.7	0	0
合计	9	100.00	38	100	3	100.00

由表 23 可知，66.7% 的学校中层干部兼教师认为实行寄宿制教学对自己家庭生活影响很大，他们很少照顾到家庭，而 73.7% 的班主任兼教师认为有影响，但能够克服。造成这样结果，是因为不同职务的教师在学校实行寄宿制教学时承担的工作量不同，学校中层干部兼教师需要承担对寄宿制教学更多的管理工作，所以需要投入更多精力，以至于对家庭生活造成不小的影响。

4. 受教育程度对“实行寄宿制教学对家庭生活的影响”问题认知的影响

表24　不同学历教师对实行寄宿制教学对家庭生活的影响的认知差异比较

类　型	专　科		本　科	
	人　次	百分比（%）	人　次	百分比（%）
影响很大，很少照顾到家庭	9	34.6	8	33.3
影响不大	0	0	2	8.3
有影响，但是能克服	17	65.4	14	58.3
合计	26	100.00	24	100.00

由表24可知，不同学历教师对实行寄宿制教学对自己家庭生活的影响的认知基本没有差异，大多数教师（专科65.4%，本科58.3%）均认为对自己家庭生活有影响，但能够克服，少部分教师（专科34.69%，本科33.3%）认为对自己家庭生活影响很大，很少能照顾到家庭。

（四）对值周（或值日）管理寄宿生任务的态度不同教师群体间认知的差异比较

1. 性别因素对“对值周（或值日）管理寄宿生任务的态度”问题认知的影响

表25　不同性别教师对值周（或值日）管理寄宿生任务的态度差异比较

类　型	男		女	
	人　次	百分比（%）	人　次	百分比（%）
因为寄宿而产生的额外负担	12	80	27	77.14
教师的应尽职责	1	6.67	2	5.71
习惯了，没有感觉	1	6.67	6	17.14
应该配备专门人员管理	1	6.67	0	0
合计	15	100.00	35	100.00

由表25可知，在对值周（或值日）管理寄宿生任务的态度上，不同性别的教师均表示因为寄宿而产生额外负担，另外17.14%的女性教师认为已经习惯了，没有感觉，由此可以得出，性别因素并未使教师对值周（或值日）管理寄宿生任务的态度有过大差异。

2. 教龄因素对“对值周（或值日）管理寄宿生任务的态度”问题认知的影响

表 26　不同教龄教师对值周（或值日）管理寄宿生任务的态度差异比较

类　型	教龄小于 15 年		教龄大于 15 年	
	人　次	百分比（%）	人　次	百分比（%）
因为寄宿而产生的额外负担	20	90.91	19	67.86
教师应尽的职责	0	0	3	10.71
习惯了，没有感觉	2	9.09	5	17.86
应该配备专门人员管理	0	0	1	3.57
合计	22	100.00	28	100.00

由表26可知，在对值周（或值日）管理寄宿生任务的态度上，不同教龄的教师均表示因为寄宿而产生额外负担，教龄小于15年的教师认为因为寄宿而产生的额外负担占比高达90.91%，这远高于教龄大于15年的教师的67.86%。此外17.86%的教龄大于15年的教师表示习惯了，没有感觉，这也同样高于教龄小于15年的教师9.09%的比例。

3. 职务因素对“对值周（或值日）管理寄宿生任务的态度”问题认知的影响

表 27　不同职务教师对值周（或值日）管理寄宿生任务的态度差异比较

类　型	学校中层干部兼教师		班主任兼教师		专任教师	
	人　次	百分比（%）	人　次	百分比（%）	人　次	百分比（%）
因为寄宿而产生的额外负担	7	77.8	32	84.21	0	0
教师应尽的职责	0	0	1	2.63	2	66.67
习惯了，没有感觉	2	22.2	5	13.16	1	33.33
应该配备专门人员管理	0	0	0	0	0	0
合计	9	100.00	38	100.00	3	100.00

由表27可知，在对值周（或值日）管理寄宿生任务的态度上，学校中层干部兼教师和班主任兼教师均表示因为寄宿而产生额外负担，但专任教师则无人表示有额外负担，由此可以得出，职务因素对教师对值周（或值日）管理寄宿生任务的态度有差异，专职教师因为自身工作内容中不包含或很少包含管理寄宿生的任务，所以对该问题的态度与其他职务教师有差异。

4. 受教育程度对“对值周（或值日）管理寄宿生任务的态度”问题认知的影响

表28　不同学历教师对值周（或值日）管理寄宿生任务的态度差异比较

类　型	专　科		本　科	
	人　次	百分比（%）	人　次	百分比（%）
因为寄宿而产生的额外负担	18	69.23	21	87.5
教师应尽的职责	2	7.69	1	4.17
习惯了，没有感觉	5	19.23	2	8.33
应该配备专门人员管理	1	3.85	0	0
合计	26	100.00	24	100.00

由表28可知，不同学历教师大部分（专科69.23%，本科87.5%）均表示因为寄宿而产生额外负担，受教育因素对教师对值周（或值日）管理寄宿生任务的态度没有显著差异。

（五）关于“低龄寄宿面临的主要困难”问题不同教师群体间认知的差异比较

1. 性别因素对“低龄寄宿面临的主要困难”问题认知的影响

表29　不同性别教师对低龄寄宿面临的主要困难的认知差异的比较

类　型	男		女	
	人　次	百分比（%）	人　次	百分比（%）
学生生活自理问题	11	73.33	28	80
学生想家	1	6.67	2	5.71
学生安全问题	3	20	5	14.29
合计	15	100.00	35	100.00

由表29可知，在对低龄寄宿面临的主要困难的问题中，73.33%的男性教

师和 80% 的女性教师认为学生生活自理问题是一大困难，同时，14.29% 的女性教师认为学生安全问题也是主要困难之一，不同性别的教师对低龄寄宿面临的主要困难的认知略有差异，女性教师由于性别原因，会考量得更为细致。

2. 教龄因素对“低龄寄宿面临的主要困难”问题认知的影响

表 30　不同教龄教师对低龄寄宿面临的主要困难的认知差异的比较

类　型	教龄小于等于 15 年		教龄大于 15 年	
	人　次	百分比（%）	人　次	百分比（%）
学生生活自理问题	17	77.27	22	78.57
学生想家	2	9.09	1	3.57
学生安全问题	3	13.64	5	17.86
合计	22	100.00	28	100.00

由表 30 可知，在对低龄寄宿面临的主要困难的问题中，77.27% 的教龄小于等于 15 年的教师和 78.57% 的教龄大于 15 年的教师认为学生生活自理问题是一大困难，同时，17.86% 的教龄大于 15 年的教师认为学生安全问题也是主要困难之一。

3. 职务因素对“低龄寄宿面临的主要困难”问题认知的影响

表 31　不同职务教师对低龄寄宿面临的主要困难的认知差异的比较

类　型	学校中层干部兼教师		班主任兼教师		专任教师	
	人　次	百分比（%）	人　次	百分比（%）	人　次	百分比（%）
学生生活自理问题	7	77.8	30	78.95	2	66.67
学生想家	0	0	3	7.89	0	0
学生安全问题	2	22.2	5	13.16	1	33.33
合计	9	100.00	38	100.00	3	100.00

由表 31 可知，在对低龄寄宿面临的主要困难的问题中，职务因素并未对教师的答案有太大的影响，不同职务的教师之间没有显著差异，他们均认为学生生活自理问题是主要的困难。

4. 受教育程度对“低龄寄宿面临的主要困难”问题认知的影响

表32　不同学历教师对低龄寄宿面临的主要困难的认知差异的比较

类　型	专　科		本　科	
	人　次	百分比（%）	人　次	百分比（%）
学生生活自理问题	20	76.92	19	79.17
学生想家	2	7.69	1	4.17
学生安全问题	4	15.38	4	16.67
合计	26	100.00	24	100.00

由表32可知，不同受教育程度对低龄寄宿面临的主要困难问题的认知没有显著差异，大部分专科和本科教师均认为学生生活自理问题是面临的主要困难，另外有15.38%的专科教师和16.67%的本科教师认为学生安全问题也是一个困难。

（六）关于“低龄寄宿制学校的投入重点”问题不同教师群体间认知的差异比较

1. 性别因素对“低龄寄宿制学校的投入重点”问题认知的影响

表33　不同性别教师对低龄寄宿制学校的投入重点的认知差异比较

类　型	男		女	
	人　次	百分比（%）	人　次	百分比（%）
宿舍、食堂、业余活动等硬件设施	11	73.3	25	71.4
增加学校公用经费	3	20	9	25.7
提高教师待遇	0	0	1	2.9
生活指导老师的配备，减轻专任教师负担	1	6.7	0	0
合计	15	100.00	35	100.00

由表33可知，在对低龄寄宿制学校的投入重点的问题，73.3%的男性教师和71.4%的女性教师认为应从宿舍、食堂、业余活动等硬件设施着手。同时，25.7%的女性教师认为应该增加学校公用经费，也有20%的男性教师认为应该

增加学校公用经费，另外有6.7%的男性教师认为应该增加生活指导老师的配备，减轻专任教师负担。

2. 教龄因素对“低龄寄宿制学校的投入重点”问题认知的影响

表34　不同教龄教师对低龄寄宿制学校的投入重点的认知差异比较

类　型	教龄小于15年		教龄大于15年	
	人　次	百分比（%）	人　次	百分比（%）
宿舍、食堂、业余活动等硬件设施	17	77.3	19	67.9
增加学校公用经费	3	13.6	6	21.4
提高教师待遇	2	9	2	7.1
生活指导老师的配备，减轻专任教师负担	0	0	1	3.6
合计	22	100.00	28	100.00

由表34可知，在对低龄寄宿制学校的投入重点的问题中，教龄小于15年的教师更多认为应该关注学校宿舍、食堂、业余活动等硬件设施，占人数的77.3%，高于教龄大于15年选择人数比例（67.9%），教龄大于15年的教师认为增加学校公用经费的，占人数的21.4%，而有人表示应该提高教师待遇和设置生活指导老师的配备，减轻专任教师负担。

3. 职务因素对“低龄寄宿制学校的投入重点”问题认知的影响

表35　不同职务教师对低龄寄宿制学校的投入重点的认知差异比较

类　型	学校中层干部兼教师		班主任兼教师		专任教师	
	人　次	百分比（%）	人　次	百分比（%）	人　次	百分比（%）
宿舍、食堂、业余活动等硬件设施	6	66.7	28	73.7	2	66.67
增加学校公用经费	1	11.1	6	15.8	1	33.33
提高教师待遇	2	22.2	3	7.9	0	0
生活指导老师的配备，减轻专任教师负担	0	0	1	2.6	0	0
合计	9	100.00	38	100.00	3	100.00

由表 35 可知，对低龄寄宿制学校的投入重点的问题，职务因素并未对教师的答案有太大的影响，他们大多数人均表示应关心学校宿舍、食堂、业余活动等硬件设施，具体为：学校中层干部兼教师 66.7%，班主任兼教师 73.7%，专任教师 66.67%。而在专任教师群体中有 33.33% 的人认为应该增加学校公用经费，在班主任增加兼教师群体中有 15.8% 认为应该增加学校公用经费，此外也有人表示应该生活指导老师的配备，减轻专任教师负担。

4. 受教育程度对“低龄寄宿制学校的投入重点”问题认知的影响

表 36　不同学历教师对低龄寄宿面临的主要困难的认知差异的比较

类　型	专　科		本　科	
	人　次	百分比（%）	人　次	百分比（%）
宿舍、食堂、业余活动等硬件设施	16	61.5	20	83.3
增加学校公用经费	6	23.1	3	12.5
提高教师待遇	2	7.7	1	4.2
生活指导老师的配备，减轻专任教师负担	2	7.7	0	0
合计	26	100.00	24	100.00

由表 36 可知，不同受教育程度教师对低龄寄宿面临的主要困难问题的认知存在一定的差异，83.3% 的本科教育背景教师认为应该关注宿舍、食堂、业余活动等硬件设施，高于专科教育背景教师的选择比例（61.5%）。23.1% 专科的教育背景教师认为应该增加学校公用经费，而本科教育背景教师只有 12.5% 的人认为增加学校公用经费是低龄寄宿制学校的投入重点。

第四节　讨　论

综合以上的调查数据，我们可以得出结论，在现今国家对低龄寄宿制学校的建设还处于初步阶段，寄宿制学校大多在人员管理方面缺少专任宿管教师，一般为专任教师轮流管理，这对寄宿管理是不利的，而教师们在日常教学之外，还需要花费更多的精力和时间在管理寄宿生上，这也会影响教师的正常工作与家庭生活。

低龄寄宿制学校的优点在于增加学生的有效学习时间，便于学校对学生的集中管理，并能够统一为学生提供更好的学习氛围，但不足也很多，学生在身心还未成熟的情况下进行集体住宿，在没有专门人员管理的情况下，无法保证学生们的身心安全，低龄学生的生活自理能力较差，增加了教师们的负担。

综上，我们提出建议，国家应加强对低龄寄宿制学校的建设，增加更多的专项管理人员，提供建设硬件设施的条件，完善对低龄寄宿制学校的管理。

第二章　云南民族贫困农村地区低龄寄宿儿童引发问题的相关原因分析

第一节　云南民族贫困农村地区低龄寄宿儿童引发问题的社会原因

一、民族地区实施寄宿制学校模式由来已久的历史“惯习”

（一）不适与适应：社会条件与寄宿制学校历史“惯习”的关系

布迪厄继黑格尔、胡塞尔之后，丰富了“惯习”概念。惯习，即是在实践过程的基本原则、表征图式和特殊逻辑。与“习惯”相比，惯习在实际运行中更多关注来自具体情境的不确定性和创生性。因而，循着布迪厄力导的关系论路径，我们将透过惯习与社会条件的视域，检视社会条件与寄宿制历史“惯习”之间的不适与适应：当惯习处于寄宿制学校产生时所处的历史背景和社会条件时，趋向于寄宿制学校再生产出历史和社会条件原初的结构，形成的场域将很快被适应；但是，当惯习处在变革或超越原来寄宿制学校产生所处的历史背景和社会条件时，惯习的滞后性将会引起新产生的场域的不适应。

布迪厄同时认为社会现实是事物本身和心智投射的综合体，并告诫只有在历史背景和社会条件没有出现重大变革之时，惯习才能作为一种具有强大再生产的社会结构的结构而发挥其作用，实践者才能够通过惯习预期其“客观的未来”，从而实现其具有可能把握性的因果关系。① 社会条件与寄宿制学校历史“惯习”的适应体现在，中华人民共和国成立初期国家为了解决民族地区居住分散，上学距离远的问题，探索并建立了民族地区的寄宿制学校，在促进教育资源均衡、受教育权利保障、短时间内缩小民族地区教育差距等方面发挥了重

① Rogers B. Rethinking Classical Theory: The Sociological Vision of Pierre Bourdieu [J]. Theory and Society, 1985 (6): 759.

要作用，产生了积极而深远的影响，这是“游戏感”和“游戏”相互契合的结果。[①]“寄宿制学校有寄宿制学校的样子”，寄宿制学校以独特的方式“次级客观性”和实体本身支配者实践者的实践和思维，但这不是来自接机械的胁迫，而是经历一种“外在性的内在化”过程，维持其固有本质的来自于潜在行动的倾向，将上升为集体的倾向，成为一种深刻的存在于各种力量关系之间的有力约束，关系引导实践者体会实践的“诀窍”，从而再凭借集体的惯习创生出与情境相适切的行动路径，再生产出关系的结构。[②] 社会条件与寄宿制学校历史“惯习”的不适，来自“普九”“双基攻坚”“留守儿童”等完全不同的历史和社会条件下，出现了用历史惯习试图契合“已经变化了的”场域的问题，惯习的滞后所引发的“不合拍”，原因在于由寄宿制历史惯习生发的性情倾向可以在当时产生寄宿制学校的经济、社会、历史条件变化的情况继续留存，这种固守不变、维持现状的倾向能在确保调适的可能性的同时，亦能够引发不适应，更多的是故步自封使然——深信寄宿制能够解决民族地区教育所面临的诸多问题。

（二）云南省民族贫困地区寄宿制中小学发展历史沿革

20 世纪五六十年代我国少数民族地区产生了寄宿制学校，20 世纪八九十年代全国范围内的中小学布局调整推进，寄宿制学校成为民族地区办学的主要形式。20 世纪初，寄宿制学校伴随着“西部‘两基’攻坚计划”“中西部农村初中校舍改造工程”“西部地区农村寄宿制学校建设工程实施方案”的开展而得以实施。寄宿制学校的发展最初源于国家对民族地区教育问题的探索，随着农村地区中小学布局调整在全国推广，寄宿制学校发展至今，曾经在解决民族地区教育问题方面发挥了十分重要的作用。但是，这种历史惯性在新的时代背景下也具有了新特点，出现了新问题。“以史为镜，可以知兴替”，基于历史学的观点，任何事物的产生和发展都并非毫无来由，必有其深刻的历史背景和发展脉络。因此，下面将剖析民族地区寄宿制学校的发展历程，对当前民族贫困地区低龄寄宿制儿童问题的产生原因进行深度剖析。民族地区寄宿制中小学发展历程归纳起来主要分为以下四个阶段（见表 37）。

---

① ［法］布迪厄，［美］华康德．实践与反思：反思社会学导引［M］．李猛，李康，译．北京：中央编译出版社，1998：172 – 173.

② ［法］布迪厄，［美］华康德．实践与反思：反思社会学导引［M］．李猛，李康，译．北京：中央编译出版社，1998：185.

表 37　民族地区寄宿制中小学发展历程

发展阶段	时间范围（年）	主要特点
萌芽阶段	1949—1978	在民族寄宿制中小学的“探索”
形成阶段	1978—1986	国家支持下的民族寄宿制中小学“崛起”
发展阶段	1987—2007	寄宿制形式在民族地区推广和建设
深入阶段	2008 年至今	民族地区留守儿童问题的“出路”

1. 萌芽阶段——在民族寄宿制中小学的“探索”

1949 年中华人民共和国成立，国家接管了民族地区的所有学校，20 世纪 50 年代初，国家及云南省对民族地区的教育问题还没有做出明确指示和具体规定。这一时期，由于财力有限，而民族地区更是普遍经济条件落后的情况下，国家在民族地区采取了多种形式教学方式，探索适合民族地区发展的教育。

1954 年，红河开远第二中学举办了“阿訇班”。西双版纳州，为寺院出家的男性适龄儿童开办“和尚班”，每天上课 3 节，并采用街期制作为班级组织形式——逢当地的赶集日子学校放假，每五天一街，上 4 天课便休息 1 天。1956 年，云南省第一次民族工作会议提出，采用正规和非正规的办学方式发展民族地区教育，举办了早、午、晚班，季节班，巡回教学班，放牧班等结合民族地区群众生活、生产和民族风俗习惯相适应的教学形式。同时，一些中学还开办了林场、果园、饲料场，加强劳动与学习相结合；一些小学普遍调整教学内容和上课时间，满足学生边读书边参加农业生产劳动的需要。这些办学形式逐渐表现出寄宿制学校的“雏形”。1957 年以后，国家实行“就地办学”，取消了当时存在的寄宿制学校，规定对学生“除特殊困难可以适当补助部分书籍、文具费用外，一般不予补助”。从此，民族地区采取了多种形式的办学方式。民族贫困地区由于经济极为落后，尽管勉强办起了教学点或者学校，但最后还是因为没有经济支撑而得不到巩固。1958 年，云南省贯彻中央“两条腿走路”的办学方针，动员群众办学，提倡集体办学，允许私人办学，发展了大量民办小学和一些民办中学，并强调在民族贫困地区要充分考虑经济条件和教育基础，私人办学和集体办学不宜发展过快。1960—1962 年是国家经济困难时期，在一定程度上影响了民族地区学校教育发展。1963 年，云南省教育厅结合不同地区条件，采用了全日制、半日制、简易小学和工读小学等 4 种办学形式，并制订了 4 套民族地区小学教学计划供地方选择。同年 3 月颁布《关于办好几所重点业余学校和农村中学问题的通知》，提出举办不同办学形式的 18 所学校的名单。其中，以受到教育部表扬的勐海县曼燕小学（半日制）为代表，该校上午上课，下午劳动，上课教授汉文和傣文，学生小学毕业具备两种文字读、写、算能力，其文化程度堪比“傣郎”，此类学校在办好教育的同时，又有利于农业生产的发展。随着“文化大革命”的到来，这类寄宿制办学形式被否定了。

2. 形成阶段——国家支持下的民族寄宿制中小学“崛起”

随着“四人帮”被粉碎，“文化大革命”结束，恢复了正常秩序。1980 年 10 月，教育部联合国家民委发布《关于加强民族教育工作的意见》，提出：“特别要大力办好一批寄宿制学校，采取由国家管住、管吃、管穿的办法。对这些民族中小学，在经费上要给予必要的照顾，调配较好的教师，校舍和教学设备也要好一些。”① 这一文件的出台翻开了民族地区开办寄宿制学校的新篇章。同年，云南省教育厅在中央政策的领导下，决定：“每年从云南省地方财政中拨出专款 550 万元，举办 40 所寄宿制民族中小学，作为发展少数民族教育的重点学校，面向经济文化特别落后的少数民族聚居区和边疆招生，每月发给学生 10 ~ 15 元的食宿费用。”② 少数民族地区学生全面发展，也就成为之后各地政策的目标。1984 年 10 月，国家颁布《中华人民共和国民族区域自治法》，明确规定：“在少数民族牧区、山区设立以寄宿制和助学金为主的公办民族小学和民族中学。”③ 同年 11 月，云南省政府颁布《关于改革和发展我省民族教育的意见》，明确提出：“要下决心在边疆和内地贫困的民族山区，逐步在每个区重点办好一所寄宿制、每个乡重点办好一所半寄宿制的完全小学，学制可以根据实际需要延长。”④ 1981 年，云南省已有 16 所寄宿制中学招收 28 个班，有学生 1 371 人；18 所寄宿制小学招收 31 个班，有学生 1 218 人。1983 年，又举办 3 000 个半寄宿制高小班。截至 1985 年，云南省已建立寄宿制民族中小学 1 034 所。⑤ 1986 年，省定的 20 所寄宿制民族小学的教育质量都较高，升学率高于当地中心完小；20 所寄宿制民族中学也取得了很好效果。同年 2 月，云南省政府颁布《关于加快我省民族地区教育事业的意见》，针对国家“普九”任务，明确定位、确定了具体规划和实施计划。事实证明，结合地方实际和寄宿制学校特点的经验值得我们思考。

3. 发展阶段——寄宿制形式在民族地区推广和建设

寄宿制学校在民族地区的发展阶段，是伴随着寄宿制形式在民族地区推广

① 金东海．少数民族教育政策研究［M］．兰州：甘肃教育出版社，2002：69.

② 蔡寿福主编．云南教育史［M］．昆明：云南教育出版社，2001：908.

③ 教育部民族教育司．寄宿制民族中小学［J］．中国民族，2001（2）：46－46.

④ 云南省教育志编纂委员会．云南省志·教育志［M］．昆明：云南人民出版社，1995：86.

⑤ 代燕春．20 世纪 80 年代以来云南少数民族教育优惠政策简述［J］．学术探索，2013（9）：141－144.

和建设重大的时代背景下发生的。主要有两条线索：第一，全面普及九年义务教育（简称“普九”）促进寄宿制学校办学形式的推广；第二，“基本实施九年义务教育和基本扫除青壮年文盲”攻坚（简称“两基”）迎来了寄宿制学校的大举建设。

“普九”促进寄宿制学校办学形式的推广。1985 年 5 月，国家出台《中共中央关于教育体制改革的决定》指出：“把发展基础教育的责任交给地方，有步骤地实行九年义务教育。”次年 4 月，颁布了《义务教育法》，以法律形式将实行九年义务教育，确立了从国家到地方开展义务教育。1992 年，国家教委联合国家民委在《关于加强民族教育工作若干问题的意见》中具体指出民族地区应对“普九”的具体措施：“在人口稀少、居住分散的地方或经常流动的牧区，学校的布局要相对集中，从一定年级起举办寄宿制学校。”说明寄宿制学校作为民族地区“普九”的重要形式被提倡。1993 年，《中国教育改革和发展纲要》旗帜鲜明地提出：90 年代中国将在全国范围内基本普及九年义务教育、基本扫除青壮年文盲。1995 年，云南省教委《云南省在九十年代基本普及九年义务教育和基本扫除青壮年文盲的实施意见》提出：“本世纪末，实现占全省人口70%的地区基本普及九年义务教育。”① 其中，民族贫困地区要下拨专款，对寄宿制学校进行补助，作为使贫困地区辍学学生返回寄宿制学校的措施之一。2000 年，云南省同其他大多数省份一样基本实现了“普九”任务。由于民族贫困地区在历程的教育变革中欠账太多，因而，这一次民族地区“普九”过程是伴随着薄弱学校改造、寄宿制学校建设和义务教育办学条件结合起来的，促进了寄宿制学校的推广和发展，其价值已经超越了解决民族地区少数民族义务教育的问题，民族地区开始天然地把寄宿制办学形式作为解决教育过程中遇到问题解决的“好用”思维模式，最典型的是：伴随着之后人口减少而进行的学校布局调整，在已经超越了寄宿制当初的办学初衷的情况下，因为“历史惯性”还是使用寄宿制办学形式应对面临的困境。

“两基攻坚”迎来了寄宿制学校的大举建设。2003 年 9 月，国家颁布《国务院关于进一步加强农村教育工作的决定》，提出：“加快推进‘两基’攻坚，巩固提高普及义务教育的成果和质量……加强中小学校舍和初中寄宿制学校建设、扩大初中学校招生规模、提高教师队伍素质、推进现代远程教育、扶助家庭经济困难学生为重点，周密部署，狠抓落实。”将寄宿制学校作为西部还没有实现“两基”目标的地区的重要办学形式，赋予了其“两基攻坚”的“排头兵”重任。2004 年 2 月，《国家西部地区“两基”攻坚计划（2004—2007 年）》

① 杨珏．云南民族贫困地区巩固“普六”、“普九”成果任重而道远［J］．云南社会主义学院学报，2001（4）：22－23.

中提出加快寄宿制学校建设是“两基攻坚”的措施之一。同年 8 月，教育部、财政部联合发改委下达“西部农村寄宿制学校建设工程”规范，在云南、四川、贵州等 20 个省、自治区建设学校 7 730 所，增加寄宿容量到 203 万学生。2005 年，教育部和国家民委联合颁布《关于进一步做好民族地区寄宿制中小学管理工作若干问题的意见》，对民族地区寄宿制中小学指导思想和目标要求、部门职责、布局结构、教学管理、日常生活、管理队伍建设等八方面做了明确规定。① 为了在云南民族地区实现“两基”目标，自 2000 年起，实施“三免费”教育政策，也惠及部分边境寄宿制、半寄宿制学校学生。2005 年，实施“两免一补”政策惠及 120 万名贫困寄宿制学生。截至 2006 年，全省有 41 所省定民族寄宿制中小学，5 500 所半寄宿制民族小学。② 从 2001 年国家明确发文号召举办寄宿制学校伊始，到 2007 年“西部农村寄宿制学校建设工程”顺利完成，云南省寄宿制学校大规模向广大农村地区、民族地区大力迅速发展。

4. 深入阶段——民族地区留守儿童问题的“出路”

随着云南省内外出务工人员的增多，留守儿童问题日益突出。据《云南省农村留守儿童现状调研报告》的数据显示：“在全省的 0 ~ 7 岁儿童中，留守儿童共计 121. 34 万，占 8. 98%，且呈现逐年增长的势头。③”同时，《国家中长期教育改革和发展规划纲要（2010—2020 年）》明确：“加快农村寄宿制学校建设，优先满足留守儿童住宿需要……加快支持边境县和民族自治地方贫困县义务教育学校标准化建设，加强民族地区寄宿制学校建设。”④ 这都表明，寄宿制学校将会在很长一段时期作为解决民族贫困地区留守儿童的重要手段。例如，会泽县为了解决留守儿童问题，2009 年以来，投资 1. 56 亿元，开办 264 所农村留守儿童寄宿制学校，建筑总面积达 117 813 平方米，覆盖全县所有乡镇。同时，建立了留守儿童定期与家长联系、留守儿童一对一帮扶、多渠道救助、留守儿童安全及生活保障的一系列配套措施。⑤ 2016 年 1 月云南省政府颁布《云南省乡村教师支持计划（2015—2020 年）》，指出为了促进寄宿制学校和农村留

---

① 教民〔2005〕5 号. 关于进一步做好民族地区寄宿制中小学管理工作若干问题的意见［Z］. 中华人民共和国教育部公报，2005（8）：73.

② 云南省民族事务委员会. 共同团结奋斗共同繁荣发展：五年来的云南民族工作［M］. 昆明：云南民族出版社，2008：40.

③ 陈伶娜. 云南留守儿童总数达 121. 34 万人：面临严重的心理问题［EB/OL］.［2016 - 10 - 08］. http：//mt. sohu. com/20150629/n415811897. shtml.

④ 教育部. 国家中长期教育改革和发展规划纲要（2010—2020 年）［EB/OL］.［2016 - 10 - 08］. http：//www. moe. edu. cn/publicfiles/business/htmlfiles/moe/moe_ 838/201008/93704. html.

⑤ 郭云旗. 会泽 1. 56 亿元开办 264 所农村留守儿童寄宿学校［EB/OL］.［2016 - 10 - 08］. http：//ynjjrb. yunnan. cn/html/2012 - 07/05/content_ 2287277. htm.

守儿童中学校的心理健康发展，将在一定规模学校配备专职心理健康教师。[①]留守儿童问题又一次给寄宿制学校“委以重任”，寄宿制学校离最初为了解决民族地区由于居住地点相对分散的初衷越来越远。

寄宿制学校诞生于早期国家对民族教育问题的解决——民族地区居住分散，上学距离远，并在促进民族地区教育发展上做出了巨大贡献。随着普九、双基攻坚、留守儿童等不同历史时期的特殊情况，寄宿制学校一次次被赋予“新职责”和“新使命”，一种来自思维惰性的力量——坚信寄宿制学校形式，可以解决所有正在遭遇的挑战和即将面对的未知的“挑战”，包括不同年龄阶段的儿童，面对经济落后但是教育资源需要均衡的民族贫困地区，寄宿制学校便以来自历史的巨大韧性立于民族地区。

二、校点撤并对民族贫困地区教育的投射

2001年6月，国务院颁布《关于基础教育改革与发展的决定》，大规模、有计划、有步骤的中小学布局调整在全国范围内展开，俗称“撤点并校”。2006年，教育部发布《关于实事求是地做好农村中小学布局调整工作的通知》，明确：“农村中小学的办学条件、办学效益和教育质量有了进一步提高。”2012年9月，国务院发布《关于规范农村义务教育学校布局调整的意见》，提出“规范农村义务教育学校撤并程序……坚决制止盲目撤并农村义务教育学校”，叫停了这个在中国农村土地上“席卷一方”的政策。[②]至此，在全国范围内产生重大影响的“撤点并校”进入了“后撤点并校时代”[③]。纵观校点撤并在解决我国广大农村地区中小学生入学，促进教育资源均衡方面起到了不小的作用。随着，国家叫停这一政策之后，我们将以更加客观、理性的态度来回顾和思考这一政策。同时，校点撤并政策推动下寄宿制学校中的大量低龄寄宿儿童问题也日益突出，这是校点撤并政策实施之前所始料未及而现在需要正视的问题。我们通过对云南民族贫困地区的调研发现，校点撤并政策在加剧民族贫困地区教育不公的同时，也增加低龄儿童成长的道德风险。

（一）校点撤并加剧民族贫困地区教育不公

中华人民共和国成立以来，国家就一直关心民族地区教育问题。究其原因，

---

① 云政办发〔2005〕110号．云南省乡村教师支持计划（2015—2020年）[EB/OL]．[2016－10－08]．http：//www.yn.gov.cn/yn_zwlanmu/qy/wj/yzbf/201601/W020160105618379214392.

② 李孝川，何顺超，杨斌．基础教育改革动态［M］．长春：吉林大学出版社，2016：127.

③ 李向东．“后校点撤并时代”的应对路径［J］．教育评论，2013（5）：6－8.

有两方面。一方面，民族地区教育“底子薄”，许多地方需要改进和发展；另一方面，少数民族世居之地主要在农村，农村教育始终处于国民教育体系的弱势地位，民族地区教育也存在类似的发展境况。这是我国城乡二元体制在教育领域的具体表现，农村地区教育无法与城市地区教育享受同样的地位和待遇。基于这样的背景，以缩小农村和城市教育差距、提高农村教育质量、集中优势教育资源为目标的学校布局调整政策在撤并规模小、人数少、条件差的农村教学点、中小学校的过程中开始。

从“公正”理论的内涵出发，过程和程序的公正是其重要的组成部分。因而，在校点撤并进行过程中必须要回答这样一个问题：“最有资格决定农村学校撤并的主体是谁？这是一个关乎程序公平的问题。”① 有研究者从一些地区具体撤点并校的实践和行动进行调查发现，很多地区的校点撤并都缺乏作为前提的调查和科学论证，很少关注与当地中小学利益最密切的村民的意见，村民的诉求在撤点并校的运动中“缺席”。很多地方的操作方式都是上级部门下达指令，地方根据指令完成相关学校的撤并数量和具体指标。校点撤并在民族地区的实际操作成为地方部门结合上级指示和自身政绩需求相结合的过程，村民及撤并之前学校教师等群体的“话语权”被挤压和剥夺。② 教育公平最重要的“程序公平”缺位，待撤并学校在地方部门的强制“绑架民意”中被撤并。在以“效率”“速度”为主导思想的指挥下，曾经遍布我国广大农村地区承载数以千万计儿童就近入学的学校在“疾风骤雨”的改革浪潮中消失，他们就近入学的权利也被剥夺。被剥夺的权利背后是学生及家庭上学距离和时间成本负担的增加，校点撤并之前学生可以就近入学，上学距离和时间花费不是主要考虑的问题；校点撤并后，学校与家庭的距离变长，势必需要承担这一段路程所需的交通费用，随之，路途较远的学生由走读转为寄宿，寄宿需要的费用也需要家庭来负担，对于云南民族贫困地区普遍家庭而言无疑是一笔不小的开支，特别是对那些基本没有自理能力的年龄较小儿童来说，除了物质负担之外，心理方面他们还需要承担更多的压力。对地方部门而言，校点撤并减少了其教育开支，但是这一开支却变相转嫁到每个学生家庭，学生与家庭所花费的心血和付出的代价远远超过“教育资源均衡”本身的价值。通过教育公平的视角，来自程序过程本身的不透明，致使校点撤不但没有解决农村地区教育长期遭遇的不公，而且还加剧了这种不公平。

① 邬志辉，史宁中．农村学校布局调整的十年走势与政策议题［J］．教育研究，2011（7）：22－30.

② 蔡志良，孔令新．撤点并校运动背景下乡村教育的困境与出路［J］．清华大学教育研究，2014（2）：114－119.

（二）校点撤并增加低龄儿童成长道德风险

根据皮亚杰的儿童道德发展理论，儿童道德发展具有他律和自律两个阶段，根据我们对低龄寄宿儿童的定义，这一年龄阶段的儿童处于道德发展的他律阶段，即儿童对于规则的认同和行动来自于外部权威，并能觉知这是来自成人赋予和塑立的，但具有盲从性。① 因此，这是儿童成长和发展的关键时期，需要给予有效、合理的引导，促进儿童健康发展，学校教育的本质和内涵决定学校教育是追求“真、善、美”的教育，能够很好地避免社会教育和家庭教育的不良方面，给予儿童可以预测的来自自身发展的最大可能性。

但是，校点撤并运动下民族贫困地区的学校教育却存在低龄儿童成长的道德风险，主要表现在道德成长“土壤”的逐渐消亡、自身成长的危机、成长指导性削弱三个方面。首先，承载道德成长的“土壤”，在成长主体——低龄儿童的双重隔离和依附载体——“乡村文化符号”（乡村小学）的脱离中“贫瘠”。撤并后的学校是标准化的现代学校，在任何地点都是按照统一的目标、要求和标准进行建设和运作管理，相较于乡村小学是“深入村落的国家机构、乡村文化符号”② 而言，标准化学校缺乏了对地域文化的传承，成为“如同工业化时代的工厂”一般整齐划一、规范有序。同时，很小的孩童进行了现代学校学习后，从时间上每周5天甚至更长的时间都置身于其间，与他们的乡村生活隔离，这是第一重隔离。低龄儿童进入标准化学校之后，由于离家距离变远，因而从空间上他们会在这一“标准环境”主导下的同一文化中透过抽象、封闭的现代学校获得教育的种种约束，这是第二重隔离。双重隔离的症结让儿童从小就没有认识乡村、体验乡村，更谈不上亲近乡村，他们越来越多地成了处在乡村的“异乡人”，对于本民族、本地区的地域文化和道德规约也越发陌生。缺乏对自我的完整认同和对爱的归属，往往导致儿童存在自我感焦虑。

其次，造成和加剧低龄儿童自身成长的危机。校点撤并之后的学校在民族贫困地区多以寄宿制办学的形式出现，6岁及以下的儿童成为寄宿制学校中年龄最小的寄宿群体，他们正处在身心发展的关键时期，根据儿童依恋发展理论，这一时期的儿童，家庭的教养和支持比学校教育更重要，若缺乏家庭教育，则往往给儿童带来孤独感、性格缺陷、认知偏差、行为偏差、情感缺陷等心理问题。③ 同时，云南民族贫困地区的低龄寄宿儿童大多来自不同民族，随着不同的民族文化及风俗习惯学生的剧增，相较于撤并前的学校，撤并之后学校的学

---

① 华爱华．皮亚杰儿童道德发展理论的评述［J］．上海青年管理干部学院学报，2006（4）：25－29.

② 李书磊．村落中的国家［M］．杭州：浙江人民出版社，1999：5.

③ 张高产．低龄寄宿对儿童心理健康的影响［C］．第一届今日财富论坛，2016.

生间爆发肢体冲突、打架斗殴等事件的概率大大增加，极易导致学生认知和行为偏差，并逐步发展成为问题学生。

最后，成长指导被削弱。低龄寄宿儿童处于道德他律的成长时期，发展和成长具有明显的盲目性，儿童在认知、行为、道德等方面的发展还处于不成熟的阶段，亟须教师提供有效帮助和指导。但是，伴随着校点撤并后学校规模和班级人数的剧增，原来二三十人的班级现在变成了五六十人规模的大班，教师在承担繁重教学任务的同时，由于多数学校财务紧张，许多教师还要额外担任寄宿制日常生活管理的职责，教师无暇针对每位儿童的差异和不同进行有效的指导。导致学生成长过程中教师指导职能严重缺位，影响今后的健康发展。

三、民族贫困地区普惠性学前教育资源缺乏

云南民族贫困地区的低龄寄宿儿童多在 6 岁及以下，本该是进入幼儿园接受学前教育的阶段，但是更多的儿童进入了小学。对这一问题的追问和回溯，使我们的研究视域开始关注民族地区学前教育的现状上：一连串的问题萦绕于胸，民族贫困地区学前教育发展状况如何？他们为什么是这样的？应该怎样来改变这种现状？

随着《云南省学前教育三年行动计划》《云南省学前教育条例》的颁布、贯彻和推进，云南省学前教育的普遍状况有了好的转变，取得了喜人的成绩。但是，就全省学前教育发展的整体形势而言，情况依然严峻，特别是民族贫困地区学前教育发展过程中的困难和挑战更加突出。同时，伴随着普惠性学前教育资源由理论走向实践，这无疑为民族贫困地区破解当前学前教育发展困境，探索长效发展的健康机制和合理路径提供了重要依据。我们基于系统论和资源配置论的视域，发现人、财、物、文化等方面学前教育资源的缺乏以及资源之间的不均衡发展，导致这些地区学前教育资源整体缺失，最直观的体现是：一方面，寄宿制幼儿园大举兴建，让儿童从小小年纪就开始寄宿于幼儿园中；另一方面，对于更多没有条件兴办单独幼儿机构的地方而言，这部分儿童被送进了当地分布最广的寄宿制小学，成为过早进入寄宿制小学的幼龄儿童。

因此，本章将从人力、财力、物力、文化等方面探索给学前教育资源形成缺乏的具体表现（见图 56）。其中，人力资源方面表现为学前师资不足，整体素质不高；财力资源方面主要是财政投入不足，对普惠性幼儿园支持力度不够；物力资源方面体现为活动空间小、课程资源有限、活动器材缺乏；文化资源方面主要是家校互动缺失、民族活动较少。

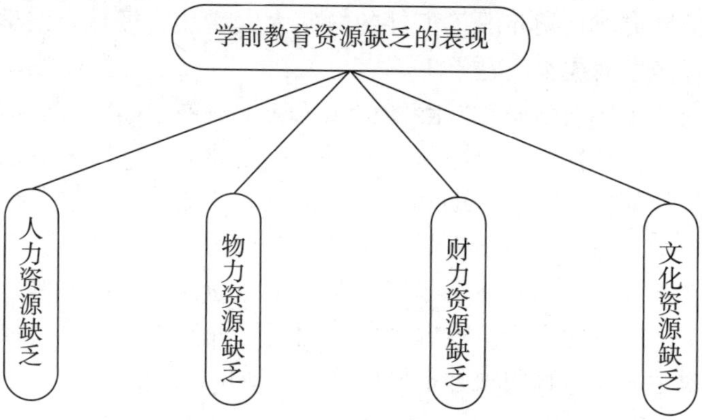

图 56　民族贫困地区普惠性学前教育资源缺乏的表现

（一）人力资源缺乏——学前师资不足，整体素质不高

云南民族贫困地区普遍存在学前教师师资缺乏的问题。主要表现在：第一，学前教育教师严重缺编，没有保障。公办幼儿园有编制教师工资由地方政府财政支付，有的地方出现地方政府为了减少财政开支，幼儿教师进行“只退不进”，以合同制或者临时聘用的形式招聘教师，这些教师大多报着“得过且过”“有好的地方就走”的心态，民族贫困地区幼儿教师队伍处于波动较大而且是流出多流入少的局面，教师编制对维持地区幼儿教师稳定具有一定的导向作用。第二，民族贫困地区幼儿教师队伍流动性大。随着云南省普惠性学前教育政策的推进，大多数地方在条件有限的情况下动员各种力量和资源积极引进幼儿教师，具体的情况是一个地区招来幼儿教师，结果这些教师也大多还是最终选择留在条件相对较好的乡镇上，不愿意再前往交通、经济条件不利的乡村一级幼儿园。调查表明，这部分留下来的幼儿教师也并非都能够安心留下任教，普遍现象是一些年轻教师在任教一两年具有一定教学经验之后，便会辞职离开到条件更好的地方从事幼教工作，教师队伍整体波动和起伏大，这种人才流动是压倒式的流出趋势，而流入的补给少得可怜。第三，教师结构不平衡现象明显。学前教师教育结构各年龄阶段分布不均匀。其中所占比重最大的处于 20 ~ 30 岁年龄群体的教师，但是这一部分也是“流出”当地学前教育系统最明显的群体，其他年龄阶段群体所占比例较低。其中，40 岁以上群体所占比例又基本与 20 ~ 30 年龄段群体持平，这又进一步说明了真正能够留下来从事学前教育工作的不是年青一代的教师。

（二）财力资源缺乏——政策执行偏差，财政投入不足，支持力度不够

民族贫困地区幼儿园在云南省整体处于低水平，幼儿园大多集中在城镇地

区，很多人口分散、交通不便的山区、村落基本没有幼儿园。究其原因是各级政府对普惠性学前教育政策执行有偏差，将普惠性学前教育简单理解为发展普惠性民办幼儿园，对公办幼儿园的主体地位在认识上忽视，行动上减少投入和支持。这种偏差来自政策文本的高度模糊让地方政府立足于自身立场的最大化解读提供条件，加上多元利益主体之间的博弈、妥协及强势利益团体之间的结盟使得政策执行与公共利益越走越远。[①] 国家在 2010 年颁布《国务院关于当前发展学前教育的若干意见》、2014 年出台《关于实施第二期学前教育三年行动计划的意见》，云南省在 2013 年发布《云南省教育厅关于印发云南省普惠性民办幼儿园评估指标体系的通知》。但是，对“普惠性”及“普惠性民办园”没有做出清晰的概念界定，地方政府将其窄化为发展普惠性学前教育就是大力发展民办幼儿园，争取提高幼儿园覆盖率的指标。因此，地方政府异化理解为减少公办幼儿园的公共投入、财政支持，地方政府对学前教育的支持转化为迎合政绩考核需求的行为，完全脱离学前教育“一切为了儿童发展”的出发点，甚至变异为官私“合作”在民办幼儿园发展过程中出现权力寻租的现象。在“经济人”的视域下透视，我们将更加清晰地了解民族贫困地区惠普性学前教育发展举步维艰的原因。一方面，大力发展民办幼儿园，将减少地方政府对学前教育的投入和支持。随着分税制改革在各级政府深入推进，导致了财权与事权的不对等，各级政府需要管辖的事情越来越多，但是财政支出与财政预算之间却很难对等。因而，财政支出的最小化和财政预算的最大化将是政府处理工作的主要方式，相较于公办学前教育而言，民办学前教育政府需要投入的财政支持更少，造成事权对财权的最大妥协。另一方面，以民办幼儿园为主导，赢取普惠学前资源的覆盖率所附带的政绩。地方政府在政治问责制度压力下，为了在较短时间内取得普惠性学前资源实施上的政绩，使用变通方式将民办幼儿园纳入普惠性学前教育体系，无疑是“办事又不花钱”的最佳方式。

（三）物力资源缺乏——硬件设施落后，课程资源有限，活动器材缺乏

物力资源缺乏的主要体现在幼儿园物理空间安排、布局等硬件设施，课程的开设情况以及课程资源的开发与利用，幼儿园开设教育活动的教具与学具的准备情况等方面，具体表现为以下几点。首先，民族贫困地区幼儿园的硬件设施落后。《幼儿园建设标准》规定，幼儿园的园舍应当由活动及辅助用房、办公及辅助用房和生活用房组成，并且结合不同人数和班级规模对每一部分的具体内容做了要求。依据教育社会学的观点，幼儿园的空间布置、教室安排等硬

① 刘颖．普惠性学前教育政策的执行偏差：表现、原因及对策分析［J］．教育发展研究，2016（6）：18－24．

件设施背后是物理属性与意义属性的综合体。云南民族贫困地区幼儿园总体布局简单，一道校门、一栋教学楼、一个操场、操场上几件简单玩具是幼儿园硬件设施的“粗线条”，一道校门将幼儿园与周围环境隔离开来，孩子们只有到了放学时间才能从隔离场域中出来，对于寄宿制幼儿园而言，他们一周或是更长的时间将会在人为设定的区域中娱乐、活动和休息，校门成了对儿童“监控”的符号象征。① 幼儿更多的是在教师的眼皮底下进行教育活动，幼儿园的整体布局和建筑安排即便是儿童出离了教师的视野，也会在幼儿园的整体敞视下被“监视”。硬件设施的落后，让幼儿始终生活在教师的监控过程中。其次，课程资源有限。《幼儿园教育指导纲要》规定，语言教育、科学教育、艺术教育、健康教育、社会教育五大领域是幼儿园教育活动的重要组成部分，调查研究表明很多幼儿园都没有能够开齐这些方面的课程，主要原因是本身幼儿园专业出身的幼儿教师较少，同时，这些教师进行课程开发和利用的意识、知识、能力、技能等方面尚待培训，但是教师很少有机会接受培训，造成了课程资源缺乏。最后，活动器材缺乏。这一问题与课程资源有限之间是伴生关系，课程资源无法得以挖掘，除与幼儿教师本身密切相关之外，是否拥有适合活动开展的教具和学具也是十分重要的，儿童的认识规律决定了他们的教学方式要以形象生动的物质作为载体，“巧妇难为无米之炊”的困境让幼儿教师在教育活动器材普遍缺乏的情况下，只能借助一些简单教具和教学方式实施教学。

（四）文化资源缺乏——民族活动较少，家园互动缺失

云南是一个多民族的省份，民族资源丰富，其中，多个少数民族世居于此，这些民族聚集地区在很大程度上与民族贫困地区重合，是学前教育资源缺乏的地区。但是，民族文化需要进行挖掘和开发才能成为有助于儿童学习的文化资源。遗憾的是，这些富集的民族资源由于各方面的原因利用率还处于较低水平。云南各少数民族节日众多，如白族的三月街、青姑娘节、绕三灵、栽秧会、火把节、石宝山歌会、梨花会、本主会，纳西族的米拉会/棒棒会、三多节、骡马大会、祭天、七月会、祭龙节等（表38）。幼儿园教育应将当地的民族节日与幼儿教育的规律结合起来，在幼儿园中开发多种形式的民族教育活动，这样能有助于儿童从小了解自己的民族、自己的家乡，增加对家乡和民族的感情和认同，从长远来讲，对于保护我国民族多样性和丰富多彩的民族文化无疑是利在千秋的大事。

---

① 孙亚娟，李珊泽．乡村幼儿的寄宿制生活——基于云南德宏M乡A幼儿园的批判民族志研究［J］．学前教育研究，2013（11）：27－32.

表 38　云南少数民族节日一览表①

民　族	节日名称
彝族	火把节、插花节、赛衣节、虎节、牟定“三月会”
白族	三月街、青姑娘节、绕三灵、栽秧会、火把节、石宝山歌会、梨花会、本主会
傣族	泼水节、送龙节、关门节、开门节
哈尼族	阿玛突、“苦扎扎”、“里玛主”节、捉蚂蚱节、姑娘节、祭龙节、米索扎节、苗爱拿节
苗族	花山节
傈僳族	澡堂会、阔时节、刀杆节
纳西族	米拉会/棒棒会、三多节、骡马大会、祭天、七月会、祭龙节
拉祜族	库扎节（年节）、葫芦节、祭太阳神
佤族	拉木鼓节
布朗族	卡雀哇（年节）
景颇族	目瑙纵歌
怒族	年节、鲜花节
阿昌族	会街
普米族	“大年”节
藏族	草地藏民节/藏历年、花儿会、跳神法会、赛马会
回族	古尔邦节、开斋节、肉孜节、宰牲节、圣纪节
基诺族	特懋克节
瑶族	盘王节、干巴节、夕九节、歌堂节、倒稿节、掌肉待客节、赶鸟节、姑娘街
布依族	跳月、三月三、六月六、跳话会
德昂族	泼水节、德昂族节

另外，家庭文化与学校教育之间的脱节，也是幼儿园文化资源缺乏的表现之一。依恋理论认为，再好的幼儿园也不敌很好的父母，学前儿童的身心发展规律证实了以父母为主体的亲子互动对幼儿健康成长的重要作用，学前儿童被

① 云南省人民政府．云南少数民族节日一览表［EB/OL］．http：//www.yn.gov.cn/yn_lyyn/yn_ssmz/201212/t20121203_8811.html.

送入幼儿园后他们每天的多数时间都是在学校中度过的，“儿童需要什么?”“儿童遇到哪些困难?”对于大多数家长而言都是空白，他们认为把孩子送到幼儿园就“万事大吉”，殊不知，许多问题需要家庭和幼儿园之间通力合作、广泛沟通才能真正把幼儿培养落实下来。

四、地方政府教育办学理念偏差

不同的办学理念是基于对教育目的、学校、教师等方面的不同认识和实践的结果。放眼世界，寄宿制学校的产生与发展历史久远，从西方的私立贵族寄宿制学校到我国发展民族教育而诞生的寄宿制学校，这些来自于不同时代背景与不同实践经历的寄宿制学校都有其独特之处，这将回溯到逻辑原点——源自办学理念的不同。透视我国寄宿制学校兴起的最大初衷是为了解决民族地区、农村地区上学路途远、上学困难的问题，一开始便具有明显的工作思维模式。因而在这一过程中要更加关注实际问题的解决，究其实质是市场经济的思维方式在教育领域中的延伸。因而，忽略了学校教育其他方面的作用，其中学校的育人价值被“遗忘”，这种思维方式便在民族农村地区寄宿制学校中“扎下根来”，随着“校点布局调整”以及“后撤点并校时代”所带来的影响戛然中止……同时，市场经济思维方式主导的工具逻辑，也被赋予了新的意义——整合教育资源、节省教育成本、实现教育公平。地方政府在这种办学理念的指引下，让学校教育一步步脱离教育本真越走越远，寄宿制学校出现低龄寄宿儿童只是其中的一种现象，因而，寄宿制学校的种种问题都可以由办学理念归因中觅得原初影像。

（一）市场经济思维方式在寄宿制学校的反映

“教育的问题应该用教育的思路和方法来办”，但在当下“经济先行”的现实背景下，地方政府教育决策者将“经济先行”的工作思维方式用在了教育领域中，寄宿制学校不断增加就是典型代表。市场经济以节约成本、提高效率、实现效益最大化为目标。因而，这种思维方式进入教育便会刻下深深的印痕。旧有的民族贫困地区由于经济落后和人员分散，零星散点式的学校布局变得“摇摇欲坠”。要继续开展学校教育，就需要在更大范围内对分散在教学点上的学生进行集中，这是维系学校教育的基础，对于地理位置并不集中但是教育活动需要人为进行集中的困境，实行寄宿将是合理诉求。[①] 这里更加生动地诠释了市场经济中规模与效益之间的关系——规模化“生产”可以降低培养“成

---

① 杨清溪，赵慧君．当前我国农村寄宿制学校建设反思［J］．中国农村教育，2010（4）：50－53.

本”，提高整体效益。在这种经济思维方式下，寄宿制学校以教育成本最优化为终极目标，这就势必将教育由“追求人的发展”转向“追求经济效益最大化”的歧途。在这种思维模式指导下，地方政府的办学理念被指向“大力举办寄宿制学校就能降低教育成本，减少财政开支”，教育的本真价值被经济效益取向“置换”，更多寄宿制学校也与地方政绩紧紧捆绑在一起。因而，寄宿制学校的举办范围必将下移至小学乃至幼儿园，由此，大量小学和教学点的“寄宿制化”产生的最直接后果便是低龄寄宿儿童增加。低龄寄宿儿童由于年龄小，自我照顾能力欠缺，加之新学校普遍距家很远，如果选择每天乘车走读，据我们了解，目前民族贫困地区多以简易三轮车、拖拉机、牛车等作为接送学生的主要交通工具，置办符合国家标准的校车则很难做到；如果让学生住读，低龄寄宿儿童将面临自理能力欠缺、时刻想念家人等问题。因此，地方政府出于市场经济工作思维方式以解决教育成本，大量撤点并校举办寄宿制学校是低龄寄宿儿童问题产生的主要因素。

（二）地方政府重视教育的工具价值忽视育人价值

工具价值不是指向主体的本真需要，而是作为一种承载和依附的手段和工具，因而它的价值实现也就需要通过在实现另一种价值所产生的后果之后来间接体现。柏拉图《理想国》从国家需要来探寻教育对理想国家的锻造；杜威《民主主义与教育》从社会需要来探寻教育对民主社会的铸就；卢梭《爱弥儿》从个人发展角度探寻教育对独立个人的造就。进而落实到具体的学校教育也无法回避对教育价值的探究和追问，教育的育人价值是建之于社会、个人和国家多重需要的综合体。因而，任何一方的夸大和偏颇对于学校教育的发展都是不利的。而工具价值仅是作为民族贫困地区寄宿制学校的诸多功能之一，但是，地方政府对于工具价值的关注在一定程度上已经遮蔽了其他价值作用，特别是对于人的发展方面的价值。

20 世纪 50 年代，我国为了解决少数民族地区上学路程远、学生入学率低等突出问题，在民族地区大量举办寄宿制的民族中小学，当时这一政策的制定和落实完全是依附于具体的工作思路，教育本身肩负的社会功能远远超过教育功能的其他部分。因而，这一时期的寄宿制学校多数是作为解决民族地区教育问题的“有效工具”，对寄宿制学校本身的发展特点、寄宿制学生身心发展规律的相关研究长期缺位，随着寄宿制学校在不同教育阶段的渗透，低龄小学生也在这一进程中走入了寄宿制学校，成为寄宿制学校中的重要成员。

寄宿制学校作为解决民族贫困地区留守儿童问题的方式，是对家庭教育功能的置换。云南省民族贫困地区经济发展程度较低，为了改变这一现状，许多家庭的年轻劳动力选择外出务工，以获得经济条件的改善。由此，这些地区的大量劳动力转移到了发达城市和地区，民族贫困地区的留守儿童问题又一次以寄宿制学校的形式进入了大众的视野，这无疑也让这些留守儿童获得良好教育成为又一个社会问题，对于地方政府而言，寄宿制学校也就自然在这一过程中成为别无选择中的必然选择，因而，寄宿制学校又被这一问题的出现和解决赋予了新的工具价值，即寄宿制学校为留守儿童解决学习和生活困难，保证民族贫困地区的贫困家庭能够通过外出务工走向“脱贫之路”，各级政府也理所应当地将这一问题解决思路理解为：地方脱贫目标实现需要对留守儿童问题的解决，留守儿童问题解决是随着寄宿制学校的大量兴办和发展为切入口的。同时，与之前民族教育问题解决的工具价值相比，随着这些地区青壮年劳动力的转移，而这其中很大一部分是寄宿制学校中学生的父母，往往导致父母对儿童的抚养和监护职能的缺位。这是现实赋予工具价值的“新内涵”，家庭职能也就相应地置换到寄宿制学校的教师和管理人员身上，所以，在云南一些民族贫困地区工具价值思维主导下的寄宿制学校仍然是“旧瓶装新酒”的局面。

学校布局调整的辅助功能，突出对教育资源利用最大化。伴随着20世纪八九十年代广大农村地区学龄儿童锐减，许多农村学校出现“招不上学生”的状况，即将面临巨大义务教育资源的浪费，面对这一困境，各地政府开始了校点撤并工作。随着校点撤并的深入，随着撤并之后学校与家庭之间地理距离的拉长，寄宿制学校立即“上马”。从学校布局调整到寄宿制学校的诞生，地方政府的两条规划思路尤为清晰：为了整合教育资源，缓解地方财政困难，所以实施校点撤并；为了缩短家校地理位置，所以兴办寄宿制学校。“头痛医头，脚痛治疗脚”，没有经过全面论证和总体规划，无疑教育资源利用效益在这一过程中实现了最大化，但是学校教育并非是“投入—产出”交换过程，伴随着学校布局的调整，大举兴办寄宿制学校本身并不是为了每一个儿童的身心全面发展，而是关注教育之外的经济因素。故而，寄宿制学校的当前建设和未来发展只是地方决策者的具体工具，寄宿制学校本身的育人功能实难实现。

从民族教育、留守儿童到学校布局调整，地方政府都是在一次次遭遇现实问题之后，以具体解决问题的工作思路来处理教育本身的问题。对寄宿制学校问题而言，地方政府没有直面教育问题本身，而是通过间接问题的解决期望通过本体依附的手段和方式的完善，来间接过渡到对寄宿制学校本身存在问题的“回应”。通过当前寄宿制学校中低龄寄宿儿童所面临的诸多问题可以看出，地方政府将基于工具价值的主导思维方式简单嫁接到教育领域，处理来自教育本身存在的问题是无力的。

（三）义务教育责任主体职责定位模糊

寄宿制学校作为提高民族贫困地区教育质量，促进教育均衡发展的重要载体，实施“地方政府负责，以县为主，地方教育行政部门和学校具体组织实施”的属地管理体制。[①] 地方政府作为身处义务教育发展一线的管理者，无疑在这一过程中发挥着积极作用。但是，当前一些地方政府没有明确在义务教育中的责任主体定位，缺乏充分挖掘自身优势、整合地方教育资源的主观能动性，一方面，职责定位过度，导致脱离地方经济实力大举发展寄宿制学校；另一方面，职责定位不足，过快放弃对寄宿制学校的责任。

职责定位过度，导致脱离地方经济实力大举发展寄宿制学校。明确的职责定位需要结合地方实际——一切从实际出发，民族贫困地区的寄宿制学校发展实际是：地方政府要充分考虑学生分布、学校整体布局、学校建设合理规划。云南省民族贫困地区主要分布在山区且分布较广，自然条件无疑是学校布局时首要考虑的实际问题，因此，任何相对位置的寄宿制学校都无法满足所有学生的需要，上学远的问题更显突出，相较于发展校车所需要担负的巨大成本，地方政府更加愿意运用寄宿制办学来替换；另外，一个更加重要的原因是，国家用大量的资金扶持寄宿制学校的发展，这就变相地导致寄宿制学校在广大农村地区，以及自身经济条件并不宽裕的民族贫困地区“遍地开花”。甚至有部分民族贫困地区不惜采取提前透支地方财力大举借债的做法，盲目兴建寄宿制学校使学校建成之后负债累累，导致寄宿制学校中堵门催债、聚众闹事等事件频发，严重阻碍正常发展。

职责定位不足，过快放弃对寄宿制学校的责任。随着“以县为主”义务教育管理政策的实施，以前原本乡村两级地方政府对义务教育管理的责任被整体迅速放弃，“以县为主”导致对乡村政府自身职责的误解，这种快速更替对寄宿制学校发展现实产生的“震动”，必将带来教育资源的浪费。例如，寄宿制学校周边安全管理，寄宿制学校由于学生多、人员集中、安全意识差等原因，对此光是加强校内单方面的管理是不够的，需要当地政府加强治安巡视和周围安全隐患的排除，只有校内外共同兼顾，才能更好实现寄宿制学校安全管理。因此，这一过程需要落实地方政府的责任主体地位。随着物价水平持续增长，寄宿制学生饮食搭配和营养补充成为大多数寄宿制学校“头痛”的问题，面对这一困境地方政府应该提供扶持条件，就近划分片区土地供学校进行相关种植，缓解物价上涨的影响。

---

① 教育部，国家发展改革委，财政部．西部地区农村寄宿制学校建设工程实施方案［EB/OL］．2004－2－19. http：//www.moe.edu.cn/moe_879/moe_175/moe_364/moe_1172/moe_1201/tnull_20059.html.

第二节　云南民族贫困农村地区低龄寄宿儿童引发问题的家庭原因

一、家庭渴求优质教育资源而过早盲目追求

民族贫困地区经济普遍落后，很多家庭中的劳动力选择外出务工，外出务工人员不仅为家庭带回了物质财富，同时还对寄宿生的思想产生了深远的影响，让他们深知教育对于人的成长和未来发展的意义。因此，相较于上辈人来说，他们将更加关注读书所间接带来的物质利益和经济利益。另外，随着市场经济在我国深入发展，曾经的穷山村、泥巴路现在也吸引了外来投资者的目光，当地人在与外来人进行交流互动的过程中，开始思考、学习、模仿甚至希望过着和外来人同样的生活，因而，也就慢慢地开始接受外来人的价值观念，对于教育的重视无疑是其中最重要的观念转变。

我们通过调查发现，很多家庭让年龄很小的儿童住校，认为可以培养儿童的独立生活和自理能力，认为学校给予儿童的教育比家里更好，因为这些家庭认为教师的文化程度比自己更高，能够给儿童提供更好的教育。根据儿童身心发展特点和依恋理论，年龄较小的儿童需要养成和身心发展能够接受的是安全感和亲密度，而不是独立意志，一旦这些儿童失去了依恋中的重要一方——父母，长期处于这样的环境中，儿童从小就会极易出现缺乏安全感、焦虑、恐惧、紧张不安等心理症状，进而可能诱导自闭、社交恐惧、缺乏安全感等心理问题。类似的问题早在第二次世界大战后的罗马尼亚就已经发生过。1945 年，随着第二次世界大战结束，罗马尼亚全境呈现经济凋敝、人口锐减的境况。在这种情况下，政府出台了大量鼓励国民生育的政策，对于生育孩子数量多又无法抚养的家庭，可以将孩子送入由国家出资建设的“国家教养院”，由国家委派专门的工作人员进行保育和抚养。政策一出，一时间大约有 6 万刚出生的婴儿从四面八方涌入这里，由于是批量地进行抚养，很多孩子得不到类似父母一样的抚养。这些孩子长大之后，几乎无一例外地出现了各种问题：有的行为怪异、有的智力低下、有的感情发育不良……他们或无法与正常人进行积极有效的沟通，或独自坐在一个角落自言自语，或对于陌生人没有本能的不安感，或不断机械地重复刻板的行为……学界将其称为“孤儿院现象”。后来，美国的科学家对这一现象做了具体研究，通过对其中部分儿童做了大脑断层扫描实验，发现：这些儿童大脑的海马回和杏仁核等构成部分普遍不正常。这种对发育不可逆的

影响导致了这一历史悲剧的发生。[①] 但是，我国低龄寄宿儿童的数量仍呈现上涨趋势，来自《中国农村住校生调查研究》的结果也显示："45%的寄宿制学校里有1、2年级超低龄住校生，越来越多的孩子甚至从幼儿园开始离家住校。"[②]

家长盲目对优质教育资源的追求异化为将小小年龄的儿童送入学校，而且让他们更多通过住校来"全天候"获得所谓的优质教育资源。但是，在很多父母眼里这是让儿童尽早适应学校生活、培养独立能力的"良苦用心"，殊不知，科学规律和历史事实已经证明了这是一个完全违背儿童身心发展规律的错误之举，甚至会影响儿童未来的发展。

二、家庭负担转移，衍生"两免一补"政策负效应

2005年，国家提出了在农村义务教育阶段实施"两免一补"政策，即"免除课本费、免除学杂费、给贫困学生提供住宿补贴"。对民族贫困地区家庭来说，将孩子送进义务教育阶段学校，可以有效减轻家庭经济等方面负担，这样使得许多不符合义务教育年龄的孩子被过早送入义务教育学校，进而导致了"两免一补"政策沦为家庭转移负担的措施，进而导致政策异化，并衍生出负效应。2016年，云南省下发关于统筹2017年"义务教育学生'两免一补'政策"，明确规定免费教科书按照小学每生每年90元标准，生均公用经费基准定额按小学每生每年600元标准，同时对寄宿制学校按照寄宿生年生均增加200元标准，特别在民族地区实现寄宿生生活补助范围实现全覆盖，小学每生每年1 000元。同时，迪庆州学生按高原农牧民子女补助标准进行补助，8个人口较少民族学生在寄宿生生活费补助基础上，每生每年再增加250元补助。[③] 在免除教科书、学费等基础上对寄宿制学校的生活补贴，以及民族地区在此基础上的照顾政策，无疑给民族贫困地区家庭带来的极大的诱惑。"读书不用给钱，国家还要给补贴""在学校里面的住宿和生活条件都比在家里强"……这是我们与一些家长访谈过程中得到的答案。

对民族贫困地区而言，"两免一补"政策正效应是降低儿童的失学率，促进我国义务教育在民族地区普及，加快民族地区教育事业发展；为少数民族文化与教育发展，提供有力的文化支持和动力。任何事物都具有两面性，"两免一

---

① 尹建莉．"寄宿制"是个坏制度［Z］．中国农村住校生调查研究，2014.

② 歌路营．中国农村住校生调查研究［EB/OL］．http：//wenku. baidu. com/link？url = MY99dZu – 3T7zFSrtiak7ii1hegbn8C – – uwXWuS – XaaRhYjlE2x _ zKChUP2llAhn318 _ LYkv7IeAX7hKBhGVdZMzH_ N3mfhlA24TSqIC7b – K.

③ 忠建丰．云南统一城乡"两免一补"政策［N/OL］．中国教育报，2016 – 08 – 19. http：//www. moe. edu. cn/jyb_ xwfb/s5147/201608/t20160819_ 275682. html.

补”政策负效应一个主要方面是家庭对于政策的曲解和异化。“两免一补”政策主要针对义务教育阶段学生进行支持和帮助，《中华人民共和国义务教育法》规定，凡年满六周岁的儿童，其父母或者其他法定监护人应该送其入学接受并完成义务教育。据此，凡未满六周岁就被父母或者其他法定监护人送其入学接受教育的儿童，即被视为低龄儿童。因而，这部分学生就无法享受面向义务教育阶段的“两免一补”政策。但是这种利好政策的强大诱惑以及地方教育部门为了最大限度获得国家资金支持的利益协同，让低龄儿童过早被送入了寄宿制小学。家庭对于“两免一补”政策的理解以及教育观念的落后，是这一问题产生的主要原因。有研究表明，月均家庭收入同“两免一补”政策对家庭经济影响呈现明显的负相关，① 即家庭月均收入越低，那么国家“两免一补”政策对家庭经济的影响就越大，具体来说，就是家庭越是贫困，“两免一补”政策对缓解家庭特别是教育方面开支的影响就越大。这也说明了民族贫困地区家庭为什么早早地把儿童送入寄宿制小学，过早接受义务教育的原因。

“两免一补”政策负效应产生的实质是公共政策作为一种“准公共产品”，②具有非排他性和非竞争性内在属性导致制约机制失调的结果。“两免一补”政策作为义务教育公共政策，根据公共产品理论，义务教育本身具有强大的正外部性。因此，它不是严格意义上的公共产品，是一种“准公共产品”，它也就相应的内嵌公共产品的属性——非排他性、非竞争性。一方面，非竞争性，在义务教育中理解为任何接受或者不接受义务教育的个体，对其他个体天然地不构成利益冲突和实质影响。但义务教育的强制性使得符合义务教育年龄要求的儿童就必须接受义务教育，地方政府和教育部门则更多关注地区范围内哪些适龄儿童没有接受义务教育，对于那些年龄不够却提前接受义务教育的儿童却很少关注，或者“睁一只眼闭一只眼”，很大程度上，这是滑入“双基”政策历史惯性的体现。因此，为过早送孩子进入义务教育学校的家庭“大开方便之门”，导致监督主体缺位，这是制约机制失调的表现之一。另一方面，非排他性，即家庭对准公共产品的“消费”不是以货币作为交换的依据，进而因经济因素不利，不会将孩子排除在准公共产品的消费对象之外。民族贫困地区家庭由于处于经济不利地位且教育观念落后，将儿童对家庭的经济消费提前转移到国家公共政策的消费中，低龄儿童也就提前升格为准公共产品的“消费者”，这是义务教育监督客体——学龄前儿童，提前自我赋予准公共产品的“消费

① 陶菁．农村留守儿童教育出现的新问题及其对策——对“两免一补”政策效应的调查与思考［J］．江西社会科学，2007（7）：253－256.

② 李清青．基于“利益”视角下的“两免一补”政策分析［J］．内蒙古农业大学学报（社会科学版），2009（5）：241－244.

者”的过程，导致监督客体提前赋权的超期性，这是制约机制失调的表现之二。

三、家庭儿童教育二次“让渡”到学校教育

（一）家庭儿童教育“隔代化”：家庭儿童教育的第一次让渡

民族贫困地区低龄寄宿儿童问题的存在，是家庭儿童教育二次让渡的结果。随着我国经济发展，农民工进入城市从事非农业生产的人数越来越多，2011 年国家统计局数据，云南省全年农民工总量为 2 422. 3 万人，外出务工 1 533. 5 万人，本地务工 888. 8 万人，这一数字还在呈现上升趋势。他们离开了生活的地区，来到城市及经济发达的地区。随之在一个个农村的家庭中产生了一个个留守儿童，他们的数量与外出务工人员的数量一样有增无减，呈现逐年上升趋势。以云南马关县某村为例，这是一个人均土地耕地面积不足 8 分的极度贫困地区，居住着苗、壮、瑶等少数民族，全村 740 户，3 357 人，留守儿童占了 60% 左右。[①] 类似的例子在云南民族贫困地区十分普遍。父母双方或者其中一方外出打工，孩子留在了家里，最后孩子由祖父母抚养，父母每年过年回来一次是比较普遍的现象，有的父母为了节省春节高额的路费甚至选择几年才回一次家。对儿童的教育第一次“被迫”交给儿童的祖父母，这种家庭儿童教育的“隔代化”实现了儿童教育的第一次让渡。这种让渡都是一种外界因素主导下进行的，父母为了给孩子提供好的生活环境，外出务工对于他们来说是最好的方式，这种宏观上的对孩子的付出和风险，不得不从微观上牺牲对儿童当下的照顾。孩子的长辈按照当年抚养他们的父母的方式对他们进行教育。同时，由于祖父母年事已高、精力有限，学校教育内容的变化，现代社会的变革等因素的综合，即便对于晚辈的教育也是“打折扣的”，他们缺乏父母一样的热情和精力给予儿童归属和爱的需求，缺乏对儿童课外辅导的能力，对于当下社会的热点及相关信息对儿童缺乏合适指导。对于儿童的照顾只能停留在管好吃饭、穿衣等方面，对儿童心理健康、情感需求、教育教导等方面并不到位。

（二）隔代家庭教育转向学校教育：家庭儿童教育的第二次让渡

由于祖父母精力和能力的有限，加之国家在民族贫困地区的各种利好政策两方面内外因共同作用的结果，许多寄宿生小小年纪就被祖父母送入寄宿制学校或提前读书，也就是祖父母把孩子家长让渡给他们教育儿童的职责，第二次让渡给了学校，让学校教育替代家庭教育。这是一种妥协式的让渡。一方面祖父母的年龄普遍偏高，照顾儿童的精力有限；另一方面祖父母的学历偏低，照

---

① 杜雯雯．记者探访云南马关留守村：60% 以上是留守儿童［N］．新京报，2014－06－22.

顾儿童的能力有限。二者之间的相互妥协造成了家庭儿童教育的第二次让渡。

以下是我们经过调查呈现的祖父母情况。祖父母的年龄普遍偏高，照顾儿童的精力有限。

祖父母年龄分布：隔代照顾的以祖父母居多，平均年龄为59.2岁。[①] 其中49岁及以下的男性占9.13%，女性14.13%，祖母明显多于祖父；50～69岁之间男性占77.62%高于女性的75.23%，他们是照顾留守儿童的主要年龄群体；70～79岁男女比例差异不十分明显，分别占11.63%和9.32%；80岁及以上的祖父母总体比重相对较少仅为1.46%（见表39）。

表39　寄宿生祖父母年龄、性别分布

(%)

≤49岁		50～69岁		70～79岁		≥80岁		小　计	
男	女	男	女	男	女	男	女	男	女
9.13	14.13	77.62	75.23	11.63	9.32	1.62	1.32	100.00	100.00
11.80		76.34		10.40		1.46		100.00	

祖父母的学历偏低，照顾儿童的能力有限。以下呈现的是祖父母文化程度分布：祖父和祖母的文化程度多为小学。其中从未上过学的男性占8.17%，女性占24.48%，明显多于男性；小学程度的男性和女性比重差异不大，分别是52.63%和57.18%，他们是主要群体；受过中学教育的男性占38.38%，明显多于该阶段女性的18.14%；接受过大学阶段教育的祖父母群体整体所占比重很少（见表40）。由于祖父母的文化程度普遍偏低，且多集中在小学文化阶段，因而，对于留守儿童学习等方面的照料以及由此带来的胜任力较低，祖父母最终将留守儿童父母转交给他们的家庭教育责任“转交”给寄宿制学校。

表40　寄宿生祖父母学历分布

(%)

从未上过学		小　学		中　学		大　学		小　计	
男	女	男	女	男	女	男	女	男	女
8.17	24.48	52.63	57.18	38.38	18.14	0.82	0.20	100.00	100.00
16.88		55.06		27.57		0.49		100.00	

① 段成荣，吕利丹，等．我国农村留守儿童生存和发展基本状况——基于第六次人口普查数据的分析［J］．人口学刊，2013（3）：37－49.

外出务工父母将儿童交给祖父母，祖父母将儿童交给学校。不同诉求背后期待的是不同的结果。但是，最终是将儿童整个“交给”了学校。对于学龄前儿童来说，他们还没有达到能够完全自理的能力，由于家庭原因小小年纪他们就被交给了学校。

第三节　云南民族贫困农村地区低龄寄宿儿童引发问题的学校原因

一、寄宿制学校功能单一化，课余生活功能不足

在民族贫困地区的寄宿制学校，寄宿生一周5天，每天24小时左右的时间都是在学校中度过的。因而，寄宿制学校的功能也应该有相应的变革和拓展，包括学习功能、课外娱乐活动功能等。但是，调查表明寄宿制学校课外生活仅仅是学习生活在时间上的延续，导致寄宿制学校教育功能单一化，主要表现为课外时间被作业占据；课外娱乐活动内容单调；课外娱乐活动缺乏组织；娱乐活动基础设施缺乏。

课外时间被作业占据，成为学习活动的简单延续。寄宿学生的很大一部分时间是由课余生活组成，课余生活具体可以细分为制度化的课余生活（课表安排的）和放学后的课余生活。调查显示民族贫困地区寄宿制小学的课余生活从时间量上看还是充足的，普遍在1～2小时，其中课表安排的课外活动时间在40～50分钟，其余是放学之后的课外活动时间。同时，出于便于管理和人身安全的考虑，寄宿学生在吃过晚饭之后，均有40～60分钟的晚自习，这段时间管理老师会让学生做作业并解答问题，课余生活实践基本是在做作业和学习中度过。

课外娱乐活动内容单调。简单的体育活动和兴趣小组活动是课外娱乐活动的主要组成部分，而相关公益活动、班级团体活动等能够增加学生之间了解和沟通、促进学生全面发展的课余娱乐活动等相对较少。由于民族贫困地区寄宿制学校场地有限，且娱乐设备不足，所以寄宿生的课外娱乐活动多是一些不需要进行策划的，随意性比较强的活动。活动的延续完全以学生自身兴趣持续之间长短为活动进行依据，教师在这里更多是作为管理者——不要摔着啦！注意安全！不要乱跑！……之类，是教师在这一过程中说得最多的话。教师不关心儿童玩什么，所以课外娱乐活动内容单一比较明显。

课外娱乐活动缺乏组织。学校中开设的课外娱乐活动不是简单意义上的“放任”自由活动，应该是在教师主导下有计划、有目的的活动。调查结果显

示寄宿制学校的课外娱乐活动随意性较大，没有体现精心设计，这进一步反映出组织者职责的不明确、不到位。具体表现为：课外娱乐活动老师组织意识不够；组织活动的知识和能力不足等。一方面，活动组织意识不够。从客观上看是课外娱乐活动“安全第一”这根弦在教师头脑中紧绷，将自身课外娱乐活动的角色定位异化为“安全监管员”，组织活动无从谈起。另一方面，组织活动的知识和能力不足。这是寄宿制学校整体功能扩大但是配套制度没有建立结果的直接投射，导致教师在完成教育教学任务之后，还要额外“兼职”管理学生课外娱乐活动，这种缺乏专业培训就让教师负责儿童课外娱乐活动管理的效果可想而知。

课外娱乐活动基础设施缺乏。民族贫困地区的寄宿制学校大多是在原来走读学校基础上，进行简单改造而成，多了一些让儿童睡觉的屋子，多了一些可以做饭的“厨房”，学生站在操场上吃饭的现象十分普遍，即便这样，面对每个月学校水、电、人员工资等开销很多学校负责人还是说难以为继。可想而知，给儿童提供娱乐基础设施的难度依然很高。同时，一些体育器材由于其价格普遍较贵，大多是被锁在器材室，除了特殊活动需要之外，平时很少会拿出来给学生使用。

活泼好动是儿童的天性，尤其对低龄寄宿儿童来说，自由活动对于他们的生理发育和健康发展具有十分重要的意义。寄宿制学校由于制度建设落后于寄宿学生需求，致使寄宿制学校的课外娱乐时间成为学习活动的简单延伸，课外娱乐活动无论软件或硬件都存在诸多亟待提高的地方。

二、寄宿制学校运作机制尚待建立

民族贫困地区寄宿制学校普遍存在国家寄宿制学校建设标准不到位，食堂供餐机制相对缺失，学生安全管理僵化单一，课内和课外时间没有分清界限，与家庭教育有效联系、针对低龄寄宿儿童的保育机制亟待建立等问题。系统内部各方面暴露的问题和不足，让寄宿制学校运作机制的整体功能失调，导致低龄寄宿儿童问题的产生。

（一）寄宿制学校建设标准尚待建立

云南民族贫困地区的寄宿制学校大多伴随着校点布局调整产生，虽然早在2008年颁布的《农村普通中学校建设标准》就已明确：“中小学校布局要结合城乡总体规划、人口密度、学生来源、地形地貌等综合条件确立。”但是，现在已经建成的寄宿制学校多是在对于学校选址、学生规模、学校管理等方面没有经过科学预测前提下的行为，办学条件、学生生活、学生安全等方面不能达到要求。突出体现在学校的供需矛盾——学校现有住宿、就餐条件无法满足随之而来的大量学生涌入，进而呈现出生均住宿面积、活动面积、就餐条件等方面的严重不足。这深刻地反映了其背后寄宿制学校资金来源、学校选址、人员管理、基础设施等方面的建设标准不足，主要体现为学校布局、基础设施建设、人员配备等三方面标准亟待建立。

寄宿制学校布局与实际情况脱节。寄宿制学校布局与之前形成的中小学校布局缺乏一致性和连续性，没有充分考虑人口分布、学龄儿童的分布情况，单纯实现寄宿制学校“进城”，学校布局的不科学直接或间接地增加了家庭的教育负担、增加了儿童的安全隐患，由于布局较远等原因还变相诱发了部分地区的辍学率升高等问题。

基础设施建设落后。寄宿制学校的基础设施主要包括两大块：生活设施和教学设施。其中，生活设施由学生宿舍、就餐食堂、盥洗设施、卫生间、课外活动场地等设施组成。教学设施主要由标准化教学楼、图书馆等设施组成。云南的很多民族贫困地区的寄宿制学校学生宿舍多是两人睡一张床，一间 10 多平方米的宿舍要住下 8～10 人，宿舍空间狭小，让许多儿童患上呼吸道疾病。学校里学生基本不能洗澡，洗脸刷牙也较困难，蛀牙儿童较多。图书馆、校外活动场地更是难以寻觅。

人员配备不足。人员配备主要包括生活管理老师、保卫人员、医务人员、营养搭配人员等，资金短缺是很多民族贫困地区的寄宿制学校遇到的共同问题。因此，许多学校都没有专门配备这些人员，这些人员的工作大多数由任课教师承担。任课教师在繁重的教学任务之余，还需要承担生活、保卫和简单医疗方面的工作，无疑对任课教师的心理和身体都带来了极大压力和影响。

（二）寄宿制学校食堂膳食机制缺失

寄宿制学校人员配置不足，使得许多学校的食堂餐饮没有专门的营养搭配人员，同时学校食堂工作人员多系临时雇用，缺乏专业技能和专门培训，儿童健康和膳食搭配知识更是无从谈起。土豆、辣椒、咸菜是寄宿制学校食堂中的主要供应菜品，儿童生长发育和营养状况令人担忧。2010 年，教育部会同国家发展研究基金会等多部门，对云南等西部 4 省学生营养状况和身体发育进行调查，学生生长发育迟缓率达 12%，9% 学生体重不符合标准，体重和身高都较同龄学生偏低。在云南一些民族地区的寄宿制学校，需要学生自己带灶、带食材，利用课间生火做饭。[①] 寄宿学生的膳食还停留在能够吃饱的阶段，膳食合理搭配和营养均衡无从谈起。土豆作为云南种植分布面积最广的作物，云南有一些寄宿制学校学生直接就是以土豆拌上简单的辣椒作为作料，作为午餐或晚

① 我国启动农村义务教育阶段学生营养改善计划 [N]. 中国教育报，2011－12－31.

餐。根据世界银行的一项研究表明，由于儿童在身体成长时期营养不良对个人终生成长所造成的损失为10%，对一个国家国内生产总值的损失率为2% ~3%左右。[①] 这些问题产生的渊源是寄宿制学校膳食机制缺失的原因，探究起来主要是膳食营养意识缺乏、资金投入不足等两方面。

一方面，膳食营养意识缺乏。学生营养不良不仅是生活水平较低的问题，还是学校中教师、行政领导膳食营养观念淡薄的问题。很多地方的寄宿制学校食堂的学生伙食搭配都是厨师或者校领导的个人经验，他们认为吃什么有助于孩子成长，就做什么给孩子吃。另外，就是根据季节和市场变化，市场上什么食材便宜、什么食材当季，这些都成为为学生进行膳食搭配的重要依据，很少从科学膳食营养搭配的角度为儿童安排膳食，经验和随意选择的可能性较大，也没有组织专人学习膳食营养搭配的意识。

另一方面，资金投入不足。民族贫困地区由于地方政府财政吃紧，无力再来改造和建设寄宿制学校的食堂。寄宿制学校的食堂都是在原有基础之上，进行简单的“修修补补”，距离标准化食堂、干净卫生的就餐环境还相距甚远。地方政府对寄宿制学校食堂建设资金投入不足的原因是食堂建设主体的不明确。寄宿制学校食堂建设涉及建设部门、食品药品监督部门、教育行政部门、卫生防疫部门等多个部门，我国行政体制中多是对自己的上级部门负责的原则，使得各个部门之间联合办公和共同管理，在很大程度上存在困难。因此，变相为地方政府迟迟没有落实寄宿制学校资金投入和后期管理提供了很好的“借口”。来自地方政府内部的原因和外部监管部门的原因表现为资金投入不足。

（三）寄宿制学校安全管理异化

应试教育思维使学校安全教育管理异化，迫使学校实行“封闭式管理”。安全教育仅仅是作为预防和控制学生安全事故的管理手段，通过积极预防将可能出现的风险降到最低。由于寄宿制学校人数多，学生绝大多数时间都是待在校园内，所以寄宿制学校比其他任何形式的学校都更关注学生的安全。在当下“知识本位”的话语体系下，学校安全教育管理逐步由原来提高学生安全意识和能力等目的，异化为“形式化”应试教育的偏向。将安全教育挂在嘴边，落实在老师的行动上：你（学生）可以这样做，不可以那样做。教师将对儿童本该进行的安全教育，以及儿童习得安全技能和能力的权利都由老师收回，学生只是老师“头脑中”经验中安全的“被试对象”。同时，为了避免学校的安全事故，降低由此带来的经济损失，自然，“封闭式管理”成为寄宿制学校的常

① Khanaa, Banon, Salama. Child Malnutrition: An overview of trends, issues and policy prescriptions [J]. VIKALPA, 2006 (4): 81 -90.

态。在学校眼中学生的一言一行都存在安全隐患，索性“降低标准为安全，取消活动求安全，限制范围得安全”。学习时间之外的课外娱乐活动、文体活动都被严令禁止。过犹不及式的安全管理，让学生在真正面对危险的时候失去安全素养，同时也将学生乐于探索、热心挑战、自我锻炼的机会扼杀在摇篮之中。应该可以说，应试教育思维主导下的学校安全管理，只是应试教育的附庸，在弱化培养学生安全防范意识的同时，势必将安全教育管理沦为“封闭式管理”。

第四节　云南民族贫困农村地区低龄寄宿儿童引发问题的儿童自身原因：亲子依恋对低龄儿童心理发展的影响

苏霍姆林斯基说：“最好的寄宿学校也不能代替母亲。”[①] 足见亲子之间建立良好的关系十分重要。亲子依恋，即儿童与父母或其他抚养人之间建立的十分重要的情感纽带关系，也就是抚养人对于儿童从生理、心理、情感等方面的保护。亲子之间形成的依恋关系能够提高儿童对环境和社会的生存、适应能力，同时能够促进儿童的终生朝向更加适宜生存的积极方向发展。[②] 因此，对于低龄儿童来说，他们需要通过与父母之间形成依恋关系获得自身的发展，但是母爱缺失、家庭与社会环境因素影响、养育质量较低、儿童个性特点等方面因素对儿童亲子依恋的形成产生了重要影响。[③] 美国心理学家 Ainsworth 使用陌生情境法将儿童的依恋类型分为焦虑—回避型不安全依恋、焦虑—反抗型不安全依恋、安全型依恋三种类型，Main 和 Asch 在其基础上增加了混乱不安全依恋。虽然文化背景和生活环境不同，但是儿童的依恋确是一种普遍现象，学界普遍认同的亲子依恋关系主要有以上四种类型。同时，亲子依恋不是一种突然现象，而是经过一个产生—形成—发展的完整过程。它是儿童心理健康发展的内在诉求，因此，对于亲子依恋关系的探索，将更加有助于我们厘清低龄寄宿制儿童问题产生的原因。

一、亲子依恋的产生

儿童认知发展是同周围环境从没有分化到分化的过程，儿童能够对周围事物特别是依恋对象进行区分时，就有可能对特定对象产生集中依恋。儿童将依

---

① ［苏］苏霍姆林斯基．爱情的教育［M］．世敏，寒薇，译．北京：教育科学出版社，1985：136

② 吴荔红．学前儿童发展心理学［M］．福州：福建教育出版社，2014：215－223.

③ 俞晓莉．论亲子依恋类型、原因及其应对［J］．中华女子学院山东分院学报，2008(4)：71－75.

恋对象从知觉背景中分化过程的过程就是识别记忆，这种记忆在头脑中留存时间的长短会因人而异，会结合依恋对象对儿童的具体影响而深入或淡化。低龄寄宿儿童很多是留守儿童，他们的父母在他们很小的时候就离开他们，因而，这些儿童对于父母的概念是很有限的。在皮亚杰认知发展理论中，儿童在感觉运动阶段末期其图式将发展到物体恒存性及客体永久性形成。正是这种认识能力的获得使得儿童在头脑中保持了对母亲的形象，即母亲形象永久性。因而，母亲离开儿童视线范围他们会主动寻找。这是儿童形成亲子依恋的重要前提。儿童利用识记记忆将依恋对象从认知背景中剥离出来，并对这一对象形成客体永久性认知，两个过程的有效整合让儿童基本建立依恋关系。

二、亲子依恋的形成过程

亲子依恋的形成过程主要经历无差别社会反应时期—有差别社会反应时期—依恋形成时期—修正目标整合时期四个过程。第一，无差别社会反应时期。主要是在婴儿刚出生到三个月这段时期，儿童通过自己的感觉器官探索周围的环境和事物，一旦周围的人给予反应，使其产生高兴、愉悦和兴奋的刺激。这一过程儿童对所有人产生的反应以及所有人对其产生的影响都是没区别的。实质是儿童没有形成对客体的分化能力，对于任何人的作用都是一样的。第二，有差别社会反应时期。主要在儿童三个月到半岁这段时期，开始能够区分熟悉的人和不熟悉的人，对于熟悉的人会使用微笑、发出声音等方式进行区别。他们会在父母等熟悉的人面前有更多的微笑、接近和发声，而不熟悉的人面前类似反应相对较少。同时，儿童在这个时期能够很容易在人群中找出父母亲。第三，依恋形成时期。主要是儿童半岁到两岁半这段时期，儿童会特别关心父母是否在视线之内，并且表现出与父母在一起的特别意愿，没有和父母在一起则表现非常不安，有短暂的分别焦虑、大哭大叫、焦躁恐惧、无所适从等。但是，这一时期的儿童已经明白，父母在视野中的短暂消失，之后又会再次出现。因而，他们将在环境中再次希望回到父母的安全保障中。第四，修正目标整合时期。两岁半之后的很长一段时间都持续这一过程，伴随儿童语言和认知能力的逐渐发展，儿童慢慢脱离了自我中心的思维方式，尝试使用父母的角度来思考问题。亲子之间的依恋关系升格为类似伙伴一样的关系。儿童能够从更高层次理解父母会关心、呵护自己，不会抛弃自己，父母在视线范围内的短暂消失并不是真正要离开自己，因而对父母再次出现的期望变得理性，知道他们什么时候会回来，从而降低了分离焦虑。根据 Schaffer 的观点，亲子依恋形成的标准是必须满足代表性、普遍性和稳定性三条基本原则。代表性，即有别于其他关系，亲子依恋关系的形成有其内在的本质规定性，这是符合儿童健康发展的客观规律。普遍性，即父母与子女之间结成的亲子关系是普遍存在于任何父母与子女之间，不会因为文化背景、社会条件等个别因素的制约而出现独特现象。稳定性，即亲子依恋关系一旦建立在相当长一段时间内都会有稳定的结果和运作形式。

三、亲子依恋低龄寄宿儿童身心的发展

低龄寄宿儿童普遍年龄在 6 岁以下，还是亲子依恋的重要发展时期。对于云南许多民族贫困地区而言，由于这些儿童的父母外出务工，加之学校布局调整等因素，儿童与父母长期脱离，亲子依恋关系长期得不到有效维系、替代，低龄寄宿儿童心理问题突出。一方面，母爱缺失亲子依恋关系难以维系。英国学者 Bowlby 关于这方面的研究证实，母爱缺失对学龄前儿童心理发展的危害——那些被很早送入保育院的儿童，表现出很少与人交流，对社会性刺激缺乏回应，对周围环境回避和退缩，睡眠困难等特征，并随着年龄的增加抑郁、焦虑等情绪也随之加深。① 我们的前期调查也发现了类似情况。另一方面，学校人员配备不足，亲子关系缺乏替代。由于大多数寄宿制学校基本没有配备生活老师，任课教师担负起管理学生生活的职责，承担了“儿童父母的替代”功能，由于每个班级寄宿儿童太多，有些经验不足的任课教师没有精力和能力来对每一个儿童精心呵护。即使个别学校配备了生活教师，也是一个生活教师要管理好几个班的学生，加之大部分教师没有经过专门的培训，缺乏对儿童进行有效监管的专业知识。所以，寄宿儿童心理问题突出，心理健康状况令人担忧。

① 李丹．儿童发展心理学［M］．上海：华东师范大学出版社，1987：58.

第三章　云南民族贫困农村地区低龄寄宿儿童改进措施研究

第一节　国家进行顶层设计，形成政策和制度保障

“顶层设计”一词最早使用在工程科学领域，是一个专门学术词汇。顶层设计即一种从事物顶层逐步向底层展开设计的方法和理念，顶层是在事物认识和实践层面，能够揭示事物本质，规定事物发展方向。① 随着在国家政治生活出现的频率日益增高，顶层设计成为一种重要的思考问题和处理问题的方法与理念，对于政治领域以及受政治影响深刻的教育领域产生了重要影响，后来被广泛地应用于其他领域。遵循顶层设计的实质，我们认为国家关于民族地区寄宿制学校的顶层设计，应该是在科学调研和严密论证基础上，对寄宿制学校的整体现状和发展路径有深入的理解和认识，从学校个体层面和国家宏观层面对寄宿制学校存在的本质矛盾及其因果关系进行深度透视，由国家决策和指导的层面，给予当前寄宿制学校所形成的系列认识和实践指导，反映民族地区寄宿制学校的本质属性和发展方向。根据这一线索，民族地区寄宿制学校的顶层设计，应该关注如下方面。

首先，民族地区寄宿制学校产生和发展，是社会事实与历史现状之间交织的结果。它是以走读学校为参照物发展出来的，最初是为了解决民族地区上学远等问题而设立的学校组织形式。因此，寄宿制学校有其独特的发展逻辑，不能按照走读学校模式发展寄宿制学校，对于寄宿制学校资金投资建设也不能按照走读学校实行“平均主义”。从这一角度来讲，寄宿制学校应该在学校建设方面形成独特的资金运作制度。

其次，寄宿学生在校时间的延长，使得寄宿制学校除了担负一般的教学职能之外，也相应地被赋予了担负学生的生活和娱乐的职能。在某种程度上，寄

① 王亚，王庆洋．战后法国小学国家主义课程比较研究［J］．齐齐哈尔高等师范专科学校学报，2016（3）：105－106.

宿制学校俨然成了学生的“第二个家”。因此，学校除了一般科任教师外，对生活指导教师、专职保安、校医的需求骤增。但是，当前对于这部分人员的聘用和管理制度滞后，没有相应的政策和制度定时定量将其纳入事业单位编制，从而使缺员或素质较低人员得以补充或替换，这导致寄宿制学校面临持续优化发展的“瓶颈期”。因此，国家应该在寄宿制学校人事管理制度方面做好顶层设计，形成科学合理、系统有效的用人制度、管理制度。

最后，作为国家的正规教育机构，走读学校有严密的管理制度和科学的规范，使得走读学校得以健康发展。随着“校点撤并”政策指导下的寄宿制学校如“雨后春笋”般发展，但是针对寄宿制学校的管理制度却没有跟上实践行动的“步伐”，很多寄宿制学校沦为“延长时间的走读学校”——学生在校时间延长，学校的管理制度还是使用走读学校“那一套”。所以，国家应该针对寄宿制学校的管理特点和运作实际，做好前期调研和科学论证形成科学合理的顶层设计，引导寄宿制学校良性发展。

民族地区寄宿制学校属于国家义务教育公共产品的范畴。因此，国家在这一过程中负有最高决策和领导的作用。本书从云南民族地区教育政策所带来的历史惯习、校点撤并政策、普惠性学前教育资源现状、地方政府办学理念矫正等方面进行透视，发现国家应该在教育资金投入、学校人员人事改革、学校管理等方面形成政策和制度，做好顶层设计，把握寄宿制学校发展的科学方向，从根本上有效解决民族地区寄宿制学校存在的问题，使民族地区低龄寄宿儿童产生问题得以有效治理。

一、形成各级政府共担、社会积极参与的资金投入制度

2005 年，国务院颁布的《关于深化农村义务教育经费保障机制改革的通知》明确指出：“按照‘明确各级责任、中央地方共担、加大财政投入、提高保障水平、分步组织实施’的基本原则，逐步将农村义务教育全面纳入公共财政保障范围，建立中央和地方分项目、按比例分担的农村义务教育经费保障机制。中央重点支持中西部地区，适当兼顾东部部分困难地区。”[①] 2006 年，财政部与教育部联合发布《农村义务教育经费保障机制改革中央专项资金支付管理暂行办法》，形成了针对农村义务教育中央专项资金对省级财政部门和县级财政

---

① 国发〔2005〕43 号．国务院关于深化农村义务教育经费保障机制改革的通知［EB/OL］．［2005－12－24］．http：//www. jincao. com/fa/03/law03. s51. htm.

部门实行财政直接支付的管理制度。① 寄宿制学校属于义务教育的重要组成部分。在此基础上各级政府作为资金投入的重要一支，对民族地区寄宿制学校形成“中央财政转移支付→强化省级财政转移支付的主体责任→落实县级财政基础设施建设职责→鼓励地方政府进行非货币投入”的支持格局。同时，社会力量作为加强民族地区低龄寄宿制学校建设的另一支，国家应以减免税收为切入口，形成鼓励社会对寄宿制学校的捐赠机制，拓宽民族地区寄宿制学校的资金渠道，增加民族地区寄宿制学校发展的弹性（见图57）。

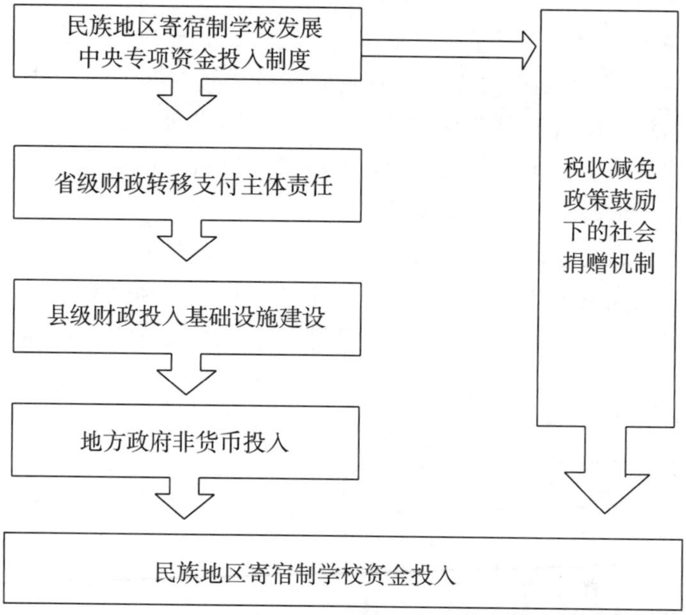

图57　各级政府共担、社会参与的资金投入制度

（一）建立中央专项资金投入制度，支持民族地区寄宿制学校发展

目前“以县为主”的寄宿制学校资金投入格局，对于云南民族贫困地区而言，由于地区社会、经济等方面欠发达，县级财政对于寄宿制学校资金投入可谓捉襟见肘，依靠县级政府薄弱的财政支付能力难以维系分布广泛的寄宿制学校。但是，寄宿制学校属于义务教育的重要类型，是国家公共产品的重要形式，

① 财库〔2006〕23号．财政部教育部关于印发《农村义务教育经费保障机制改革中央专项资金支付管理暂行办法》的通知［EB/OL］．［2006-4-6］．http：//www.moe.edu.cn/publicfiles/business/htmlfiles/moe/moe_ 1220/200608/16745.html.

为了保障义务教育的均衡发展，公共财政具有不可推卸的重要责任。① 同时，《国家中长期教育改革和发展规划纲要（2010—2020年）》提出："加快农村寄宿制学校建设，优先满足留守儿童住宿需求。"② 从国家层面为寄宿制学校建设进行规范，伴随着中西部地区义务教育学校基础设施建设的推进，寄宿制学校的建设，特别是基础设施建设也在这一过程中获得发展。面对民族贫困地区寄宿制学校发展中的特殊困境，除了硬件条件在义务教育学校建设中获得了有效发展之后，寄宿制学校学生的生活开支，往返学校的交通成本，突然增加的其他工作人员的工资支出……成为寄宿制学校面临的问题和需要应对的挑战。因此，中央财政需要针对寄宿制学校的特殊实际情况，对生活开支、交通成本、人员工资等方面投入专项资金，进行财政转移支付，从顶层上设计中央支持民族贫困地区的寄宿制学校发展的保障政策。

首先，民族贫困地区寄宿制学校将寄宿学生的生活开支负担转向贫困家庭。随着寄宿制学校在民族地区大量兴办，相较于走读制学校而言，儿童免去了往返家庭与学校间的奔波。但是，之前可以通过走读在家庭中解决饮食等方面，现在家庭需要单独为儿童专门准备一份在寄宿制学校中生活一周到半个月不等的"口粮"。由此面临两方面的问题：其一，原来可以同家庭成员一起解决的饮食问题，现在家庭需要单独为儿童准备，对云南民族贫困地区而言，这笔开支承担起来还有一定难度。其二，在学校中就餐对于儿童身体发展仍然不容乐观，寄宿生的身高、体重等身体指标普遍低于同龄走读生。加上寄宿制学校普遍条件有限，寄宿生的一日三餐多是米饭或者土豆配上简单蔬菜，很少有机会接触水果和肉类。虽然国家实行了"两免一补"政策，但是对寄宿制学校的深刻问题的解决还是略显不足。因此，国家应该在财政预支中设立针对民族贫困地区寄宿制学校的专项资金，寄宿生的生活开支资助就是其中重要的内容之一。

其次，家校之间距离变远，往来寄宿制学校与家庭之间的交通成本转嫁给了贫困家庭支付。寄宿制学校朝乡镇、县城等地方集中，变相增加了寄宿生从学校回家的距离，这是校点撤并遗留下来的"通病"。虽然，寄宿生绝大多数时间待在学校中，但每逢周末或月底都需要回家拿生活费和口粮来学校，每次回家都需要消耗大量时间和精力在回家路上。同时，云南大部分地区交通不便致使校车难以到达，牛车、货运车辆、简易机动车成为寄宿生往返的主要交通工具，往返途中不安全因素骤增，学生生命安全受到严重影响。到家、回校的

① 董世华．我国农村寄宿制学校问题研究［D］．武汉：华中科技大学，2012：227.

② 国务院．国家中长期教育改革和发展规划纲要（2010—2020年）［EB/OL］．［2010-7-29］．http://www.moe.edu.cn/publicfiles/business/htmlfiles/moe/moe_838/201008/93704.html.

交通成本对于云南贫困地区年收入不过千元的家庭无疑是一笔不小的开支。同样，往返中存在的安全隐患和潜在事故也是一般家庭难以承受的。交通成本居高不下背后是贫困地区道路等基础设施薄弱问题的折射，校车无法将学生安全送达目的地。因此，需要中央财政转移支付加强贫困地区道路建设，在此基础上让“村村通”免费校车成为现实，让本应由公共财政承担的社会保障项目成为现实。

最后，学生寄宿对于生活指导老师、专职保安、校医等人员的需求骤增，学校人员工资开销负担较重。寄宿制学校在承担学生一般教学职能之外，还需要负责寄宿生的生活、娱乐等方面的内容。对于儿童生活、安全保卫、卫生健康等方面的关注，成为寄宿制学校相较于走读学校而言的新内容，寄宿生生活指导人员、专职保安、校医等也由此成为寄宿制学校中不可缺少的组成人员。这些人员不能简单地从周围村镇聘用，也不能由任课教师兼任，而应该由经过专门培训，具有上岗资质的人员担任，这样势必造成投入成本偏高。所以，目前这部分人员的职责很多都由任课教师兼职担任，教师们的教学任务背后是沉重的学生管理负担，这种以降低成本为初衷的隐性人员增加模式，对于寄宿制学校整体发展十分不利。因此，中央财政应该专列资金用于对寄宿制学校各方面人员的培训和聘用，保障寄宿制学校健康发展。

（二）完善省级财政转移支付，落实省级政府在寄宿制学校建设的责任

寄宿制学校发展中除了中央财政提供专项支持政策之外，长期的“以县为主”的义务教育经费机制，让省级政府在义务教育中处于缺位状态。但是，从寄宿制学校发展的整体情况来看，寄宿制学校的发展亟须省级政府的大力支持。由于省级财政实力仅次于中央财政，针对全省各县社会经济发展的不平衡，各县财力的实际支付情况也各有差异，省级财政应该在这一基础上统筹全省财力优势，大力扶持和支持财力薄弱的县乡一级。一方面，省级政府应该将寄宿制学校的建设和发展列出具体的可操作指标，在结合各县具体情况的基础上，纳入当地基础教育考核的重要内容，作为地方官员政绩考核决定升迁的重要依据；另一方面，在“精准扶贫”政策基础上，实施教育的“精准扶贫”，对贫困地区寄宿制学校发展中的困难进行精准分析和研讨，制订个性化、精准化程度高的“脱贫行动方案”，配备专项省级财政资金，优先解决核心问题、重点问题。

（三）明确县级财政投入寄宿制学校基础设施职责

在公共选择理论认为的政治市场和经济市场中，理性人存在于这两个市场中。理性人在政治市场上以理性政治人的姿态存在，以追求政治利益最大化为重要目标；在经济市场中以理性经济人的角色出现，以最小付出获得最大收益，即以追求经济至上为最终目标。在“以县为主”的义务教育政治市场中，地方

决策关于作为其中最重要的理性政治人，寄宿制学校怎么发展、发展到何种程度……均是他们可以掌控和发挥最大作用用以换取政治利益最大化的“砝码”，政绩高低是衡量政治利益的“标尺”，由于政绩实现周期的有限性，因此，理性政治人们将会选择最佳便捷、易于体现政治效能的方式来实现政治利益。寄宿制学校人员队伍建设、软环境优化，没有学校基础设施建设等硬件条件改善来得迅速。理性政治人们也就往往更乐于在任期内通过一栋栋校舍的拔地而起来彰显“政绩”，进而实现政治利益的最大化。时下的现实也证明了有的县级政府为了实现义务教育的规模效应，盲目牺牲了许多村小和教学点。因此，必须制定寄宿制学校基础设施建设的基本标准，明确县级财政在寄宿制学校建设中的资金投入，让县级政府寄宿制学校建设中基于成本的因素转变为理性经济人，实现理性政治人和理性经济人的耦合，实现寄宿制学校由单纯地注重降低教育支出，向理性地进行有效建设发展。

（四）鼓励地方政府通过非货币投入，支持寄宿制学校发展制度

寄宿制学校在乡镇等地方设置，但是对其的管理权却在县级政府手中，地方乡镇政府处于尴尬位置——寄宿制学校地理位置在地方政府所辖范围内，但寄宿制学校的管辖权却在县级政府。相对于地方政府而言，寄宿制学校处于其管辖范围内的真空状态。随着农村经济结构和社会发展的变化，地方政府正处于一种“权力边缘化”的状态，能够让地方政府“一展拳脚”的范围越来越少。“随着乡村学校的撤并，原来村落文化失去了依托，心理失落往往会激发村民及乡镇政府对学校的依恋与依赖。”① 云南民族贫困地区地方政府的财力普遍有限，对寄宿制学校进行资金投入是既不现实也不可能的。但是，从某种意义上讲，通过非货币化投入也是支持寄宿制学校发展的重要途径，如地方政府可以组织所辖区内卫生院、诊所义务为师生进行体检，为校内人员开展有针对性的健康讲座；所辖区派出所等部门加强学校周边巡逻，在寄宿制学校开展安全讲座；组织当地社区的居民群众，定期或不定期到就近的寄宿制学校帮助学校进行相关帮扶活动。

（五）运用税收减免政策，引导社会力量积极投入寄宿制学校发展机制

义务教育寄宿制学校的建设理应是各级政府的“分内之事”。但是，寄宿制学校数量多、范围广、涉及问题复杂，以政府财政资金主导的投入将很难解决所有的问题。因此，在现阶段以“政府主导，社会参与”为主线，双管齐下进行寄宿制学校建设具有十分重要的现实意义。纵观世界各国经验——减免税

① 董世华．我国农村寄宿制学校问题研究［D］．武汉：华中科技大学，2012：218.

收，无疑是调动社会积极参与社会事业的重要激励机制。① 2005 年，财政部和国税局出台了《关于企业向农村寄宿制学校建设工程捐赠企业所得税税前扣除问题的通知》规定："为支持农村义务教育事业发展，按照《国务院办公厅转发教育部等部门关于进一步做好农村寄宿制学校建设工程实施工作若干意见的通知》（国办发〔2005〕44 号）精神，对企业以提供免费服务的形式，通过非营利的社会团体和国家机关向'寄宿制学校建设工程'进行的捐赠，准予在缴纳企业所得税前全额扣除。"② 但是，目前鼓励社会力量积极投入寄宿制学校的制度还不健全，能够被认可的受捐公益组织数量较少、覆盖面较窄。同时，捐赠行为所带来的扣税比例偏低，难以调动社会参与的积极性。我国目前只对个人生前所得征税，但是对于其死后的遗产却没有征税，导致社会财富被个人继承，没有再进入社会发展作用。这些方面都说明优化改革减免税政策，引导社会力量积极投身寄宿制学校建设发展的潜力巨大。

二、全面改革寄宿制学校人事制度

2011 年，国务院颁布《关于分类推进事业单位改革的指导意见》，明确指出："以转换用人机制和搞活用人制度为核心，以健全聘用制度和岗位管理制度为重点，建立权责清晰、分类科学、机制灵活、监管有力的事业单位人事管理制度。加快推进职称制度改革。"③ 对寄宿制学校而言，除了从事教学工作的教师外，生活指导教师、专职保安、校医理应构成寄宿制学校人员的重要组成部分。作为从事基础教育公益服务性质的事业单位，寄宿制学校所面临的问题也需要国家从顶层进行人事制度的改革，需要从用人制度、分配制度、管理制度等方面形成多维度、多层次的寄宿制学校人事制度改革体系。

（一）完善以聘用制为基础的用人制度

针对寄宿制学校的特点，推行聘用制度结合国家法律规章，在平等、协商、自愿的基础上选择符合寄宿制学校岗位特点的人员，通过签订正式的聘用合同为法律依据，建立聘用人员与教育部门之间的人事关系。在聘用合同中明确双方的权利及义务，保证教育部门与被聘用教师之间的合法权益。将过去基于身份的管理模式向基于具体岗位的管理模式转变，实现义务教育学校由单纯的行

---

① 樊丽明．社会捐赠税收激励的国际经验与政策建议［J］．涉外税务，2008（11）：14－19.

② 财税〔2005〕137 号．关于企业向农村寄宿制学校建设工程捐赠企业所得税税前扣除问题的通知［EB/OL］．［2005－9－29］．http：//www.mof.gov.cn/zhengwuxinxi/caizhengwengao/caizhengbuwengao2005/caizhengbuwengao20059/200805/t20080525_42823.html.

③ 国务院．关于分类推进事业单位改革的指导意见［EB/OL］．［2012－4－16］．http：//jjw.xjnu.edu.cn/s/59/t/93/32/aa/info12970.htm.

政化管理转向聘用合同为依据的法制化管理，促进平等的人事主体关系替换过去的行政依附关系的跨越，真正满足寄宿制学校的用人需求。

按照事业单位岗位设置的类型，结合寄宿制学校的实际形成以专业技术岗位为主体、管理岗位和工勤岗位为依托的岗位聘用格局。一方面，任课教师、生活指导教师、校医等专业性极强的岗位，应该选择具备相应专业资质和专业素养的人员担任。会同有关部门建立执业资格的动态注册制度，实行执业资格的动态监控和准入控制机制。除了教师职称之外，建立针对生活指导教师、校医等专业技术人员的职称评定制度，进一步强化根据专业技术职务的聘用制度。另一方面，后勤、保卫等岗位结合岗位的具体特点和工作属性，设定管理岗位或者工勤岗位，建立起能够体现聘用人员管理水平、业务水平、工作能力、资历经验和岗位具体需求的具体等级，建立岗位的等级规范，形成引入—管理—退出相衔接的人员管理方法。

（二）建立形式多样的分配激励机制

以人员工资改革为突破口，相较于条件优越的地方而言，加大民族贫困地区寄宿制学校人员工资和待遇上的倾斜政策，让更多优秀的人才“愿意来、留得住、能胜任”，实现寄宿制学校人才队伍的健康发展。同时，在寄宿制学校内部，对生活指导教师、科任教师等工作复杂、任务繁重的岗位教师给予适当的倾斜。依托“中央—省级—县级—地方”的财政资金投入，设立专门基金。一方面，充分利用分配激励机制，实施人才引进计划，高薪聘请和鼓励一流人才到民族贫困地区、偏远地区的寄宿制学校从事改革、管理和创新，促进寄宿制学校整体向良好方向发展。另一方面，对寄宿制学校各岗位人员实施严格的考聘制度，鼓励他们在自身岗位上改革、创新，对于工作兢兢业业、勇于创新、表现突出的人员，建立注重实际成绩、注重真正贡献的面向优秀人才和关键岗位进行奖励的绩效工资制度。

（三）建立健全宏观人事管理制度

国家层面对寄宿制学校实施宏观人事管理制度的顶层设计，应该对寄宿制学校各类人员及职务比重、人员总量、人员增长三方面形成动态、调控的宏观管理制度。首先，建立寄宿制学校各类人员及其职务比重的管理办法与细则。根据国家相关法律、法规，以及当地寄宿制学校的具体特点和人员需求配置足额又富有弹性的专业技术人员、管理人员、工勤人员，最大限度保障寄宿制学校的普遍需求以及个别需求能够得到满足，促进寄宿生的全面健康成长。其次，形成寄宿制学校人员总量的调控体系。在一段时间内保持寄宿制学校各类型人员的比例合理、总量稳定，建立动态人员管理制度做好离岗和新聘到岗人员之间的有效衔接，避免因人员总量不稳定而造成寄宿制学校的低效率运作。最后，结合寄宿制学校实际情况和基本特点，建立人员增长的调控方案。把握本学校的人员年龄结构和人员流动的基本规律，做好人员增长的合理预估，及时做好因人员退休、辞职造成人员缺失而短期无法弥补的应急机制，实现寄宿制学校在动态调控中保持人员的正态增长。

三、建立健全寄宿制学校管理制度

寄宿制学校不同于走读学校，寄宿学生的学习、生活与娱乐时间都在学校中度过。对于每一位寄宿学生而言，美好的童年时光绝大部分时间与寄宿制学校相伴。因而，对于寄宿制学校本身对儿童的健康成长和全面发展，承载着更多的责任，国家就需要结合其特点和实际制定符合寄宿制发展规律的管理制度，为寄宿儿童的发展保驾护航。

（一）制定具有寄宿制学校的学生作息、学习、生活和娱乐制度

"以人为本"是基础教育改革和发展的要义，民族贫困地区寄宿制学校的建设也应该始终坚持"以人为本"原则，在充分调研和科学论证基础上，结合每一所寄宿制学校的特点和发展现状，建立寄宿管理制度。不断提高寄宿制学校的管理水平，强化寄宿制学校的自我管理意识，形成安全、生活、学习娱乐相互协同的寄宿制管理格局，形成管理无死角、关心学生无小事的良好局面。寄宿制学校课堂学习时间与走读学校应该相差无几，对于学生的管理可以通过课堂管理实现。在某种程度上讲，学习时间之外的科学管理，才是寄宿制学校管理的真正开始。这涉及学生生活与娱乐的方方面面，需要寄宿制学校为学生提供娱乐场所和设施，配备专门的美术、体育等课程教师进行具体引导，通过兴趣小组、主题活动等形式为学生开设形式多样、灵活多变的文体娱乐活动，充实寄宿学生的课外生活。

（二）建立安全制度，形成安全预警机制

人身安全、食品安全是寄宿制学校管理的一条"红线"，关系着千千万万家庭。一方面，寄宿制学校要结合学生身心特点，建立特别是针对低龄寄宿儿童和女生的监护制度。前者由于缺乏生活自理能力和适应能力，需要寄宿制学校给予科学有效的监护；后者主要针对校园中日益频发的性侵犯和性骚扰事件，暴露出女学生在校园中处于十分危险的处境，故而需要特别加强对这部分群体的监护。另一方面，寄宿制学校的食品安全方面，需要国家建立统一的寄宿生饮食卫生安全制度，关注寄宿生的合理营养搭配，坚决抵制劣质、变质食品进入学校。寄宿制学校安全制度的建设需要进行动态维护。因此，需要建立配套的安全预警机制。对于不同程度的安全事故、安全隐患采取有效的应对与解决措施，增强处理各种复杂情况下安全问题的能力。

（三）形成寄宿学生心理干预制度

长期的寄宿生活，同时又不能得到家庭的及时抚慰，寄宿生难免会遇到各种各样心理问题与困扰，对于这些问题处理不当可能会带来严重后果。因而，寄宿制学校应该形成“课上+课下”有效延伸的心理干预制度。具体来讲："课上”以心理健康教育活动课程为主要途径，以班级为单位面向全班学生进行集体的心理教育和辅导，特别针对寄宿学生的普遍心理问题进行有效辅导。“课下”在寄宿制学校设立专门的“心理咨询室”，由心理健康的专业教师担任心理咨询师，积极接诊求助学生的心理问题，同时在日常生活、学习、娱乐活动中发现潜在心理问题学生，进行有效咨询和辅导。课上、课下采用集体和渗透相结合的形式解决寄宿学生的心理困惑，促进寄宿学生的健康发展。①

（四）建立家校定期联系制度

寄宿制学校发展以及寄宿学生的健康成长都需要家庭参与其中，建立家校间的定期联系制度，能够增加家校之间的信息沟通与感情交流，可以充分利用现代通信技术、校园开放日等形式。一方面，让家长了解寄宿制学校的发展现状，创造家长与寄宿学生之间沟通的条件。例如，可以建立家校电话沟通平台，在每周固定时间家长与寄宿生进行通话交流，及时对寄宿生的问题、情绪进行安抚。另一方面，创建寄宿学校开放日活动，让家长在规定时间进入校园与儿童一起活动，不但丰富了儿童的课余生活，而且还满足了寄宿生亲情缺失的影响。②

第二节　构建保育式寄宿制学校

英国的麦克米伦姐妹创建了世界著名的保育学校，为20世纪初以来英国广大的中产阶级和穷人家庭2~7岁的儿童提供了健康的学习、生活机会，在幼儿教育迈入民主化进程发挥了重要作用。③ 云南民族贫困地区的低龄儿童一般在6周岁以下，与麦克米伦姐妹保育学校儿童处于相近的年龄阶段、具有类似的家庭背景和对教育的期望。二者主要区别在于麦克米伦姐妹保育学校是走读形式的保育学校，云南民族贫困地区低龄寄宿制学生所在的是寄宿形式的学校。但是，促进儿童健康、全面的发展是二者共同的价值追求。因此，建设保育式寄

---

① 范先佐．布局调整后的寄宿制学校建设问题［J］．新课程研究（教育管理），2007（6）：8-10.

② 贾建国．农村寄宿制学校建设分析：制度互补性的视角［J］．教育发展研究，2009（7）：17-21.

③ B·斯波戴克，曾秋平．麦克米伦姐妹的保育学校［J］．外国教育资料，1987（1）：73-74.

宿制学校，发展和促进我国民族贫困地区低龄寄宿儿童全面健康发展，具有理论的可行性和现实的急迫性双重价值。理论的可行性：由麦克米伦姐妹保育学校构建的理论基础，以及后来在世界范围内盛行的保育学校运动。都有力证实这种以欧文、裴斯泰洛齐、福禄贝尔、蒙台梭利等幼儿教育家理论为指导，将儿童的保育与教育相结合的教育方式，符合6周岁以下儿童的身心发展特点。现实的急迫性在于云南民族贫困地区低龄寄宿儿童的现状及问题充分说明，低龄儿童寄宿有违儿童的身心发展特点等教育规律。但是，我国当下国情以及地区教育发展的不均衡，致使寄宿制学校将会在很长时间成为我国农村民族贫困地区基础教育发展的“中坚力量”。无疑，激进的对民族贫困地区义务教育现状的革命性改革，对教育本身带来的损失比造成的发展更大，原因在于教育根植于社会和历史。因而，从某种意义上讲，教育问题本身是社会问题，是社会问题在教育领域中最灵活的投射；故而，采用一种怀柔折中的教育改革措施，以螺旋上升持续投进式进行改良对于教育背后所承载的社会相关利益群体而言，不是“阵痛式的撕裂”而是“浸润式的助推”，这在国际许多教育革新运动中早已被证实。

所以，汲取麦克米伦姐妹保育学校理论和实践方面的优秀经验，整合云南民族贫困地区寄宿制学校的实际情况及相关问题，在云南民族贫困地区建设保育式寄宿制学校是解决低龄寄宿儿童问题，促进云南民族贫困地区基础教育健康发展的有效路径。我们认为，应该从教育目标、教育内容与方式、人员队伍建设、校园环境建设等方面进行保育式寄宿制学校建设、促进低龄寄宿儿童的健康发展、快乐成长（见图58）。

图58　保育式寄宿学校建设构成图

一、树立保育教育相结合的教育目标

6周岁以下儿童处于由幼儿园教育向小学阶段的义务教育的过渡阶段，幼儿园教育以保育为主导，小学义务教育以“德智体美劳”教育为主导，儿童在这种教育进程的“转型”中需要心理、生理的双重适应。在走读学校中儿童的这种适应，主要有来自家庭和学校两方面的支持。心理方面的适应主要依托父母等儿童最亲密的人员，因为儿童在学校只是“短暂停留”，学校主要负责给予儿童全方位的发展需要，对于心理方面需求提供的帮助只是辅助性质的。回归家庭的过程也是家庭给予关爱、抚慰等心理需求的过程，学生由此逐渐对进入小学带来的新问题、新挑战形成“脱敏”，从而投入积极、主动的动力和热情，健康快乐成长。生理方面的适应在走读学校中基本由家庭在儿童的教养过程中实现，例如，睡觉、吃饭、穿衣、喝水、上厕所等，在走读学校中儿童生理适应需求表现不是很明显，很多学校也没有把这方面作为教育目标的主要方向。但是，寄宿制学校低龄儿童的生理和心理适应，则由于儿童一周甚至半个月待在寄宿制学校，时空上与家庭阻隔，低龄儿童生理适应和心理适应职能便由家庭让渡给学校，所以，寄宿制学校除了应当具备一般学校对学生进行教育的职能之外，还要负责学生的学校生活——睡觉、娱乐、饮食等方面的职能。对于低龄寄宿制儿童而言，小到穿衣、系鞋带、上厕所……寄宿制学校需要兼具幼儿园的保育职能，才能更好地促进儿童平稳过渡、适应新环境下的生活。

保育和教育相结合应该成为云南民族贫困地区保育式寄宿制学校的教育目标。保育主要是对儿童身体的保护和养育，[①] 教育是学校教育通过各种活动促进儿童全面发展。保育注重于儿童的身体健康，包括基本生活习惯形成、生活技能习得、拥有充足睡眠、获得丰富营养等范畴。教育注重儿童德育、智育、体育、美育、劳动等方面的全面发展，包括现代教育的主要内容。保育式寄宿学校以保育和教育相结合为教育目标，就是兼顾儿童身体健康和精神健康的统一，为低龄儿童创造良好的心理和生理适应环境，促进健康快乐发展。

二、建立“保育为主体”的教育内容与方式

《中华人民共和国义务教育法》第十一条明文规定：“凡年满六周岁的儿童，其父母或者其他法定监护人应当送其入学接受并完成义务教育。”[②] 6周岁作为合法的入学年龄是经过严格的科学论证，符合儿童身心发展规律，被世界

① 陈淑琴．浅谈保育与教学相结合［J］．早期教育，1991（7）：5－6．

② 中华人民共和国义务教育法［Z/OL］．［2006－6－29］．http：//www. moe. edu. cn/publicfiles/business/htmlfiles/moe/moe_ 619/200606/15687. html.

各国广泛采用和认可的。本书中低龄寄宿生——小于6周岁的儿童有条件的本应该进入学前教育机构，却进入了寄宿制学校接受义务教育。因此，对于低龄寄宿生获得多少知识不是主要任务，他们应该更多获取来自身体养护和健康方面的自我照顾技能。那么，建立“以保育为主体”，有效整合教育方面内容的教育教学内容，并且在此基础上形成以活动和教具为主的组织方式，应成为建构保育式寄宿制学校的重要组成部分。

（一）“以保育为主体”的教育内容

保育式寄宿制学校以教育和保育结合作为追求的教育目标，也就相应地规定了教育内容及其实施形式，教育内容以课程计划的形式进行优化和设计。所以，“以保育为主体”课程计划要改革之前寄宿制学校只是一般意义上的课程计划，而没有囊括保育内容课程计划的旧格局。保育式寄宿制学校应建立由保育课程计划和教学课程计划共同组成的教育内容总体设计。一般的寄宿制学校的学校生活主要包括学习、睡眠、娱乐活动、儿童饮食等内容，保育式寄宿制学校的最大价值是赋予低龄寄宿儿童学校生活教育属性，这是赫尔巴特教学教育性原则基础之上的有效发展，即涉及学校生活保育方面的相关内容应该赋予其教育价值。相应的低龄寄宿儿童在这一过程中，应该将保育活动的重点放在进行自我照顾方面技能的学习。例如，教师将需要低龄寄宿儿童掌握的自我照顾所设计的技能进行动作分解和演示，如日常生活中的洗脸、穿鞋、穿衣、梳头、刷牙等动作。另外，受到爱德华·塞贡的启示，在保育式寄宿学校中可以为低龄寄宿学生提供可自学习和练习的技能学习模型，让学生在不断尝试和联系过程中掌握一些自我照顾的技能。①

（二）以活动和教具为主的组织方式

教具、学具等工作材料是蒙台梭利、麦克米伦进行儿童有效活动的重要载体，他们先后研制和开发了许多用于训练学生感官系统的教具和学具。例如，用于训练儿童颜色识别能力的彩色轮形物，用于训练儿童辨识事物形状的规则不一的形状板……蒙台梭利“实际生活训练”指导下的家庭日常生活技能的训练工作给予保育式寄宿制学校的重要启示是：在日常的教育教学活动中教师不光通过提供给儿童知觉—动作活动的条件和机会，让儿童自由地进行自我表达，彰显儿童个性能力的发展；同时，以自我照顾为基础的技能学习活动的实施过程，是将社会需要的基本生活技能传递给儿童，通过社会规范性的传递帮助儿童尽早社会化的有效途径。通过教具在活动中进行教育教学，对低龄儿童来说，具有巨大吸引力，这是儿童身心特点所决定的。同时，麦克米伦姐妹深信：“良

① 李清萍．麦克米伦姐妹与英国保育学校［D］．武汉：华中师范大学，2012.

好的习惯让儿童终身受益。”因此，活动中通过渗透方式加强儿童的规则意识，让这种规则意识在有意识和无意识的重复中最终让儿童习得为一种良好习惯，这是以活动为主要组织形式对于“保育为主体”的教育内容的科学实践和有效贯彻。

三、促进“教学—保育”多方面人才队伍建设

“雷切尔·麦克米伦学园”是麦克米伦姐妹保育学校师资培养重要机构的统称，收获了“世界保育学校典范”的桂冠，也成为世界知名的保育师资学校。对保育式寄宿制学校而言，人才队伍的建设更为重要。云南民族贫困地区的很多寄宿制学校都是在之前走读学校基础上发展起来的，学校中的人员主要是校点撤并过程中从其他学校或教学点合并过来的，其中，绝大部分是从事教学工作的任课教师。随着寄宿制学校的发展，学校的职能已经从单纯的以教育教学为主，丰富为囊括教育教学、课外生活等多方面职能。配套资金缺乏、管理意识滞后、专业人员缺乏等方面的因素交织在一起，导致云南民族贫困地区的寄宿制学校大多还是以传统模式运作，任课教师兼职保育人员、校园医生、安保人员的现象较为普遍，也带来一些隐患。一方面，让任课教师在繁重的教学任务之后，平添更多的责任和负担，潜在的职业倦怠和职业逃离在这些学校蔓延；另一方面，很多任课教师没有经过相关的专业训练，保育工作和校园医疗大多数是在经验层面的决策和行动，这对于学生的健康成长和生命安全带来极大隐患。因此，促进以“教学—保育”等多方面人员队伍建设具有十分重要的意义。具体来说，依据保育式寄宿制学校低龄寄宿生的身心特点及生活，涉及的内容主要有学习、课外娱乐、睡眠、饮食健康与安全等。需要配备专职教师和保育人员，其中广义上的保育人员应该包括保育员、专职保安、校医、营养师等。只有加强这些人员队伍的建设，形成人才合力才能促进保育式寄宿制学校健康发展。

（一）促进保育式任课教师队伍建设

寄宿制学校保育式任课教师队伍建设实质是教师专业化发展的过程。2012年，教育部颁布《小学教师专业标准（试行）》，将“师德为先、学生为本、能力为重”作为教师专业化发展的重要理念，为民族贫困地区保育式寄宿制学校任课教师队伍专业化建设指明了方向：提出保育式任课教师队伍建设就是师德为前提、关爱低龄寄宿儿童为本质、提升教师职业素养为重点的有力体现。其中尊重低龄寄宿学生基本权益，以低龄寄宿学生为主体，充分调动和发挥低龄寄宿学生的主动性；遵循低龄寄宿学生身心发展特点和教育教学规律，提供适

合的教育，促进低龄寄宿学生生动活泼学习、健康快乐成长是最重要的体现。[①]具体来说需要从专业理念、专业知识、专业能力三方面促进保育式任课教师队伍建设。

首先，建立保教结合的专业理念与师德修养。专业理念与师德修养之间存在相辅相成的共生关系，对教师职业的深刻理解和认识是专业理念的基础，在此基础上具体化为对学生和教育教学的认识态度与实际行动，并在日积月累的教书育人中将其凝练聚合为一种内在的性格特点和人格品质，使教师实现了从理念向行动的转向。具体到寄宿制学校中保育式寄宿任课教师，通过对于义务教育、寄宿制学校国家政策法规的把握，理解教师的工作价值、意义，积极沟通合作并进行教学反思获得对保育式任课教师的初步职业理解；关爱低龄寄宿学生身体健康、精神健康，尊重他们的个性，创造良好的学校环境是任课教师保育性的集中表现；同时，任课教师不能忽略教育教学工作，在教学进程中身体养护与传播知识相结合，在符合低龄寄宿生身心规律基础上，为其创造积极体验、培养习惯的条件和机会，在教育教学过程中渗透保育内容并将其内化到个人性格与人格系统，内化为保育式任课教师的专业理念与师德素养。

其次，形成保教结合的专业知识。即加强对低龄寄宿儿童身心发展特点和任教学科特点相关知识的理解和掌握。一方面，对低龄寄宿儿童身心发展特点的理解和掌握的重要旨趣，并非简单意义上的为更好地促进儿童学会学习、快乐学习“服务”。这一特点的把握将在其基础上更加关注生命体本身，即更好地促进低龄寄宿生的身体养护与保养。实质即是为低龄寄宿生创造“有准备的环境”，学会对儿童的关爱与尊重、满足儿童身体与精神需求、关注不同成长阶段关键期。[②] 另一方面，理解和把握任教学科的基本理论、课程标准、教学知识，这是低龄寄宿儿童获得发展的有力途径之一。

最后，培养保教结合的专业能力。具体来讲需要保育式任课教师培养教育教学设计、组织与实施、反思与发展三方面的能力。第一，以活动和教具为主体进行教育教学设计，低龄寄宿儿童大多处于幼儿园到小学的过渡阶段，教育教学设计需要重点考虑激发学生的兴趣和欲望，来自麦克米伦姐妹保育学校的经验是：活动中开展形式多样的教育设计能够极大调动儿童的参与热情与积极性。第二，进行组织与实施教育活动，寄宿制学校的特点让教师成为与学生待的时间最长的人，低龄寄宿生会将对于父母的依恋转移到对学校教师的依恋上，

① 教师〔2012〕1号．小学教师专业标准（试行）［Z/OL］．［2012－9－13］．http：//www.moe.edu.cn/publicfiles/business/htmlfiles/moe/s6991/201212/xxgk_ 145603.html.

② 王亚娟．儿童与成人关系的人性回归——基于蒙台梭利的教育思想［J］．中国教育学刊，2015（7）：57－60.

建立师生之间良好亲密的关系是进行具体组织与实施的首要前提，并在课堂学习、饮食、课外活动等密集化的交流、沟通过程中组织和实施。这一过程让教育和保育的界限模糊，进而让教育与保育在交互渗透和生动互动中带来儿童发展。第三，在整合保育和教育基础上进行教育反思是保育式任课教师发展的重要路径。舍恩“在行动中反思，在反思中行动”的经典命题，有力地说明行动与反思之间的相互关系，民族贫困地区寄宿制学校的教师可以结合亲身实践和自身体验，进行积极反思，这是“最接近真实教师境况”“最能生发教师共鸣”的方式和途径。保育式任课教师的教育反思将会脱离简单的教学层面，走向儿童更加丰富的生活世界。因此，这种反思更加具体和深刻，对教师和学生的发展也更加有益。

（二）促进高素质保育人才队伍建设

当下寄宿制学校的管理人员是根据寄宿制学校现实需要出发配备的从事事务性工作的人员，而人员配置、人员结构、人员专业素质等方面都存在诸多问题，亟待治理和进行提高。与此同时，保育式寄宿制学校有明确的对低龄寄宿生特点把握以及对学校的整体规划。因此，从促进低龄寄宿学生发展的角度，低龄寄宿制学校需要进行一支高素质、专业化保育人员队伍建设，这支队伍主要包括保育员、专职保安、校医、营养师等，他们将从低龄寄宿学生的身体养护、生命安全、健康成长等方面积极为儿童发展提供帮助。

首先，引入高素质的保育员，做好低龄寄宿生保育工作。保育式寄宿制学校中除了承担一般教育教学任务之外，还需要负责寄宿学生的日常生活的诸多方面，相应地也需要寄宿制学校转型，以便更好地服务学生、促进其健康发展。低龄寄宿儿童在日常生活中进行自我照顾等一系列技能形成，对其身体养护与健康尤为重要。做好低龄寄宿儿童的保育工作，一方面，需要建立严格的资格认证制度持证上岗，只有经过规定学时学习和具备一定经验的人员，才能在保育式学校中从事低龄寄宿学生的保育工作；另一方面，保育人员从开始培养到能够从事独立工作需要一个漫长过程，可以引入临时或兼职保育员制度，利用许多高校学前教育专业、小学教育专业学生到寄宿制学校进行教育见习、实习的机会，让他们负责一些低龄寄宿学生的保育工作，在培养他们对儿童情感的同时形成他们对教育事业的热爱。

其次，配备专职保安，形成校园安全屏障。学生生命安全是校园安全防范的重要领域。因此，具有一定职业素养的专职保安对于维护校园整体安全意义重大。时下云南民族贫困地区学校基本没有保安，或者保安都是由当地社区的一些年龄较大的居民担任，专业素养缺乏，认为当保安就是“给学校看看门”，将保安岗位窄化为守护校门职责。这是专业素养不强、职业意识淡薄的体现。

保育式寄宿制学校的专职安保人员，应该成为学校安全保卫的主导力量，从专业角度留心学校周边的各种安全隐患，进行积极排除和消除。同时，对于学校中的外来人员、学校周边的可疑人员通过与当地派出所建立长期持续的协作关系，对于可能给学校学生安全造成威胁的形象进行及时处理。因此，保育式寄宿制学校专职安保人员应该是一支专业素养扎实、职业能力过硬的安全保卫队伍。

再次，配备校园医生，做好健康和卫生工作。保育式寄宿制学校由于人员相对密集，学生生病不可避免。因此，配备校园医生，做好低龄寄宿儿童的健康和卫生工作也是重要内容之一。应该严格国家相关卫生医疗规定配置校园医生，准备常用药物，并与地方和县级医疗机构形成联系，建立应急医疗救护系统。结合云南民族贫困地区经济发展状况和寄宿制学校现状。可以采用专职校医与兼职校医兼顾的卫生系统建设工作。对于经济条件允许或寄宿学生人数众多的寄宿制学校配置专职校医，负责学生的日常健康和卫生，保证学生患病能及时就医。对条件有限或者人数较少的寄宿制学校可以采用“学校＋卫生院”模式，引进卫生院医生到寄宿制学校坐班，各科室医生在寄宿制学校轮换交流，最大限度地解决各种医疗问题。另外，定期与不定期结合对低龄寄宿儿童各项指标进行检测，动态控制其各项生理指标，做到防患于未然。在此基础上，为学生建立健康档案，一人一档，为学生的卫生健康制订科学有效的治疗方案提供依据。

最后，设置营养师，均衡膳食搭配。已有调查表明，寄宿生各项生理指标较走读生而言普遍偏低，寄宿制学校学生的营养状况令人担忧。这也是保育式寄宿制学校需要面临的问题和挑战，保育学校应该充分利用好国家、县级、地方财政给予的资金补贴，采购种类繁多、营养丰富的食材作为寄宿学生的饮食原料。同时，设置营养师结合学生身体发展营养需求、地方饮食习惯、当地食材种类，为儿童设计和搭配营养丰富的健康膳食。对于云南民族贫困地区学校可以充分挖掘人才资源，鼓励和支持有能力的教师通过学习考取“国家营养师资格证”，负责学生膳食搭配和设计，最大限度节约人才开支的经济成本，将经费集中用于学生饮食方面，保障儿童获得丰富营养，促进儿童体格健康成长。

四、完善校园的内、外部环境

蒙台梭利认为“我们的教育体系的最根本特征是对环境的强调”①，瑞吉欧

---

① 蒙台梭利．童年的秘密［M］．北京：人民教育出版社，1990：113.

也说“环境是儿童的第三位教师”①，环境对低龄寄宿学生的保育和教育发挥着重要作用。因此，民族贫困地区寄宿制学校应该强化校园环境建设。我们以蒙台梭利“有准备的环境”为理论指导，结合云南民族贫困地区寄宿制学校的实际，笔者认为保育式寄宿制学校校园环境建设包括外部环境——物质环境建设和内部环境——心理环境建设两个组成部分。

（一）构建保育式寄宿制学校物质环境

物质环境也就是保育式寄宿制学校外部环境的设置方面，主要应该在保育式寄宿制学校为低龄寄宿儿童创造充满美感、真实生活、结构秩序方面的环境。

首先，创设充满美感的环境。保育式寄宿制学校的基本陈设，要能够以适合儿童的位置和方式设置。作为蒙台梭利的“追随者”的麦克米伦姐妹保育学校，将其精细化为校舍布局方面，应该设置并排耸立的六栋乡村式的建筑，并在建筑内安排分区合理的储物间、浴室、卫生设施；种植与饲养园地方面，有饲养外表美观、温顺可爱动物的饲养园和种植各种花卉、蔬菜、药草的植物园，并且在校园内广植树木。在校园的各个角落融入“家”的元素，给予儿童家的感觉，通过温馨的教室和宿舍布置减轻儿童想家的心情。这些都为保育寄宿制学校外部环境建设提供重要启示。在环境设计和布置过程中处处留心，为低龄寄宿儿童创设一个使人身心愉悦的美好环境。

其次，营造真实生活的环境。为低龄寄宿儿童设计功能各异的区域，生活区设施一些低龄寄宿儿童家庭中真实使用的常见物品，而不是使用简单的玩具来代替这些物品，其目的是让儿童使用真实的物品获得直观的生活技能与体验。另外，还要为低龄寄宿儿童提供丰富玩具和教具进行自由活动，这些物品的提供可以根据个人爱好选择使用的教具、可以选择在不同的位置活动、可以选择与喜欢的同伴进行活动……并在自由活动中给予儿童规则意识，让他们逐渐学会遵守秩序，获得自律和自我约束能力。

最后，构建结构秩序的环境。秩序感培养对低龄寄宿儿童发展具有重要意义，是保育的重要组成部分。关于这种环境的构建工作重点应该在两个方面。一方面，将教室或者活动室内的物品按照一定的秩序摆放，儿童在拿捏或者使用这些物品的时候知道去相应的位置就能找到，让物品本身的位置固定慢慢培养儿童的规则感和秩序感，他们知道只有按照一定的规则才能找到自己需要的物品；另一方面，教具种类的丰富性与个体的独一性。在提供足够丰富让儿童选择的学具之后，每种学具只提供一个，当儿童在具体位置没有找到他需要的

---

① 王亚．解析瑞吉欧幼儿教育的学习机制［J］．桂林师范高等专科学校学报，2014（4）：139－142.

学具时，他知道学具正在被使用，他就需要等待上一个同学用完，把学具放回原处后才能使用，让儿童获得等待、轮换的体验，促进其社会秩序感的启蒙。

（二）构建保育式寄宿制学校心理环境

良好的心理环境，能够提供儿童由于离开父母归属和爱的心理需求缺失的有效补偿，也是保育式寄宿制学校校园环境建设的重要内容。具体来讲重视以关注与爱、互助与独立、榜样与鼓励等方面的心理环境建设。

首先，营造关注与爱的气氛。儿童有获得尊重的需要，教师要在教育活动中通过实际行动体现相互尊重，在儿童进行具体活动中结合幼儿发展特点提供积极的支持，让儿童获得成功的体验；教师与儿童一起参加具体活动，以儿童朋友的身份积极了解儿童的需要，表达自身的想法，共同为活动目标实现而彼此“携手前行”；对于儿童初次涉猎或兴趣极高的活动，教师应该做好引路人的角色，在活动进程中给予儿童直观、有效的演示，帮助他们顺利进行活动。同时，低龄寄宿儿童在日常学校生活的照顾与被照顾中营造爱的氛围，他们从最初的被人照顾，到后来逐渐学会照顾别人，低龄寄宿儿童刚进入寄宿制学校时，是陌生的小学弟或者小学妹，但很快就会得到高年级哥哥姐姐们的照顾，在互动中获得了被关怀、被关爱的感受；一年后，随着低龄儿童进入高年级他们学会独立学习与活动，并且会主动承担照顾班级其他成员以及关爱更低一级学生的任务，因为他们自己刚进入寄宿学校的时候也是被大哥哥和大姐姐这样照顾过来的。

其次，构建互助和独立共生的环境。一方面，保育式寄宿制学校的任课教师、保育人员应该强化儿童的独立性，这也是蒙台梭利教育内容的重要组成部分，即教师应该满足儿童自我展示的欲望，也就要求任课教师、保育人员要充分地认识每一位寄宿儿童，结合儿童自身的发展特点具有个性特质的发展方案，并积极引导儿童根据自身的发展规律，通过自主活动、自主选择等形式，这一过程中教师只是作为合作者、支持者的角色，目的是实现低龄寄宿儿童在独立化的活动中发展；另一方面，任课教师、保育人员应该提供学生间互助共融的机会，学生与学生之间结成的同伴关系在学校教育中发挥着十分重要的作用，作为隐性学习的一种重要形式，学生在与同伴的互动过程中取长补短，也可以从同伴身上获得相关经验。同时，不同年龄阶段儿童之间的互动可以有效地增加儿童之间相互的沟通学习，以儿童的方式在儿童之间表达和传播。

最后，创建榜样与鼓励并重的环境。俗话说，大人是孩子的“一面镜子”，孩子在家中模仿父母而在学校则模仿教师。因此，保育式寄宿制学校要充分发挥任课教师、保育人员的榜样作用。因此，需要保育式寄宿制学校的人员不能把社会上的不良习气及自身的不良行为带到低龄儿童中间，注重自身着装、仪态、说话方式，说话语气应该是温柔且儿童乐于接受的……只有将榜样树立在保育式寄宿制学校生活的细微之处，才能让儿童处处都能体会到榜样的力量并且乐于积极地学习榜样。同时，学校生活中任课教师、保育人员应该给予儿童充分的认可、提供积极支持，儿童每天的变化和发展都是巨大的，学校环境应该给予这种发展积极、开放和包容的态度，对于儿童表现中细微的变化给予及时、积极的反馈。同时，对于其中存在的问题和不足，给予肯定基础上的适时帮助与支持。抓住任何一个有教育价值的机会，有效把握支持的时间和方式，促进每个儿童在自身原有基础之上的发展。

第三节　建立寄宿制学校与家庭之间的合作机制

苏霍姆林斯基曾言："只有学校教育而没有家庭教育，或只有家庭教育而没有学校教育，都不能完成培养人这个极为细致、复杂的任务。最完备的教育是学校教育和家庭教育的结合。"[①] 家庭教育和学校教育由于在儿童发展过程中发挥着不同作用，家校之间的合作在学术界已经形成普遍共识。这一命题成立的前提是以儿童在"学校—家庭"之间频繁地流动作为前提和纽带。但是，对于透视当前云南民族贫困地区寄宿制学校，低龄寄宿儿童一周、半月、一月的学习、饮食、睡眠、课余生活都在学校，儿童在"家庭—学校"之间呈现出"弱流动"，并且出现了家庭教育职能"学校化"趋势。寄宿制学校承担了儿童教育、生活的方方面面，表面上家长落了一个彻底的清闲，反观儿童呢？寄宿制学校的相关人员能够代替"家长角色"进行家庭教育吗？随着问题研究的深入，研究的脉络也逐渐清晰，即我们首先探究家校合作的运作机制，了解家校合作运行的基本属性；在此基础上依托在管理领域广泛使用的SWOT分析框架为思维工具，形成寄宿制学校的SWOT矩阵，深度探讨寄宿制学校实施家校合作的可行性。最后，整合考量家校合作的运作机制和寄宿制学校，进行家校合作的SWOT矩阵应对策略分析，构建云南民族贫困地区寄宿制学校的家校合作的有效路径。

一、家校合作的运行机制探究

（一）资源依赖机理

组织与其他群体或者组织不断进行着相互交流和交易。相互交流包括货币

① ［苏］苏霍姆林斯基．给教师的建议（下）［M］．杜殿坤，译．北京：教育科学出版社，1981：264.

资源或者物质资源、信息资源或者社会适应性的交流。[①] 学校作为一个组织也无法脱离对其他群体和组织的依赖，与学校利益最密切的群体——家庭、政府等进行资源交换。资源交换主要由正式交换和非正式交换构成。[②] 正式交换即是有明文规定或者具有强制性质的规定性行为，对学校而言主要有学费、书本费、资料费、生活费等，随着我国义务教育实施，以及“两免一补”政策的推进。这部分应该由家庭承担的费用，转移到由国家财政承担。因此，原来家庭缴费与学校收费的关系转为国家缴费负责学校运转，相应地学校应该向家庭负责履行相关职责的依赖关系，转变为学校向国家、政府负责和履行职责。学校与家庭两方的资源交换关系，变成了学校—国家—家庭三方的资源交换关系，学校提供服务的原有职能没有变化，家庭转变成了享受服务但不进行资源交换的角色，国家“上位”为进行资源交换进行服务“让渡”的角色。学校与国家之间的资源交换不直接以满足自身的需要为目的，而是为帮助第三方实现教育目的。虽然，国家没有具体内容进行交换，但是它已成为学校资源交换的主要承担者。因此，国家与学校之间形成了一种“强关系”，家庭则与学校之间形成一种“弱关系”。国家与学校之间资源交换的“强关系”，致使家庭在与学校的正式交换过程中呈现“弱依赖”。

同时，家庭虽然在正式交换中处于“弱关系”地位。但是，为了保障学校为其提供的“服务质量”是有质量的，所以家庭在使用各种途径和方式，占据非正式交换的“高地”，通过与学校组织中的个体通过物质交换建立点对点的“精准关系”，这时的物质交换并非以学校组织为单位，而是以组织内的具体个体为单位，资源交换的内容不是满足组织整体效益的最大化，而是以提供资源最大限度地满足组织内“目标个体”的需求最大化。家庭作为占据绝对优势的提供方，组织内个体作为天然的接收方，组织内个体充分运用自身在组织内的稀缺性资源优势，为资源交换方家庭提供“交易合理”的“资源”，家庭与组织内个体实现了一次完整的资源交换。在这一过程中，家庭在正式交换中失去的位置，通过与组织内个体进行资源交换而重新塑造。但是，在非正式交换中形成的关系，是一种“你情我愿式”个体之间的私人关系，与组织之间的资源交换无关，建立的依赖是“个体”与“个体”的依赖，对于由众多个体组成的群体而言不会产生太大的影响。

因此，家庭与学校之间在资源交换所形成的依赖关系方面，呈现出正式交

① ［美］杰弗里·菲佛，杰勒尔德·R·萨兰基克．组织的外部控制：对组织资源依赖的分析［M］．闫蕊，译．北京：东方出版社，2006：48.

② 刘兴春．家校合作的动力之源——组织社会学的阐释［J］．中国教育学刊，2010（4）：32-35.

换层面家庭与学校之间依赖的“弱关系”，非正式交换层面二者是以面向个体依赖的“强关系”。

（二）社会存在的合法性机制

在制度学派的视域中，社会的法律制度、风俗习惯、观念制度、思维方式等社会存在已经被人们有意识或者无意识地广泛接受，并且在实际的社会生活中以此为“衡量事实的标尺”，约束着人的思维方式和行为方式。对学校而言，学校更加愿意将自身立足在社会存在的合法性的前提之前思考问题和实施行动。例如，学校在为家庭提供积极参与学校事务、了解学生情况等方面表现出“不积极”，而在学校为主体进行与家庭之间、社区之间的交流、沟通方面，学校愿意在繁重的教学任务和有效的教学时间中安排教室、学生“积极”参与各种形式的活动。二者之间的巨大差别，反映的是社会存在的合法性机理，由于我国到目前为止没有官方正式的法律制度明文规定“学校要加强与家庭之间合作”“为家长参与学校具体事务提供支持”……同时，家校合作在地方学校落实中收效甚微，并没有形成广泛的社会认可，其合法性地位尚未建立。所以学校有这样“不积极”的表现也能够理解。相反，学校在进行社区与家庭的交流中不惜牺牲时间、花费精力，并且乐此不疲。究其原因，是学校主体为了在有限资源的前提下最大限度地获得社会的认可，这种认可建立的作用机理是学校职能范围在社会存在中的合法性地位的重塑或巩固。

（三）关系网络机制

关系网络机制是社会人之间复杂的社会关系交织所形成的稳态关联系统。关系网络的运作机理以社会人之间的人际关系为基础，以社会人在网络中所处的相对位阶为重点，以对具体网络内资源的动态摄取数量和质量的多寡作为实施手段，实现具体资源让其他关系人使用的最终目的。从学校的整体进行宏观考察，作为一个系统严密结构完整的组织，学校有严格的规章制度和科学的运作系统为保障。单就学校而言，它不是一个严格意义上的关系网络的组成部分。但从另外一个角度可以窥见，学校是一个有具体社会人聚合的场所，从这个角度来讲，学校也难免为关系网络所“俘虏”。因此，依托学校中教师、家长等利益最为密切的人员之间的一张“社会关系大网”便以“非社会人”——学校为中心编织和拓展。学校与家庭之间的交流合作具体化为教师与家长之间、家长与其他占有学校相关资源的家长之间的沟通互动。家校合作的关系网络也编织在学校关系网络中，随着这一网络的拓展，家长与教师之间的交流，兼具了直接式的交流合作和间接式的交流合作。家长想了解一所学校、一个班级、一位老师，通过直接与该校的相关教师联系，就可以获取最便捷和真实的结果，但是这不是家校之间沟通的唯一方式。随着现代通信工具发展，加之现代人的快节奏生活，间接式交流成为家校沟通的首选，这种沟通不是简单的通信工具等沟通代替面对面交流，而是通过关系网络与第三人沟通，通过第三人了解需要获得的资讯。这里的第三人是与直接沟通第一人（即直接式交流的对象）之间存在出生为特征的先赋性关系，或者与直接第一人之间基于求学、工作等交集的获致性关系。[①] 这一关系网络在中国有着绵长的发展历史和社会根基，著名社会学家费孝通在《乡土中国·生育制度》中，将这种关系维系下的社会，称为差异格局的关系社会。[②] 学校与家庭之间“编制”的关系网络恰是这一社会关系的投射，亦是宏大社会关系网络的重要一环。

二、寄宿制学校中家校合作的SWOT分析及应对策略

SWOT分别是英文单词Strengths（优势）、Weaknesses（劣势）、Opportunities（机会）、Threats（挑战）的首字母缩写，最早产生并运用于商业领域，是制定企业中长期发展战略分析框架。主要分析内部环境中的优势和劣势，外部环境中存在的机会和挑战，在整合考量内、外部各种影响因素的前提下，构建SWOT矩阵，选择最优化的行动与实施方案。SWOT矩阵作为一种思维分析框架，后来被广泛使用在旅游、经济、农业、医疗等领域，对其发展产生了重要影响，在教育领域也有涉及。我们受其启发，亦将这一研究分析框架引入民族贫困地区寄宿制学校改进措施研究上。通过分析民族贫困地区寄宿制学校优势、劣势、机会和挑战，形成SWOT矩阵应对策略框架，进而选取最佳的策略实施方案。

（一）寄宿制学校中家校合作的SWOT分析

1. 寄宿制学校实施家校合作的优势

寄宿制学校实施家校合作对于寄宿学生、教师与家长、寄宿学校三方面都具有独特的发展优势。能够让寄宿儿童的童年体验和认识不被“寄宿学校的高墙阻断”，形成了家庭和学校两个不同状态生活世界的认识；同时，在家校合作中让家长了解孩子在寄宿制学校中的具体情况，在家长与教师的沟通中形成对孩子教育的共识；另外，家长作为学校教育的利益相关人，他们进入学校对所见所闻的观察和思考，同学校教师、领导等相比略有不同，这种不同中暴露的学校管理和发展的问题，将有力地鞭策和督促学校进行积极改革。寄宿制学校实施家校合作的具体优势也就表现在以下几个方面。

首先，寄宿制学校实施家校合作有助于连通学生生活的家庭和学习的学校

---

① 边燕杰．找回强关系：中国的间接关系、网络桥梁和求职［J］．国外社会学，1998(2)：50-65.

② 费孝通．乡土中国·生育制度［M］．北京：北京大学出版社，1998：24.

两个不同的真实世界，有效地阻断寄宿制学校时空上联系的困境。低龄寄宿儿童进入寄宿制学校后，将很长时间没有机会见到家长，由于寄宿制学校普遍人员超额，寄宿制学校中的管理人员不可能对每一个孩子进行个别交流和帮助；同时，本研究调查的多低龄寄宿儿童在不满6周岁就进入寄宿学校，义务教育的九年期间儿童都是在寄宿学校中度过，他们学习了现代学校的知识，获得了能力的提升，但是对于生养他的地方的认识却似“一张白纸”，他们在获得主流文化的同时，却失去的地方文化成为“文化边缘人”。家校合作的最大优势也就在于：通过家庭与学校之间的合作沟通，家长主动到学校了解孩子情况、参加亲子活动等让儿童即便在时间和空间上离开了家庭，但是通过家长与学校之间的互动，也能最大限度地弥补儿童长期在寄宿制学校中所产生的对家庭生活的认识和体验的缺失。

其次，寄宿制学校实施家校合作有助于教师与家长在沟通交流中形成对寄宿学生的“教育共同体”，推进教育观念和教育方法的共同更新和发展。云南民族贫困地区由于经济、文化、自然条件等方面的发展程度不足，寄宿儿童的家长文化程度都普遍较低，他们对于儿童教育的观念和方法停留在“吃饱穿暖”“不打架惹事”“能识字算账”“不听话就打”……与现代学校教育的观念差异甚大。因此，寄宿制学校的家校合作，可以通过家长与教师的交流、沟通将先进的教育管理和优秀的教育经验传递给家长，使家长与教师在教育孩子方面具有方向统一的教育观念和教育方法，形成教育合力，让儿童在家长那里接受的教育同在教师那里接受的教育具有一致性和延展性，形成“教育共同体”，促进儿童在校内、校外能够接受相同的教育理念和方法，引导儿童积极、健康地发展。

最后，寄宿制学校实施家校合作有助于学校在家校互动中暴露管理和发展中的问题，激励寄宿制学校进行科学化改革。在家校没有具体合作的时期，学校也很少思考家长是如何看待和要求学校的。同样，家长也很少思考学校是如何教育、管理学生的，两个组织（群体）之间处于“双盲状态”。家长知道“孩子在学校上学”，学校认为“学生到了学校怎么管理怎么教是我的事情”，这样导致学校无法站在家长的位置思考学校的管理和发展，家长也无法了解学校对于孩子的管理和发展到底怎么样。那么，寄宿制学校实施家校合作后，家长有机会进入学校，真正站在“为着自己孩子发展”的视角，观察和审视学校的管理现状及发展情况，对于一些学校“有意忽略”或很少关注的地方提出想法、看法，引起寄宿制学校相关人员的关注，家长在具体落实过程中也扮演了天然监督者的角色，对于寄宿学校和学生的长远发展无疑意义重大。

2. 寄宿制学校实施家校合作的劣势

根据系统论观点，一个系统最佳运作状态是系统内的各个构成部分之间能够实现最佳的配合。对寄宿制学校的家校合作来说，家庭教育与学校教育之间能够实现最佳组合是家校合作实现最佳状态的有效保障。但是，云南民族贫困地区寄宿制学校的家庭教育与学校教育都存在一些显著问题，难以形成最佳组合以实现系统优势。

一方面，家庭教育的边缘化。云南民族贫困地区低龄寄宿学校中家庭教育的边缘化体现出“主动边缘化”与“被动边缘化”的特征。“主动边缘化”及作为家庭教育的主体——家长，随着学生进入寄宿制学校很少有时间待在家里，便直接将教育孩子的责任和义务让渡给了学校，并认为“学校能够教好我的孩子”或“我能把孩子教好，还送他去学校干啥?”……这都反映出云南民族贫困地区家长的一些普遍教育心态，导致他们对儿童进行的家庭教育也处于较低层次的教育水平。因而，家长便退居孩子教育幕后，成为孩子教育的边缘群体。在官方现在还没有正式的关于家校合作的法律制度、政策文件的前提下，加上云南民族贫困地区的寄宿制学校普遍学生多、学校管理呆板、学校中以应试思维为主导，以及现实情况的复杂性，“被动边缘化”不考虑或者直接忽视家庭与学校之间的沟通合作成了理所当然。对于少数有进行家庭教育意愿的家长来说，一扇校门锁住了儿童也隔绝了家长，即便在儿童回家的短暂时间里，由于多数寄宿制学校条件不具备，儿童回家要洗澡、洗衣服、准备口粮等，因此也就很少有机会安心坐下来与家长进行交流和沟通。

另一方面，寄宿制学校发展仍处于粗放阶段。我们调查了解得知：云南民族贫困地区的寄宿制学校，大多数在当时的走读学校基础上发展起来的，学校的基础设施是原来走读学校基础上进行的“小修小补”，很少有严格意义上按照国家标准建立的现代化寄宿制学校；同时，寄宿制学校的教师等人员也是由原来被撤并学校的人员组成，他们中很多都是当时学校的科任教师，缺乏转型后寄宿制学校要求的专业素养。因此，从整体上寄宿制学校基础设施和人员队伍仍处于较低水平，寄宿制学校也就处于粗放发展阶段。家校合作的寄宿制学校应该由专业人员、科学设计、严格制度和具体活动场地组成，在云南民族贫困地区普遍分布的仍处于粗放阶段的寄宿制学校，要提升首先面临的是专业人员和活动场地不足的问题，家校合作的一系列活动是一个专业化程度极高的过程，没有专业人员参与，难以达到预期效果。试想，在一个学生睡觉都困难的地方，哪里有专门的活动场地组织家校活动?

3. 寄宿制学校实施家校合作的机会

国家对大力发展寄宿制学校给予政策支持。《国家中长期教育改革和发展规划纲要（2010—2020年）》明确指出："加快农村寄宿制学校建设，优先满足留守儿童住宿需求。"随后国家又相继出台了《国家西部地区农村寄宿制学校建设工程项目学校管理暂行办法》《西部地区农村寄宿制学校建设工程实施方案》《农村寄宿制学校生活卫生设施建设与管理规范》《关于实施农村义务教育学生营养改善计划的意见》等系列文件加强西部地区寄宿制学校建设。2011年，云南省政府颁布《云南省中长期教育改革和发展规划纲要》提出："加强民族地区寄宿制学校建设，提高寄宿制学校学生生活补贴标准。"云南民族贫困地区将在接下来的时间里，随着国家政策支持和资金投入，将会在寄宿制学校的基础设施、学生膳食营养等方面加强建设。

一方面，寄宿制学校建设工程。国家在2004—2007年的4年间，共投资100亿元中央专项资金，支持云南省尚未实现"双基"的地区。投资建设内容包括教学、学生生活和教辅等方面基础设施，从工程的布局规划、政策要求、资金使用等方面提出具体要求；并明确了地方—县级—省级政府的责任，强调地方政府具有组织实施"工程"的职责，县级政府要组织专人对工程实施进行监管，省级政府要制定工程实施的规划。同时，制定严格的工程质量管理，坚持"牢固、实用、够用、方便学生学习和生活"的建设原则，"新建和改扩建后的校舍最低使用寿命必须在50年以上，要坚决杜绝新建和改扩建学校出现重大安全事故和工程质量问题"①。这些都为寄宿制学校的发展奠定了坚实的物质条件基础。

另一方面，学生营养改善计划。2011年国务院办公厅下发《关于实施农村义务教育学生营养改善计划的意见》，从学生健康成长的客观要求、人民群众的殷切希望、提升国民素质的重要举措等方面说明实施营养改善计划的重要意义，并从政府指导积极部署、试点先行点面结合、结合实际改善创新、安全第一、落实规章等方面对营养改善计划进行政策要求，又从组织领导、管理规范、检查监督等三方面力争将营养改善工程建设成为"民生工程""放心工程""阳光工程"。② 自2011年国家实施"农村义务教育学生营养改善计划"5年多来，涉及29省区市13.7万所学校的超过3 360万学生获得该计划支持。③

---

① 教财〔2004〕3号．西部地区农村寄宿制学校建设工程实施方案［Z/OL］．［2004－4－7］．http：//www.chinalawedu.com/falvfagui/fg22598/18808.shtml.

② 刘延东．在部署实施全国农村义务教育学生营养改善计划电视电话会议上的讲话［EB/OL］．［2011－11－24］．http：//www.moe.gov.cn/jyb_xwfb/moe_176/201111/t20111124_127049.html.

③ 营养改善助力"健康中国"［N/OL］．人民日报，［2016－8－31］．http：//www.moe.gov.cn/jyb_xwfb/xw_fbh/moe_2069/xwfbh_2016n/xwfb_160830/160830_mtbd/201608/t20160831_277158.html.

4. 寄宿制学校实施家校合作的挑战

寄宿制学校实施家校合作面临的挑战主要来自家庭和社会两个方面，家庭方面的挑战主要是国家计划生育政策下的家庭人员结构变化和改革开放以来家庭的生活方式变化。社会方面的挑战，信息化时代下信息膨胀，任何信息都可能成为公众焦点，为寄宿制学校发展构成潜在危险。同时，随着我国民主化进程的深度推进与深入发展，以平等意识和维权意识为代表的民主化发展，需要学校积极应对许多维权和侵权事件。

一方面，家庭结构和生活方式变化。计划生育成为我国基本国策以来，对我国家庭结构产生了深刻的影响，云南民族贫困地区家庭大多是执行计划生育政策。但也有一些地区的父母不顾国家政策超生孩子，一个家庭的学龄儿童增加，也增加了家庭负担。同时，云南民族贫困地区由于经济落后，随着改革开放和西部大开发，许多家庭的青年劳动力选择外出务工寻求发展机会、改善家庭经济状况，引发了家庭异地分居、留守儿童、儿童由祖父母辈抚养等一系列问题，这些对于寄宿制学校与寄宿儿童的发展十分不利。改革开放后，外来思想进入，人们的思想逐渐开放，对婚姻问题的观念和态度越发开放，一些人结婚和离婚变得不是很严肃，成了很随意的事情，导致离婚率增加以及单亲家庭、组合家庭等增加，儿童跟随父母一方进入新家庭面临诸多问题。随着现代信息技术发展，智能通信工具的普及，手机等通信设备成为儿童平时的重要“玩伴”，使用手机所产生上瘾、视力下降等问题增多。家庭结构及生活方式的变化，势必给寄宿制学校的教育带来诸多挑战，学校除单纯的教授知识的职能之外，还需要与更多的缺陷家庭的家长、儿童相处，还需要对现代压力下焦虑而敏感的家长交流沟通。同时，寄宿制学校教师还需要通过崇高的师德与关爱，帮助一些不负责任的父母培养对养育子女的热情和责任感，让他们知道自身对于子女的责任以及应尽的义务。这些曾经被学校视为家庭琐事，与教书育人毫无关系的事情，将在寄宿制学校实施家校合作过程中与教师不期而遇。

另一方面，信息化和民主化浪潮。信息化时代的到来，随着手机等通信设备的普及，整个社会进入“自媒体”时代，任何人、任何事都可能成为公众关注的焦点，社会舆论也就不再是媒体的专属，任何个体都可以通过媒体平台发表信息。云南民族贫困地区寄宿制学校的发展水平还处于比较低层次的水平，难免在很多方面存在不尽如人意的地方。当寄宿制学校实施家校合作后，家庭成员将会有更多的机会进入寄宿制学校，了解寄宿制学校的基础设施、食堂卫生、校园环境、学生宿舍等情况，如果在某一方面家长对学校的认识与自身期望落差过大，家长便有可能通过自身的媒体平台，将这一现状“公之于众”，网络信息传播和扩散速度惊人，一旦处理不当或者被别有用心的人利用，将会由个体事件升格为公共事件，其后果是难以想象的。

民主化是随着权力意识和平等意识的发展体现出来的。在寄宿制学校实施家校合作，就目前的条件、人力、物力和财力都无法让寄宿制学校实施“家庭式学校”的标准，难免对个别儿童照顾不周，儿童在具体活动中可能出现意外，家长为了维护儿童的权利，可能要通过法律途径进行处理。因此，寄宿制学校在从事社会公益事业的同时，也需要具备相关的法律意识，应对家长维权方面的挑战。平等权利深入人心，儿童在家庭教育的耳濡目染中也开始寻求在学校中的平等权利，对于一些不公平的现象提出自己的抗议，也难怪有教师感叹：“现在的孩子越来越难教。”殊不知，这意味着儿童平等意识的觉醒，因此对于许多持“一日为师，终身为父”等传统观点的教师挑战不小，教师唯有积极学习先进的教育理论，并在自身行动中积极落实，才能有效应对挑战。

（二）寄宿制学校中家校合作的SWOT应对策略分析

1. 寄宿制学校中家校合作的SWOT矩阵（见表41）

表41　寄宿制学校中家校合作的SWOT矩阵

SWOT 矩阵	Strengths（优势）	Weaknesses（劣势）
Opportunities（机会）	S－O 策略	W－O 策略
Threats（挑战）	S－T 策略	W－T 策略

根据Houben等人的理论，在SWOT分析框架基础上可以形成S－O、W－O、S－T、W－T四种应对策略。[①] 其中，S－O策略是最佳的应对策略，能够最大限度整合寄宿制学校的内在优势以及来自国家、社会的支持。W－O策略主要是利用外部的机会改善寄宿制学校家校合作的现有发展困难，借助外力引领促进家校合作。S－T策略使用寄宿制学校在家校合作中的独特优势将可能面对的挑战降低到最低范围。W－T策略则是需要借助第三方应对策略的优势改善寄宿制学校劣势和外部存在的挑战所造成的“双重困境”，这就需要制定一个科学评估自身劣势和现有挑战，预测潜在危险和机会的应对策略。[②]

① Houben G.，Leniek，Vanhoof K. A Knowledge Based SWOT－analysis as an Instrument for Strategic Planning in Small and Medium Sized Enterprises［J］. Decision Support Systems，1999（2）：125－135.

② 马鸿雁，贺德亮．高职院校发展战略的SWOT分析［J］．西安建筑科技大学学报（社会科学版），2006（2）：81－85.

2. 寄宿制学校中家校合作的SWOT应对策略分析（表42）

表42 寄宿制学校中家校合作的SWOT应对策略分析矩阵

	优　势	劣　势
寄宿制学校中家校合作的SWOT应对策略分析矩阵	S_1促进低龄寄宿生形成家庭和学校生活认识，克服时空隔绝困境 S_2有助于家长与教师间建立“教育共同体” S_3激励寄宿制学校进行科学化改革	W_1家庭教育的边缘化 W_2寄宿制学校发展仍处于粗放阶段
机会	O_1寄宿制学校建设工程 O_2学生营养改善计划	$S_1S_2S_3O_1O_2$策略：整合内外部优势明确寄宿制学校与家庭合作目标 $W_1W_2O_1O_2$策略：结合寄宿制学校问题及国家在学校建设和学生营养改善进行法律制度建设
挑战	T_1家庭结构和生活方式变化 T_2信息化和民主化浪潮影响	$T_2S_1S_2$策略：使用现代信息技术，克服时空阻隔，建立家校合作平台 T_1S_2策略：结合现在家庭结果与生活方式变化，学习共同体的建立意愿，提高家长素养

三、家校合作的实施路径

在寄宿制学校中家校合作的SWOT应对策略分析矩阵的基础上，我们认为，寄宿制学校应该采用$S_1S_2S_3O_1O_2$策略、$W_1W_2O_1O_2$策略、T_1S_2策略、$T_2S_1S_2$策略构建家校合作的实施路径，具体应该从明确家校合作目的、法律制度的设计、家长素养的提升、合作平台的建立等四个方面加以实施。诸策略之间是一种有机联系、开放互动的关系，“以学生为本”是家校合作建立的重要前提，它指引着家校合作持续不断发展；形成系统的家校合作法律规范系统是家校合作的坚实保障；家长在教育子女、家校合作的意识、能力和方法等素养的提升是家校合作高质量的基础；以社交软件为依托的家校合作交流平台是家校合作实施系统的重要载体（如图 59）。

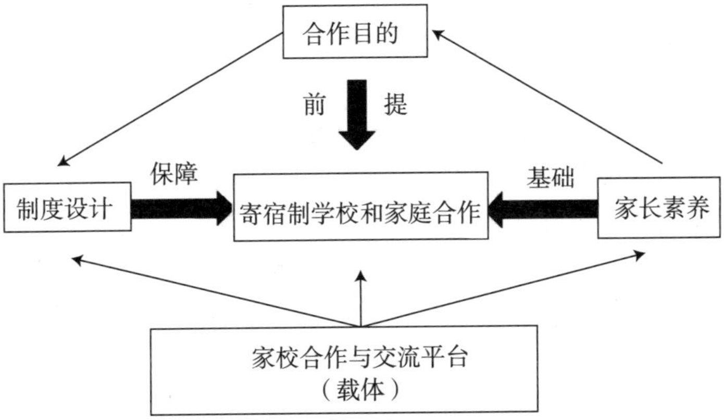

图 59　寄宿制学校与家庭合作实施路径要素关系图

（一）明确合作目的

家庭和学校应该“以学生的发展”作为共同认可和追求的目标，这是家庭与学校之间进行交流与合作的基础，有效地改善长久以来形成的以利益关系的疏密程度衡量和参与家校合作的思维方式和价值追求，将家校合作立足点和落脚点拓展到学生的长远发展上，将利益关系主导的价值取向拓宽为对生命本真追求的宏大目标上。将“以人为本”作为教育活动的中心，无论是家庭教育、学校教育还是家校合作都必须遵守和坚持这一先在前提。具体到寄宿制学校实施家校合作而言，一方面，要求学校按照“以人为本”的目的对寄宿制学校进行总体规划，其中包括基础设施建设、教室布置、儿童学校生活安排等方方面面都应该体现人本关怀，突出对低龄寄宿生无微不至的关心和爱护；另一方面，家长应该把儿童发展作为一个伟大的事业来看待，虽然儿童长期寄宿学校，但是家长对于儿童的关心与呵护都应该在任何有条件的情况下充分表现，积极加强和学校之间沟通交流，努力为学校解决儿童问题提供支持和帮助，协助学校的基本工作为儿童发展“保驾护航”。在时间允许条件下，定期或不定期到寄宿制学校看望儿童，为其提供积极的心理支持，让低龄寄宿儿童尽快适应寄宿生活。

（二）完善制度设计

依据制度学派的观点，人类社会实践需要通过以制度为纽带来调节社会中的各种关系，学校教育作为重要的社会实践，也需要制度进行调节以实现学校组织与其他组织或群体之间的协调发展。世界许多国家在完善家校合作之间的理论和实践的成功尝试已经证实，以法律制度明确教师、家长、寄宿学校之间在合作交流过程中的权利和义务是提高家校合作的有效方式。例如，美国著名的《不让一个孩子掉队》法案对联邦政府支持下的学校家庭与学校合作进行了明确规定，要求二者合作的具体形式必须以书面化形式，在双方平等自愿的前提下落实。① 反观我国家庭与学校之间进行积极合作与交流虽然已经得到了广泛共识，但是由于没有具体制度为保障，家校合作随意性和差异性在各个学校之间差异较大，各校之间怎样开展家校合作、家校合作的具体形式全凭该校教师和领导班子决定。同时，教育行政部门对家校合作的开展情况亦没有列入学校的考评体系。究其原因，我国关于家校合作的具体法律制度还不健全，现有文件中对家庭与学校合作的关系定位指出“家庭应该积极配合学校进行教育教学”，显然家庭教育相较于学校教育来说，属于学校教育的组成部分和附庸，家庭教育在这一过程中的权利、义务和责任等边缘化程度严重，家长在家校合作话语系统中处于弱势地位，话语权大大减弱，家庭与学校失去了平等对话的地位，家校之间合作异化为学校主导下的合作。因此，完善家校合作应该从法律制度的建立，作为深入推进家校合作的立足点和落脚点，在此基础上与国家的寄宿制学校相关政策协调配合，针对不同地方经济社会发展的实际情况，各级政府在制定和细化具体的政策法规，形成一整套联系紧密、体系完整的家校合作制度设计。

（三）提高家长素养

由于资源交换的弱关系依赖，家庭在家校合作中长期处于弱势地位，家庭总是被动的以学校安排的任务和具体工作作为家校合作的“动力触发源”，家庭很少主动以具体形式对学校要求。一方面，很多家长还没有建立家校合作的意识，导致家庭不可能主动去向学校提出要求，进行交流合作；另一方面，更多家长还不具备进行有效家校合作的能力和方法，即使家长主动想与学校进行交流沟通由于能力与方法的欠缺，很多情况下这种想法都落空“在行动的路上”。家长是家校合作的重要一方。因此，提高家长在教育子女与学校沟通交流的意识、能力和方法意义重大。对于这一问题的解决方式长久地依赖通过建立家长学校，即以制度化的教育方式对家长进行教育意识、能力和方法的系统教授，诸多的实践过程已经证明其收效甚微。原因在于，成年人的思维方式和社

① 杨晓，李松涛．基于共生理念的家校合作改革构想［J］．教育科学，2013（5）：14－18.

会角色，制度化的教育不是进行成人教育的有效方式，成人极强的学习调控机制和目的性，说明成人学习应该以非制度化的自我教育为主，学习以具体问题的解决为目的。所以，对于家长的教育应该改变过程的教育模式，以家长的自我教育为主体，针对家长遇到的具体问题建立积极的社会支持教育系统做辅助，积极为家长教育子女，投身家校合作过程创造条件。

（四）建立家校合作平台

“科技是把双刃剑”，在现代信息技术为寄宿制学校实施家校合作带来挑战的同时，也给家庭与学校之间创建新型沟通合作关系提供机会。一方面，随着智能手机等通信工具的普及，人人有手机，在云南民族贫困地区也能基本达到每个家庭最少一部手机，以手机为载体的社交软件 APP 将为建立家校合作平台提供有效支持；另一方面，云南民族贫困地区地形复杂，寄宿制学校离学生家普遍较远，学生和家长往返家庭和学校都需要花费很长时间在路上，空间上的距离则可以依托现代技术进行解决。利用博客、微信、QQ、BBS、RSS、Tag 等深度挖掘与开发，建立家校合作平台具有理论的可行性和现实的需求性。[①] 家校合作平台的设计应该秉持结合用户个性化特点、突出用户参与和体验特点的设计理念。在具体设计中要做到对用户进行具体分类，交流内容专题化设置，使用方式灵活便捷的基本原则。同时，家校合作平台应该有特色鲜明的功能模块，灵活多样的交流互动，开放动态的资源共享，及时有效的问题解决、思考积累的叙事反思，以博客、论坛、文件、图片和书签等形式进行多方位呈现。

① 岳盼盼．基于社会性软件的小学家校合作平台研究［D］．重庆：西南大学，2009.

参考文献

一、著作类

1. 王绪池．寄宿制学校管理［M］．重庆：重庆大学出版社，2013.

2. 高秀叶，吴卫红．教育经济学［M］．北京：中国人民大学出版社，2013.

3. 辛治洋，张志华．教育科学研究方法与案例［M］．合肥：中国科技大学出版社，2012.

4. 卢家相．教育科学研究方法［M］．上海：上海教育出版社，2012.

5. 米俊魁．高等教育教学研究［M］．呼和浩特：内蒙古出版集团内蒙古人民出版社，2012.

6. 王思斌．中国社会工作研究［M］．北京：社会科学文献出版社，2012.

7. 焦正国，胡廷俊，杨昌华，付铁铮．改进中小学寄宿制学校管理和学生资助的探索与实践［M］．昆明：云南大学出版社，2011.

8. 邵光华，仲建维，郑东辉．基础教育优质均衡发展研究［M］．杭州：浙江大学出版社，2011.

9. 范先佐．人口流动背景下的义务教育体制改革［M］．北京：中国社会科学出版社，2011.

10. 于晓君，马晓萍，樊晓燕．校园安全防范指南：学校安全教育读本［M］．北京：中国法制出版社，2011.

11. 林岩．班主任工作的策略与艺术［M］．北京：教育科学出版社，2011.

12. 沈信民．学校激励管理论［M］．重庆：重庆大学出版社，2011.

13. 任顺元．学校特色与特色学校建设［M］．杭州：浙江大学出版社，2010.

14. 丹尼尔·U. 莱文，瑞依娜·F. 莱文．教育社会学［M］．郭峰，黄雯，郭菲，译．北京：中国人民大学出版社，2010.

15. 蔡岳建．家庭教育引论［M］．合肥：安徽教育出版社，2010.

16. 辛治洋. 道德判断与道德教育［M］. 合肥：安徽人民出版社，2010.

17. 王思斌. 社会工作实务（初级）［M］. 北京：中国社会出版社，2010.

18. 王道俊，郭文安. 教育学［M］. 北京：人民教育出版社，2009.

19. 范先佐. 中国中西部地区农村中小学合理布局结构研究：基于对中西部地区6省区38个县市177个乡镇的调查分析［M］. 北京：中国社会科学出版社，2009.

20. 邱孝感. 少先队辅导员［M］. 福州：海峡文艺出版社，2009.

21. 陈亚莉. 校本管理与学校权责［M］. 天津：天津教育出版社，2009.

22. 缪建东. 家庭教育学［M］. 北京：高等教育出版社，2009.

23. 檀传宝. 问题与出路——若干德育问题的调查与专题研究［M］. 杭州：浙江教育出版社，2009.

24. 冯成志，贾凤芹. 社会科学统计软件SPSS教程［M］. 北京：清华大学出版社，2009.

25. 威尔逊. 道德教育新论［M］. 杭州：浙江教育出版社，2009.

26. 李志凯. 中小学心理健康教育［M］. 北京：国防工业出版社，2009.

27. 姚本先，伍新春. 学生心理健康教育［M］. 北京：中国轻工业出版社，2008.

28. 唐汉卫. 现代学校道德教育问题与思索［M］. 济南：山东教育出版社，2008.

29. 休谟. 道德研究原则［M］. 北京：商务印书馆，2008.

30. 朱小蔓. 基础教育阶段现代学校制度的理论与实验研究［M］. 北京：教育科学出版社，2008.

31. 仇忠海. 上海市七宝中学学校核心制度建设［M］. 上海：上海社会科学院出版社，2008.

32. 道格拉斯·C. 诺斯. 制度、制度运行与经济绩效［M］. 杭行，译. 上海：上海三联书店，2008.

33. 吴志宏. 新编教育管理学［M］. 上海：华东师范大学出版社，2008.

34. 赵健. 学习共同体的建构［M］. 上海：上海教育出版社，2008.

35. 陆士桢. 儿童青少年社会工作［M］. 北京：高等教育出版社，2008.

36. 张向葵，李力红. 青少年心理学［M］. 长春：东北师范大学出版社，2007.

37. 孙忠生，等. 农村九年一贯制（寄宿制）学校管理研究［M］. 上海：华东师范大学出版社，2007.

38. 甘肃省“两基”攻坚领导小组办公室. 寄宿制学校管理理论与实践

[M]. 兰州：兰州大学出版社，2007.

39. 郑杰. 课程管理手册 [M]. 上海：上海科技教育出版社，2007.

40. 俞国良，戴斌荣. 基础心理学 [M]. 武汉：武汉大学出版社，2007.

41. 孙晓云. 教育从尊重开始 [M]. 南京：江苏教育出版社，2007.

42. 风笑天. 社会研究方法 [M]. 北京：高等教育出版社，2007.

43. 张新平. 教育管理实践个案研究：实地研究方式 [M]. 上海：上海教育出版社，2007.

44. 刘晓明. 小学班主任专业成长 [M]. 长春：东北师范大学出版社，2007.

45. 周宗奎. 青少年心理发展与学习 [M]. 北京：高等教育出版社，2007.

46. 王雁. 学校教育与学生健康 [M]. 北京：教育科学出版社，2006.

47. 杜威. 杜威文选 [M]. 徐纪亮，译. 北京：社会科学文献出版社，2006.

48. 朱俊杰，杨昌江. 民族教育与民族文化发展研究 [M]. 长沙：湖南教育出版社，2006.

49. 周金良. 教育学 [M]. 上海：上海教育出版社，2006.

50. 约翰·杜威. 学校与社会·明日之教育 [M]. 赵祥麟，等，译. 北京：人民教育出版社，2006.

51. 马联芳. 60 个校长的智慧谈话 [M]. 上海：上海教育出版社，2005.

52. 原青林. 解释英才教育的秘密：英国公学研究 [M]. 哈尔滨：黑龙江人民出版社，2005.

53. 方建移，何伟强. 家庭教育与儿童社会性发展 [M]. 杭州：浙江教育出版，2005.

54. 廖其发. 中国农村教育问题研究 [M]. 成都：四川教育出版社，2005.

55. 阎德明. 现代学校管理学 [M]. 北京：人民教育出版社，2005.

56. 宋希仁. 西方伦理思想史 [M]. 北京：北京大学出版社，2004.

57. 杨慧敏. 美国基础教育 [M]. 广州：广东教育出版社，2004.

58. 叶澜. 全球化、信息化背景下的中国基础教育改革研究报告集 [M]. 上海：华东师范大学出版社，2004.

59. Thomas J. Zirpoli. 学生行为管理——教师应用指南（第四版）[M]. 罗良，译. 刘儒德审校. 北京：中国轻工业出版社，2004.

60. 冯观富，王大延，陈东升，等. 儿童偏差行为的辅导与治疗 [M]. 北京：世界图书出版公司，2003.

61. 吉登斯. 社会学 [M]. 北京：北京大学出版社，2003.

62. 鲍曼. 共同体 [M]. 欧阳景根，译. 南京：江苏人民出版社，2003.

63. 关鸿羽．教育就是培养习惯：养成教育［M］. 北京：新世界出版社，2003.

64. 马斯洛．马斯洛人本主义哲学［M］. 成明，编译．北京：九州图书出版社，2003.

65. 吴遵民．当代社区教育新视野——社区教育理论与实践的国际比较［M］. 上海：上海教育出版社，2003.

66. 培根．培根论人生［M］. 何新，译．西安：陕西师范大学出版社，2003.

67. 诧摩武俊．性格与人生［M］. 上海：上海科学普及出版社，2003.

68. 朱智贤．儿童心理学［M］. 北京：人民教育出版社，2003.

69. 吴康宁．教育社会学［M］. 北京：人民教育出版社，2003.

70. 赵忠心．中国家庭教育五千年［M］. 北京：中国法制出版社，2003.

71. 郑杭生．社会学概论新修（第三版）［M］. 北京：中国人民大学出版社，2003.

72. 沙莲香．社会心理学［M］. 北京：中国人民大学出版社，2002.

73. 张新平．教育组织范式论［M］. 南京：江苏教育出版社，2002.

74. 吴志宏．学校管理理论与实践［M］. 北京：北京师范大学出版社，2002.

75. 萧宗六．学校管理学［M］. 北京：人民教育出版社，2002.

76. 陆建华．中国社会问题报告［M］. 北京：石油工业出版社，2002.

77. 白芸．质的研究指导［M］. 北京：教育科学出版社，2002.

78. 班杜拉．思想和行动的社会基础——社会认知论［M］. 上海：华东师范大学出版社，2001.

79. 王海明．新伦理学［M］. 北京：商务印书馆，2001.

80. 唐凯麟．伦理学［M］. 北京：高等教育出版社，2001.

81. 吴德刚．中国西部大开发——西部教育［M］. 北京：中共中央党校出版社，2001.

82. 杜育红．教育发展不平衡研究［M］. 北京：北京师范大学出版社，2001.

83. 马忠虎．家校合作［M］. 北京：教育科学出版社，2001.

84. 吴志宏等主编．新编教育管理学［M］. 上海：华东师范大学出版社，2000.

85. 马戎．中国农村教育问题研究［M］. 福州：福建教育出版社，2000.

86. 刘云彬．学校生活社会学［M］. 南京：南京师范大学出版社，2000.

87. 金东海．少数民族教育政策研究［M］．兰州：甘肃教育出版社，2000.

88. 柯武刚·史漫飞．制度经济学——社会秩序与公共政策［M］．韩朝华，译．上海：商务印书馆，2000.

89. 吴志宏．新编教育管理学［M］．上海：华东师范大学出版社，2000.

90. 马戎，龙山．中国农村基础教育问题研究［M］．福州：福建人民出版社，1999.

91. 靳希斌．教育经济学［M］．北京：人民教育出版社，1997.

92. 樊纲．渐进改革的政治经济学分析［M］．上海：上海远东出版社，1996.

93. 联合国教科文组织总部中文科译．教育：财富蕴藏其中［M］．北京：教育科学出版社，1996.

94. 联合国教育文组织国际教育发展委员会．学会生存——教育世界的今天和明天［M］．北京：教育科学出版社，1996.

95. 林崇德．发展心理学［M］．北京：人民教育出版社，1995.

96. 瞿葆奎．教育学文集·英国教育改革［M］．北京：人民教育出版社，1993.

97. 朱新春．青少年生理与心理［M］．上海：上海教育出版社，1993.

98. 王耘，叶忠根，林崇德．小学生心理学［M］．杭州：浙江教育出版社，1993.

99. 周南照．教育管理［M］．北京：教育科学出版社，1992.

100. 苏霍姆林斯基．怎样培养真正的人［M］．北京：教育科学出版社，1992.

101. 福禄培尔．人的教育［M］．北京：人民教育出版社，1991.

102. 雅思贝尔斯．什么是教育［M］．邹进，译．北京：生活·读书·新知：三联书店，1991.

103. 罗恒星，曾中辉，刘传贤．家庭教育［M］．成都：成都科技大学出版社，1991.

104. 杰·阿基比鲁．教育哲学导论［M］．董占顺，等，译．北京：春秋出版社，1989.

105. 约翰·罗尔斯．正义论［M］．何怀宏，等，译．北京：中国社会科学出版社，1988.

106. 费孝通．江村经济：中国农民的生活［M］．南京：江苏人民出版社，1986.

107. 裴娣娜，胡厚福，申振信．谈小学生家庭教育［M］．北京：北京师范大学出版社，1986.

108. 皮亚杰．儿童的道德判断［M］．傅统先，译．济南：山东教育出版社，1984.

二、期刊类

1. 白亮．关于西北民族地区寄宿制学校办学若干问题的思考［J］．当代教育与文化，2009（5）.

2. 白芸．学校社会工作：青少年健康成长的重要保障［J］．新德育：思想理论教育综合版，2005（10）.

3. 曹列文．试论学校制度建设的归属［J］．科教文卫，2007（1）.

4. 常志强．农村寄宿制小学养成教育的思考［J］．河北教育，2007（7）.

5. 陈关林．寄宿制学校学生管理的问题与对策［J］．贵州教育，2009（20）.

6. 陈佳，曾富生，陈瑶，孙强，张海燕．学校社会工作介入农村寄宿制小学的探讨［J］．赤峰学院学报（科学教育版），2011（9）.

7. 陈建林．如何做一名合格的生活教师［J］．读与写，2014（1）.

8. 陈如平．现代学校制度的基本特性［J］．人民教育，2004（21）.

9. 陈润，汤艳．某地区农村寄宿制小学生膳食调查分析［J］．泸州医学院学报，2009（32）.

10. 陈帅．农村寄宿制小学生生活指导的问题与对策研究［J］．广西教育学院学报，2012（1）.

11. 陈卫洪．农村寄宿制学校存在问题分析［J］．贵州教育学院学报，2009（7）.

12. 程代娟，陶芳标．安徽省农村寄宿制学校学生伤害发生情况［J］．中国学校卫生，2008（9）.

13. 迟希新．留守儿童道德成长问题的心理社会分析［J］．教师教育研究，2005（6）.

14. 戴育红．小学生学习适应性的研究［J］．教育期刊，1997（1）.

15. 邓达．个体道德叙述与儿童道德成长［J］．教育评论，2006（2）.

16. 邓悦．农村寄宿制小学建设的探索与思考［J］基础教育，2007（2）.

17. 丁步洲．农村寄宿制小学如何解决内部管理问题［J］．中小学管理，2009（6）.

18. 丁若沙．公退民进：农村私立小学的兴起［J］西安文理学院学报（社会科学版），2007（4）.

19. 董世华. 寄宿制学校：实现山区县域义务教育均衡发展的最佳选择[J]. 现代教育管理. 2011 (10).

20. 董世华. 我国农村寄宿制学校发展趋势及特征的实证分析 [J]. 现代教育管理，2013 (3).

21. 杜春凤，张卫东. 中小学环境教育的几个特点 [J]. 外国中小学教育，1997 (2).

22. 杜育红. 农村寄宿制学校：成本构成的变化与相关的管理问题 [J]. 人民教育，2006 (23).

23. 范芳. 欠发达地区的亲子教育缺失与问题 [J]. 教育评论，2001 (3).

24. 范国睿. 政府、社会、学校——基于校本管理理念的现代学校制度设计 [J]. 教育发展研究，2005 (1).

25. 范先佐，曾新. 农村中小学布局调整必须慎重处理的若干问题 [J]. 河北师范大学学报 (教育科学版)，2008 (1).

26. 范先佐. 布局调整后的寄宿制学校建设问题 [J]. 教育管理，2007 (12).

27. 方怀胜. 中小学生的学校适应及教师的指导 [J]. 北京教育学院学报，2003 (9).

28. 高德峰. 浅谈寄宿制学校的养成教育 [J]. 读与写杂志，2010 (4).

29. 高敬波. 浅谈农村寄宿制学校的管理 [J]. 黑河教育，2012 (3).

30. 高述涛. 新时期的学校制度建设与科学管理 [J]. 教学与管理，2006 (8).

31. 谷生华，彭涛，等. 西部农村基础教育重组应一步到位——关于西部农村基础教育寄宿制学校建设的调查与思考 [J]. 教育发展研究，2006 (3).

32. 韩登亮，车丽娜. 理性与伦理双重规约中的学校制度建设 [J]. 中国教育学刊，2009 (1).

33. 韩章应. 学校制度的执行原则 [J]. 教育杂志，2008 (5).

34. 郝杰. 农村寄宿制学校的管理 [J]. 河北教育，2008 (7).

35. 何福祥. 农村寄宿制小学管理之我见 [J]. 小学教学参考 (综合)，2010 (11).

36. 何卓. 对我国农村中小学布局调整的思考 [J]. 教育发展研究，2008 (1).

37. 侯怀银，焦佩婵. 山区寄宿制小学发展的现状和方向——方山县寄宿制小学发展状况调研 [J]. 山西教育，2007 (2).

38. 侯佳. 我国农村寄宿制学校的利弊权衡 [J]. 科教纵横，2009 (4).

39. 胡传双. 农村寄宿制小学影响学生发展的问题和对策 [J]. 现代中小学教育, 2009 (5).

40. 黄春芳. 让德育活动少一些形式, 多一些实效 [J]. 思想理论教育, 2011 (2).

41. 黄汉如, 罗增雄. 关于中小学校布局的调整 [J]. 当代教育论坛, 2006 (3).

42. 黄美蓉. 学生自主管理中的几个不等式 [J]. 中小学管理, 2003 (6).

43. 贾建国. 农村寄宿制学校建设分析: 制度互补性的视角 [J]. 教育发展研究, 2009 (7).

44. 江光荣. 适应和发展人生的两大基本任务 [J]. 华中师范大学学报(哲社版), 1995 (6).

45. 焦建. 合格家长素质简论 [J]. 中华女子学院学报, 1998 (2).

46. 金沙. 校长与学校制度建设之题 [J]. 江苏教育研究 (理论版), 2008 (7).

47. 孔齐超. 农村寄宿制学校管理初探 [J]. 基础教育研究, 2012 (5).

48. 黎承. 乡镇寄宿制中小学校火灾隐患及对策 [J]. 广西师范学院学报(哲学社会科学版), 2007 (7).

49. 李传红. 现代学校制度建设的路径选择 [J]. 教育探索, 2009 (5).

50. 李德雨. 初探小学寄宿生心理健康教育 [J]. 都市家教, 2011 (3).

51. 李继星. 现代学校制度初论 [J]. 教育研究, 2003 (12).

52. 李家成. 对"新基础教育"学校制度建设的文化透析 [J]. 教育科学研究, 2005 (1).

53. 李建华. 对于农村寄宿制学校管理的探索 [J]. 现代阅读, 2011 (2).

54. 李茂林. 高效而坚实的跨越——安化县调整中小学校布局解秘 [J]. 湖南教育, 2003 (19).

55. 李自天, 王军. 寄宿制学校管理实践的探索 [J]. 吉林教育 (现代校长), 2006 (5).

56. 李宗武. 农村寄宿制小学如何培养学生良好的行为习惯 [J]. 育人经纬, 2010 (5).

57. 梁朝辉, 杨杰军, 吴云娟. 爱与责任, 护佑低龄寄宿生——广西龙胜各族自治县低龄小学生寄宿制管理纪实 [J]. 中国民族教育, 2005 (5).

58. 梁宇文. 农村寄宿制小学办学初探 [J]. 基础教育研究, 2011 (4).

59. 廖发桥, 鲁蓉. 建设农村寄宿制学校的三要素 [J]. 湖北教育, 2007 (3).

60. 廖盛猛．浅谈农村寄宿制学校学生自理能力的培养［J］．广西教育，2010（5）．

61. 林萍华．生活指导教师专业化建设的思考与实践［J］．中小学校长，2008（7）．

62. 林样．寄宿制小学：农村教育资源优化配置的好形式［J］．人民教育，2005（2）．

63. 凌昌猛，兰新铁．当前农村寄宿制学校存在的问题及对策［J］．小学教学参考，2006（1）．

64. 刘芬．农村寄宿制学校建设工程实施对策［J］．现代商贸工业，2009（11）．

65. 刘媚．农村寄宿制小学师资问题探析——以昆明市为例［J］．黑河学刊，2012（1）．

66. 刘胜梅．浅谈家庭道德教育和青少年道德行为习惯养成［J］．重庆工业高等专科学报，2005（2）．

67. 刘速．观念是行动的先导［J］．湖北教育（时政新闻），2006（3）．

68. 刘欣．农村中小学布局调整与寄宿制学校建设［J］．教育与经济，2006（1）．

69. 刘亚轩．国外小学安全教育及其启示［J］．教学与管理，2010（2）．

70. 刘衍玲，臧原，张大均．家校合作研究述评［J］．心理科学，2007（3）．

71. 刘玉兰，彭华民．儿童抗逆力：一项关于流动儿童社会工作实务的探讨［J］．华东理工大学学报，2012（3）．

72. 卢鸿芳．略谈农村中小学寄宿制学校的安全管理［J］．中小学校长，2010（6）．

73. 罗俊丽．科尔伯格道德教育理论及其对中国道德教育的启示［J］．思想道德教育，2008（2）．

74. 吕耀怀．道德建设：从制度伦理、伦理制度到德行伦理［J］．学习与探索，2000（1）．

75. 马怀德，褚宏启，等．现代学校制度七人谈［J］．人民教育，2004（17）．

76. 孟爱玉．不同教养方式对农村“留守儿童”心理、道德成长的影响［J］．郑州航空工业管理学院学报，2011（3）．

77. 牛泉．我国农村寄宿制学校现状分析与对策思考［J］．教育理论与实践，2009（5）．

78. 庞丽娟，韩小雨．我国农村义务教育教师队伍建设：问题及其破解［J］．教育研究，2006（9）．

79. 庞丽娟．当前我国农村中小学布局调整的问题、原因与对策［J］．教育发展研究，2009（6）．

80. 彭波．湖南民族地区义务教育质量问题与对策探析［J］．教育探索与实践，2008（1）．

81. 起琼秀．寄宿制学校班主任工作的几点感悟［J］．课程教材教学研究（小教研究），2013（9）．

82. 任运昌．寄宿制学校建设给家长带来了什么？［J］．中小学管理，2006（11）．

83. 沈辉香．农村留守儿童的成长迫切需要父母的关心［J］．当代教育论坛，2005（5）．

84. 宋建东．浅谈寄宿制学校的管理［J］．教育改革与实践，2012（8）．

85. 宋世兵，彭小满．关注农村寄宿制学校校园安全［J］．湖南教育，2005（12）．

86. 孙百才，常宝宁．西部农村义务教育实施“两免一补”的政策效应分析［J］．教育与经济，2008（3）．

87. 孙凤，白丽辉．小学生的心理应激与适应［J］．教育探索，2001（12）．

88. 孙战民，陈鹏．农村寄宿制学校安全管理的基本原则［J］．教学与管理，2006（7）．

89. 唐振柱．广西农村寄宿制学校饮用水卫生安全状况分析［J］．中国学校卫生，2008（7）．

90. 田国秀，曾静．关注抗逆力：社会工作理论与实务领域的新走向［J］．中国青年政治学院学报，2007（1）．

91. 田慧生，李继星，等．现代学校制度建设的价值取向［J］．人民教育，2002（2）．

92. 王阿莉．加强农村义务教育经费保障机制的审计监督［J］．现代审计与经济，2006（5）．

93. 王本陆．学校制度建设的伦理基础与基础教育课程改革［J］．教育研究，2004（7）．

94. 王粉东．寄宿制小学学生心理问题及对策［J］．中国农村教育，2011（12）．

95. 王海英．西部农村寄宿制小学：问题与对策［J］．湖南师范大学教育科学学报，2011（5）.

96. 王吉河．浅谈寄宿制学校后进生的思想教育［J］．教育革新，2009（4）.

97. 王建梁．民主与法制下的加拿大中小学布局调整［J］．教育理论与实践，2012（3）.

98. 王鉴．西部民族地区教育均衡发展的新战略［J］．民族研究，2004（4）.

99. 王景，张定强．当前我国农村义务教育阶段寄宿制学校发展的问题研究［J］．教育科学，2010（6）.

100. 王可，陈恩伦．山区民族寄宿制学校发展的制度保障研究［J］．民族教育研究，2007（5）.

101. 王立．共同体之辨［J］．人文杂志，2013（9）.

102. 王莉．农村寄宿制小学生情感关怀研究［J］．内蒙古师范大学学报（教育科学版），2011（12）.

103. 王良．家庭教育特点与家庭德育优势［J］．青年探索，2004（5）.

104. 王攀峰．试论现代教学活动的基本特征［J］．中国教育学刊，2006（6）.

105. 王蓉．我国义务教育投入之公平性研究［J］．经济学，2003（2）.

106. 王婷婷，等．一个被忽视的现象［J］．中国统计，2012（4）.

107. 王先哲，于艺偎．西部少数民族地区学校布局调整与寄宿制学校建设现状、问题与建议［J］．中国教师，2009（3）.

108. 王小棉．略论自我适应与适应环境［J］．教育研究与实验，1999（3）.

109. 王艳东，王慧娟．农村寄宿制小学的现状分析［J］．学校管理策略，2006（11）.

110. 王叶婷．“新基础研究”中推进学校制度重建［J］．基础教育，2009（4）.

111. 王远伟，杜育红．义务教育办学条件评价指标体系构建与应用研究［J］．教育发展研究，2013（2）.

112. 王远伟．农村寄宿制中小学的问题与思考——以内蒙古三个旗为例［J］．新课程研究（教育管理），2007（3）.

113. 魏国清．山区寄宿制小学的家庭教育［J］．河北教育，2006（6）.

114. 沃建成．关于学校布局调整可持续发展问题的思考［J］．当代教育论坛，2007（9）.

115. 邬志辉，史宁中．农村学校布局调整的十年走势与政策议题［J］．教育研究，2011（7）．

116. 吴宏超．农村中小学布局调整的困境与出路［J］．华中师范大学学报（人文社会科学版），2007（3）．

117. 吴华．从现代专业制度到现代学校制度——对浙江现代学校制度实践的理性思考［J］．浙江大学学报，2004（1）．

118. 吴鹏，秦冠英．就近入学原则与农村教育改革［J］．行政管理改革，2012（9）．

119. 吴庆国．刍议农村寄宿制小学建设［J］．黑龙江教育学院学报，2011（3）．

120. 吴天赐．提升农村寄宿制学校办学效益［J］．基础教育，2007（4）．

121. 吴伟．学校制度建设的思考与实践［J］．辽宁教育，2006（9）．

122. 吴昕．论学校制度建设中的人文因素［J］．辽宁教育学院学报，2002（11）．

123. 吴云霞．主题性大单元教育与儿童道德成长［J］．中国德育，2006（3）．

124. 伍小兵，等．校长如何用制度建设引领教师专业发展［J］．教学与管理，2008（6）．

125. 武海英．农村寄宿制小学儿童心理发展状况调研报告［J］．河北北方学院学报（社会科学版），2011（8）．

126. 武汉市《流动人口研究》课题组，严福梅．武汉市流动人口义务教育情况调查［J］．学习与实践，1996（5）．

127. 肖登银．农村寄宿制小学：问题及对策［J］．中小学管理，2008（9）．

128. 肖长谦，张斌．国贫县农村寄宿制学校建设的调查与思考［J］．民族教育，2007（4）．

129. 新阳，王一涛．农村中小学布局调整中的寄宿制学校分析——以广西荔浦县为案例分析［J］．高等函授学报：哲学社会科学版，2008（1）．

130. 徐建平．现代学校制度研究述评［J］．上海教育科研，2005（7）．

131. 徐瑞．学校规章制度的现实问题及发展走向［J］．教学与管理，2002（7）．

132. 薛文龙．农村寄宿制学校管理中的困难与对策［J］．山西教育，2006（7）．

133. 闫广芬，苌庆辉．美国学校社会工作体系架构及其启示［J］．外国教育研究，2008（4）.

134. 严鸿和，朱霞，寄宿制学校对农村“留守儿童”教育影响的调查［J］. 现代中小学教育，2006（1）.

135. 杨东平. 对建国以来我国教育公平问题的回顾和反思［J］. 北京理工大学学报（社会科学版），2000（4）.

136. 杨奉先. 关于农村寄宿制学校建设的调研与思考［J］. 安徽教育，2006（10）.

137. 杨卉. 浅析农村寄宿制学校中人文关怀的缺失［J］. 知识经济，2010（5）.

138. 杨今宁. 农村寄宿制小学办学存在的问题及对策［J］. 教育理论与实践，2012（9）.

139. 杨雪梅. 小学生的师生关系状况与其孤独感的关系研究［J］. 西南民族学院学报，2002（5）.

140. 杨延宝. 当前农村小学布局调整存在的问题及思考［J］. 教育改革，2004（3）.

141. 杨兆山，杨清溪. 农村义务教育阶段标准化寄宿制学校建设的思考［J］. 教育科学，2007（6）.

142. 姚永福. 刍议教育机会公平的体制性问题［J］. 国务院发展研究中心科学决策，2005（5）.

143. 姚姿如. 丰富农村寄宿制学校生活的思考［J］. 东北师大学报（哲学社会科学版），2011（3）.

144. 叶敬忠，潘璐. 农村寄宿制小学生情感世界研究［J］. 教育科学研究，2007（9）.

145. 叶敬忠，潘璐. 农村小学寄宿制问题及有关政策分析［J］. 中国教育学刊，2008（2）.

146. 易晓明. 秩序感是儿童道德成长的重要情感资源［J］. 学前教育研究，2008(3).

147. 尹廷杰. 农村寄宿制小学发展刍议［J］. 甘肃教育，2010（10）.

148. 于海波. 农村学校布局调整要警惕辍学率反弹［J］科教天地，2009（16）.

149. 袁桂林. 农村寄宿制学校的问题及解决策略［J］. 中小学管理，2009（6）.

150. 原青林. 英国公学的寄宿制［J］. 外国中小学教育，2004（6）.

151. 源秋. 学校规章制度建设存在的问题与对策［J］. 教学与管理，2003

(4).

152. 翟月．我国农村寄宿制学校生活教师存在的问题及原因分析［J］．学理论，2011（7）.

153. 张兵．寄宿制中小学生课余活动安排的思考［J］．革新教育，2011（10）.

154. 张传武．农村寄宿制学校办学模式新探索［J］．人民教育，2006（23）.

155. 张国立．农村寄宿制学校存在问题的探讨——以怀化沅陵县太常乡为例［J］．怀化学院学报，2009（3）.

156. 张今声．论人本管理［J］．江西财经大学学报，2000（3）.

157. 张丽锦，沈杰．寄宿制与非寄宿制学校初中生心理健康状况比较［J］．中国特殊教育，2009（5）.

158. 张民生．现代学校制度建设——现代高中学校发展的创新［J］．上海教育，2004（1）.

159. 张宁娟．科尔伯格道德发展理论及其对预防留守儿童道德成长问题的启示［J］．外国教育研究，2008（9）.

160. 张萍．学校内部管理制度建设的思考与实践［J］．当代教育科学，2008（12）.

161. 张仕琼．农村留守儿童与父母在家儿童个性比较研究［J］．四川教育学院学报，2006（12）.

162. 张婷，周谊．试论英国公学对学生非智力因素的培养［J］．世界教育信息，2006（8）

163. 张耀庭．寄宿制对小学生社会化的影响探析［J］．教学与管理，2013（2）.

164. 赵海龙．农村寄宿制学校培养学生“四个学会”［J］．宁夏教育科研，2009（4）.

165. 赵华明．寄宿制学校亟需培养学生五种意识［J］．河北教育，2007（7）.

166. 赵洁．程序公正与教育公平［J］．学术界（双月刊），2006（4）.

167. 赵婧．浅谈英国公学寄宿制对我国农村教育的启示［J］．科学教育，2010（16）.

168. 赵彦俊．农村中小学布局调整问题及改进建议——美国的经验及启示［J］．教育发展研究，2008（21）.

169. 赵中建．建设学校制度与设计组织架构［J］．上海教育，2007（7）.

170. 郑复兴. 农村流动儿童道德成长的特点 [J]. 教育理论与实践, 2008 (9).

171. 智银利. 家校合作, 提高寄宿生心理适应能力 [J]. 山西教育, 2013 (3).

172. 中央教育科学研究所课题组. 贫困地区农村寄宿制学校学生课余生活管理研究——基于广西壮族自治区都安县、河北省丰宁县的调研 [J]. 教育研究, 2008 (4).

173. 周春兰, 吴艳妮. 寄宿制中学生心理健康状况调查与分析 [J]. 广东医学, 2009 (9).

174. 周宏英. 大力促进教育公平, 积极探索优质教育 [J]. 科学时代, 2013 (6).

175. 周楠楠. 现代教育科学·普教研究 [J]. 吉林教育, 2010 (2).

176. 周全德. 农村"空巢"学生问题的成因、特征及实质 [J]. 中国农村留守儿童社会支援行动研讨会, 2005 (5).

177. 周新安. 关于农村寄宿制小学建设的探索与实践 [J]. 中国校外教育中旬, 2009 (9).

178. 朱国材. 创办农村寄宿制学校好处多 [J]. 中小学管理, 1998 (12).

179. 朱敏, 陈润. 寄宿制小学卫生和健康状况的调查——四川省通江县正文小学个案分析 [J]. 现代中小学教育, 2006 (11).

180. 朱小蔓. 道德学习与脑培养 [J] 沈阳师范大学学报 (社会科学版), 2005 (2).

181. 邹泓. 同伴接纳、友谊与学校适应的研究 [J]. 心理发展与教育, 1997 (3).

三、学术论文类

1. 叶忠. 地方高师师范生教学技能培养现状研究——以四川三所高师院校为例 [D]. 成都: 四川师范大学, 2014.

2. 董世华. 我国农村寄宿制学校问题研究 [D]. 武汉: 华中师范大学, 2012.

3. 朱红霞. 西部民族地区寄宿制学校管理研究 [D]. 北京: 中央民族大学, 2012.

4. 邱杰. 农村留守儿童道德教育研究 [D]. 成都: 成都理工大学, 2012.

5. 姚杰. 农村寄宿制中学学生学校适应现状及对策研究——以襄汾县 J 中学为例 [D]. 重庆: 西南大学, 2012.

6. 薛媛．农村小学寄宿生与走读生发展状况比较研究——基于广西东兰县切学乡X小学的考察［D］．重庆：西南大学，2012.

7. 董世华．我国农村寄宿制学校问题研究［D］．武汉：华中师范大学，2012.

8. 端木晓薇．陕西省农村寄宿制小学学生生活管理的现状、问题及对策研究［D］．西安：陕西师范大学，2011.

9. 杨卉．农村寄宿制学校学生人文关怀问题研究［D］．武汉：华中师范大学，2011.

10. 杨晓红．农村寄宿制学校学生管理现状与对策研究——基于咸安区农村寄宿制初中学生管理的问卷调查［D］．武汉：华中师范大学，2011.

11. 谢林明．巴东县村级寄宿制小学学生管理研究［D］．武汉：华中师范大学，2011.

12. 侯佳．西部农村寄宿制学校发展现状与对策研究［D］．西安：陕西师范大学，2011.

13. 王迎娣．布局结构调整后农村寄宿制小学学生管理问题研究［D］．南京：南京师范大学，2011.

14. 杨晓红．农村寄宿制学校学生管理现状与对策研究［D］．武汉：华中师范大学，2011.

15. 夏敏．呼和浩特农村乡镇基础教育发展情况的调研报告［D］．呼和浩特：内蒙古师范大学，2010.

16. 张文慧．五原县农村寄宿制小学的管理研究［D］．呼和浩特：内蒙古师范大学，2010.

17. 张红伟．农村寄宿制学校建设问题研究［D］．武汉：华中师范大学，2010.

18. 王栋．内蒙古农牧区寄宿制学校课外活动现状及对策研究——以乌兰察布市为例［D］．重庆：西南大学，2010.

19. 储小庆．农村寄宿小学生学校适应问题及对策研究［D］．重庆：西南大学，2009.

20. 胡延鹏．农村寄宿制小学情感关怀缺失问题研究［D］．长春：东北师范大学，2009.

21. 翟月．我国农村寄宿制学校生活教师问题研究［D］．长春：东北师范大学．2009.

22. 颜苏勤．中职生抗逆力现状与提升的实证研究［D］．上海：上海师范大学硕士学位论文，2009.

23. 安静. 西北民族地区农村义务教育阶段贫困学生资助对学生就学影响的实证研究 [D]. 兰州：西北师范大学，2009.

24. 廖英丽. 美国农村中小学合并问题研究 [D]. 武汉：华中师范大学，2008.

25. 斯琴. 呼和浩特市农村中小学撤点并校现状调查研究 [D]. 呼和浩特：内蒙古师范大学，2008.

26. 何忠盛. 西部农村标准化学校建设中的资源优化研究 [D]. 成都：四川师范大学，2008.

27. 张瑛. 甘肃省民族地区农村寄宿制学校管理研究——基于甘肃省三个民族县的调查 [D]. 兰州：西北师范大学，2008.

28. 杨清溪. 义务教育阶段农村标准化寄宿制学校问题研究 [D]. 长春：东北师范大学，2008.

29. 吴峙云. 江西省寄宿制乡镇中心小学设计策略研究 [D]. 南昌：南昌大学，2007.

30. 雷学荣. 农村寄宿制小学内部管理问题研究 [D]. 桂林：广西师范大学，2007.

31. 刘先丽. 低龄寄宿对农村小学生社会化的影响 [D]. 长春：吉林大学，2007.

32. 许丽英. 教育资源配置理论研究缩小教育差距的政策转向 [D]. 长春：东北师范大学，2007.

33. 胡金莲. 云南少数民族、汉族小学生学校适应性状况及其影响因素的跨文化研究 [D]. 昆明：云南师范大学，2006.

四、外文类

1. Dorit Bar – Nir，Hillel Schmid. Psychosocial treatment and relations between children residential boarding school and their parents [J]. Child and Family Social Work. 2008：247 – 257.

2. Marlar. Brassard，Suhong Chen. Boarding Of Middle Class Toddlers In China [J]. Psychology in the schools. 2005：297 – 304.

3. Judith A. Dejong，Ph. D. and Stanley R. Holder，M. S. Indian Boarding Schools and the Therapeutic Residential Model Project [R]. American Indian and Alaska Native Mental Health Research. 2005.

4. Joy Schaverien：Boarding school. the trauma of the ‘privileged’ child [J]. Journal of Analytical Psychology，2004，49，683—705.

5. Mathew A. White. An Australian Co – educationl Boarding School：A Sociological Study of Anglo – Australian and Overseas Students' Attitudes from their own Memoirs [J]. International Education Journal Vol 5. No 1, 2004. 65 – 66.

6. DOH. Boarding National Minimum Standards for Boarding Schools [M]. London：TSO, 2002.

7. Hillel Schmid, Dorit Bar – Nir. The relationship Between Organizational Propertiesand Service Effectiveness inResidential Boarding School. Children and Youth Service Review, Vol. 23, No3, pp. 43 – 271, 2001.

8. Ladd, G. W. Kochenderfer, B. J., & Coleman, C. C. Friendship quality as a predictor of young children's early school adjustment. Child Development [M]. 1996. 1103 – 1118.

9. DeRosier, M. E., Kupersmidt, J. B., & Patterson, C. J. Children's academic and behavioral adjustment as a function of the chronicity and proximity of peer rejection. Child Development [M]. 1994. 1799 – 1813.

10. Barbara Kahan. Children Living Away form Home [J]. Children and Society. 1993：95 – 108.

11. Shirley Fisher, Norman Frazer, Keith Murry. Homesickness and Health in Boarding School Children [J]. Journal of Environmental Psychology (1986) 6, 35 – 47.

12. Martha Vicinus. Distance and Desire：English Boaring – School Friendships [M]. Lesbian Issue (summer, 1984).

13. Constanzo, P. R. & Dix, T. H. Beyond the information processed：Socialization in the development of attribution processes. In E. T. Higgins, D. N. Ruble, & W. W. Hartup (Eds.), Social cognition and social development [M]. Cambridge, England：Cambridge University Press. 1983. 63 – 81.

14. Berndt, T. J. The features and effects of friendship in early adolescence [M]. Child Development. 1982. 1447 – 1460.

15. Dudith Kleinfeld, Joseph Bloom – Boarding Schools：Effects on the Mental Health of Eskimo Adolescents [J]. Am J Psychiatry 134：4, April 1977.

16. Smith A. Theory of Moral Sentiments [M]. Oxford：Clarendon Press, 1976.

五、其　他

1. 林贵营．提案速递：人大代表建议应禁止小学生寄宿学校［Z］．人民代表大会，2013.

2. 福建省教育厅关于加强农村寄宿制学校设施设备配备与学校管理的意见［Z］. 2012.

3. 福建省教育厅，中共福建省委机构编制委员会办公室，福建省财政厅，福建省公务员局关于加强普通中小学校教师队伍建设的通知［Z］. 2010.

4. 吴理财. 农村教育背后的社会与政治逻辑［C］. 农村教育与农村发展高端论坛论文集，2008.

5. 秦国柱. 地方政府公共服务职能异化与缺位的现状及成因分析——以教育事业发展中的若干社会热点问题为例地方政府发展研究（第三辑）［R］. 中国会议，2008（4）.

6. 教育部. 教育部要求做好农村中小学布局调整工作，切实解决边远山区学生上学远问题［N］. 中国教育报，2006— 06—13（1）.

7. 关于进一步做好农村寄宿制学校建设工程实施工作若干意见的通知［Z］. 2005.

8. 2003—2007 教育振兴行动计划［Z］.

9. 国务院关于进一步加强农村教育工作的决定［Z］.

10. 国务院关于基础教育改革与发展的决定［Z］.

11. 国家中长期教育改革与发展规划纲要（2010—2020 年）［Z］.

12. 规范农村义务教育学校布局调整的意见（征求意见稿）［EB/OL］，中华人民共和国教育部网站. http：//www. moe. gov. cn/publicfiles/business/htmlfiles/ /moe/s6197/201207/139758. html.

13. 教育部. 关于加强民族教育工作的意见［R］. 国家民委，1980.

附件一　云南民族贫困农村地区低龄寄宿儿童现状调查问卷

云南民族农村地区低龄寄宿儿童现状调查问卷（教师）

此次调查旨在了解贵校实行寄宿制的有关信息，您的意见对于我们的研究具有重要的价值。调查以匿名方式填答，所有信息仅供研究使用。您只需要根据实际情况在选项上打“√”

或在“________”填写相应信息。衷心感谢您的支持！

1. 您的性别是：

①男　　②女

年龄：________周岁，教龄：________年

2. 您的身份或职务是：

①学校中层干部兼教师　　②班主任兼教师　　③专任教师　　④其他

3. 您的最高学历是：

①高中（中专）及以下　　②专科　　③本科　　④研究生

4. 您的职称是：

①未评级　　②小二（或中三）　　③小一（或中二）

④小高（或中一）　　⑤其他

5. 您所在的学校处于：

①城镇　　②农村

6. 学生宿舍平均每间宿舍大约住了________名学生；学生的床位是：

①一人一铺　　②二人一铺　　③大通铺

7. 寄宿学生的床是：

①木质结构　　②钢架结构　　③大通铺　　④其他

8. 您所任教的班级一共有______名学生，其中寄宿生大约有______名。

9. 寄宿生在校的学习时间每天大约是________小时。

10. 班里的寄宿生业余时间活动是如何安排的？

①学生自由活动

②偶尔由老师安排

③主要由班主任负责安排

④由宿管员负责

⑤其他

11. 您认为学生因寄宿而增加的时间应该：

①学校专人管理，学生自由活动

②上自习以便学生完成当天作业

③作为学校课时的一部分统一安排

④任课教师自由处理

⑤组织丰富的课外活动

12. 您认为对寄宿生进行生活补助效果如何？

①减轻了学生家庭的经济负担

②效果不是十分明显

③对绝大多数学生作用不大

④对家庭特别困难的学生有一定帮助

13. 您校为寄宿生配备了生活教师（宿管员）吗？

①没有　　②有

14. 学校生活指导教师的来源是：

①本校原有教职工

②招聘的校外人员

③教师家属

15. 您认为宿舍管理员应该充当什么角色？

①代理家长

②就寝秩序的维持者

③学生寝室文化的引导者

④学生寝室行为的监控者

⑤学生课外生活的负责人

⑥宿舍安全保卫人员

16. 您在学校有周转房吗？

①有　　②没有

17. 您多长时间回家一次？

①一周一次

②两周一次

③每天都回家

④家就在学校

⑤其他

18. 实行寄宿制教学，对您家庭生活的影响如何?

①影响很大，很少照顾到家庭

②影响不大

③有影响，但是能克服

19. 您一周的工作量是________课时，如果没有寄宿生您每周的工作量大约是________课时。

20. 您一般________点起床，________点休息，平均每天在校时间大约是________小时。

21. 您一学期有________次值周（或值日）的任务，这些任务计算了工作量吗?

①有　　②没有

除了值周（或值日）和课堂外，学校对您管理寄宿生有硬性规定吗?

①有　　②没有

22. 您认为值周（或值日）管理寄宿生任务是:

①因为寄宿而产生的额外负担

②教师的应尽职责

③习惯了，没有感觉

④应该配备专门人员管理

23. 您感觉，实际工作中管理寄宿生和走读生工作量比较:

①两者没有多大差别

②管理1名寄宿生相当于________名走读生。

24. 根据您的经验，您认为学生从________年级开始寄宿比较合适；贵校从________年级开始寄宿?

25. 您认为低龄寄宿面临的主要困难有:

①学生生活自理问题

②学生想家

③学生安全问题

④学生卫生问题

⑤集体生活营养跟不上，影响儿童健康成长

26. 您认为农村低龄寄宿制学校的好处在于（选重要的三项）：
①缩小了学生家庭之间的文化背景差异
②便于学校集中管理
③有利于培养学生独立生活能力
④为留守儿童提供了便利
⑤有利于师生及同学间交流与共处
⑥能够提供比家里更好的学习生活环境
⑦学生上学不用每天辛苦走远路，增加了有效的学习时间
27. 您认为低龄寄宿制学校存在的问题是（选重要的三项）：
①低年级学生生活不方便
②家长的经济负担加重
③老师的工作量增加
④缺少专门的宿舍管理人员
⑤安全隐患明显加大
⑥学生与家长缺少情感交流
⑦学生食宿条件跟不上
⑧寄宿生营养状况令人担忧
⑨学生学习时间过长，缺少必要的业余活动设施
28. 您认为低龄寄宿制学校存在问题的主要原因是（选重要的三项）：
①学生的身心条件还没有达到独立生活的要求
②寄宿制学校按非寄宿制学校模式办学
③农村中小学的自然条件决定的
④举办寄宿制学校必然带来的问题
⑤学校管理不到位
⑥国家资金投入不足
⑦农村经济发展水平影响了各方对寄宿制学校的投入水平
29. 您认为解决低龄寄宿制学校所存在的问题途径是（选重要的三项）：
①增加必要的配套经费
②配备必要的保育人员、生活指导教师和工勤人员
③加大对贫困家庭学生的资助
④构建学生与家长感情交流的机制
⑤改善寄宿条件
⑥合理安排学习和自由活动时间
⑦提高伙食质量

⑧提高教师待遇，无需增加编制

30. 您认为在义务教育均衡发展背景下，国家对低龄寄宿制学校的投入应该重点放在：

①宿舍、食堂、业余活动等硬件设施

②增加学校公用经费

③提高教师待遇

④对寄宿生实行全员补助

⑤生活指导教师的配备，减轻专任教师负担

云南民族贫困农村地区低龄寄宿儿童现状调查问卷（学生）

本调查问卷主要是为了了解农村低龄寄宿学生的基本状况，请你根据实际情况和切身感受做出回答。你的回答不会对你个人产生任何不良影响。感谢你的支持与协作！

请你在符合实际情况的项目编号上打勾。

基本情况

年级：________年龄：________性别：______

1. 是否是独生子女：

A. 是　　B. 否

2. 你父亲的文化程度：

A. 没上过学　　B. 小学

C. 初中　　D. 高中或中专

E. 大专/大学及以上

3. 你母亲的文化程度：

A. 没上过学　　B. 小学

C. 初中　　D. 高中或中专

E. 大专/大学及以上

4. 父母外出务工的情况：

A. 父亲外出　　B. 母亲外出

C. 父母都外出　　D. 父母都没有外出

5. 你平均________天回家一次。交通方式是：________（步行、自行车、公共汽车等）

6. 每次回家都需要父母或家人亲戚接送吗？

A. 每次都需要　　B. 偶尔需要

C. 不需要

7. 你从________年级开始住校？

8. 你住宿在哪里？

A. 学校宿舍　　B. 亲戚家

C. 校外租房

9. 你喜欢住宿吗？

A. 喜欢　　B. 不喜欢

C. 差不多，无所谓

10. 你觉得学校哪些方面比家里好？（可多选）

A. 学习条件　　B. 饮食条件

C. 住宿条件　　D. 课外活动多

E. 同学交际　　F. 其他（请在此注明）________

11. 你的父母让你住宿的原因是什么？（可多选）

A. 家里没人照顾　　B. 上学路程远

C. 学校管理严格　　D. 其他（请在此注明）________

12. 你住宿会遇到哪些困难？（可多选）

A. 不会洗衣服　　B. 没有开水喝

C. 上厕所害怕　　D. 伙食不好

E. 没有地方洗澡　　F. 住宿条件不好

G. 不安全　　H. 想家

I. 课外生活单调　　J. 其他（请在此注明）________

13. 如果想家了，你通常会：

A. 偷跑回家　　B. 自己忍着

C. 和父母联系　　D. 请假回家

E. 向老师倾诉　　F. 向知心同学倾诉

G. 其他（请在此注明）________

14. 学校食堂的卫生状况是：

A. 干净，整洁，较卫生　　B. 卫生条件一般

C. 很脏乱　　D. 不清楚

15. 你和父母的联系情况：

A. 我主动联系父母　　B. 父母主动联系我

C. 双方都主动联系　　D. 基本不联系

E. 天天见面　　F. 其他（请在此注明）________

16. 你平时多久和家长联系一次？

A. 一周联系一次以上　　B. 两周联系一次

C. 一个月联系一次　　D. 一个月以上联系一次

E. 天天见面

17. 你平时是怎样和家长联系的？（可多选）

A. 见面　　B. 打电话

C. 写信　　D. 发短信

E. 网上联系　　F. 其他________

安全管理

1. 学校是否配备专职或兼职安全保卫人员？

A. 有专职安保人员　　B. 有固定的兼职安保人员

C. 兼职安保人员不固定　　D. 没有安保人员

2. 学校是否对学生开展交通安全法制教育、禁毒教育及防火防震等安全教育？

A. 每学期都有　　B. 每年一次

C. 偶尔有　　D. 没有

3. 学校是否明确规定学生上下楼梯顺序并有专门练习和检查？

A. 有，并经常练习和检查　　B. 有，定期检查

C. 有，但没有要求遵照执行　　D. 没有规定

4. 学校是否定期进行应急疏散演练？

A. 每学期都有　　B. 每年一次

C. 偶尔有　　D. 没有

5. 当学校的教学设施/生活设施和活动器材损坏时，有人及时进行维修吗？

A. 维修及时　　B. 一学期结束后维修

C. 要等一两年　　D. 没有维修

6. 当你回家或外出时，如何离开学校？

A. 家长到校接送

B. 教师护送出校门

C. 持教师签字同意的出门条（请假条）经门卫查验后自行离校

D. 无需批准自行离校

7. 你回家和返校时乘坐的交通工具是

A. 专用校车或政府、学校雇佣的车辆

B. 家长的车或家长雇佣的车

C. 乡镇公交车或班车

D. "黑车"或马车、拖拉机

8. 学校如何掌握学生是否在校?

A. 每天课堂教学时、晚自习和熄灯前在宿舍都有点名

B. 每周课堂教学时、晚自习和熄灯前在宿舍有抽查点名

C. 只有课堂教学点名

D. 只有熄灯前宿舍点名

9. 学校是否禁止社会闲杂人员或车辆进入校园?

A. 有明确规定并严格执行　　B. 有规定，但执行不严格

C. 有规定，没有执行　　D. 没有规定

10. 当学生将刀具、棍棒、锐器及有毒有害物品等违禁物品带入学校时，学校如何处置?

A. 经常检查，对携带上述违禁物品进入学校的学生严厉查处

B. 会抽查，并没收学生带入的违禁物品

C. 会对带入违禁物品的学生批评教育

D. 没人管

11. 学校如何组织学生集体活动?

A. 班主任全程参加

B. 班主任只在开始时到场，中途离开

C. 每年级安排 1 ~2 名教师管理

D. 由学生干部负责

12. 当学生出现突发事件（如患病、意外伤害、打架斗殴等），学校如何处置?

A. 学校领导和班主任及时到场处理，并同时报警

B. 宿管老师及时处理

C. 同学相互帮忙处理

D. 没人管

卫生管理

1. 学校是否配备具有从业资格的专职或者兼职医务（保健）人员?

A. 有专职医务人员全天在校坐诊

B. 有专职医务人员定期到校巡诊

C. 由教师兼任

D. 没有。看病自行到医院就诊

2. 学校如何保证教室、宿舍、食堂、餐厅、厕所等公共区域的卫生？

A. 有专职保洁工打扫、消毒，学校定期检查

B. 由学生定期打扫，学校定期消毒并组织检查（评比）

C. 由学生打扫，学校偶尔检查

D. 没有检查

3. 学校是否定期对学生进行常规性的体检？

A. 每学年一次

B. 入学后和毕业前各有一次

C. 毕业前有一次

D. 没有

4. 学校是否经常进行健康咨询及个人健康保健知识教育？

A. 学校定期请医生到校专题讲解并开展咨询

B. 由教师定期讲解相关知识

C. 学校偶尔安排讲座

D. 没有

5. 学校是否教育学生讲究个人卫生，注重培养学生良好的生活习惯？

A. 经常教育、检查、纠正不良习惯

B. 每学期开学时会教育

C. 只在新生入学时教育过

D. 没有

6. 学校是否每天组织学生做好眼保健操、广播体操？

A. 每天都要求做两操

B. 每天都做其中一操

C. 只是每周一做一次

D. 基本不做

7. 学校是否定期开展流行病预防活动？

A. 学校定期请卫生防疫部门到校开展

B. 学校不定期请卫生防疫部门或医院到校开展

C. 学校自行组织

D. 不开展

8. 学校是否出现过大规模流行性疾病或食物中毒事件？

A. 没有

B. 出现过大规模流行性疾病

C. 出现过食物中毒事件

D. 两者都出现过

饮食管理

1. 学校的食材（肉类、蔬菜、禽蛋等）是否新鲜?

A. 都是当天采购，当天食用

B. 两三天买一次

C. 一周买一次

D. 更长时间买一次

2. 学校食堂的膳食是否营养可口?

A. 正餐有无荤两素，经常更换品种

B. 正餐有无荤三素，品种较少

C. 正餐有一荤两素，品种不多

D. 正餐有一周一次一荤，其余三至四素

3. 在学校食堂是否吃到腐败变质食品?

A. 没有

B. 偶尔吃到

C. 经常吃到

D. 几乎天天吃到

4. 学校食堂餐具如何清洁、消毒?

A. 由专门的餐具清洁公司清洗消毒

B. 由学校统一清洗并消毒

C. 由学生统一清洗并消毒

D. 学生各自清洗餐具，不消毒

5. 在学校能否喝到清洁饮用水?

A. 有统一订购的桶装饮用水

B. 学校定时提供开水

C. 饮用自来水

D. 饮用水池、水窖中储存的水

6. 学校是否尊重少数民族学生的饮食习惯，开设清真灶?

A. 有专门的清真食堂

B. 有清真窗口

C. 邻近几个学校合用一个清真食堂

D. 没有

宿舍管理

1. 学校是否制定《宿舍公约》《作息时间》等宿舍管理制度，并严格落实执行？

A. 有制度并严格执行

B. 有制度但执行不严格

C. 不知道有没有制度

D. 没有制度

2. 寄宿学生是否配备了专职的生活教师？

A. 是

B. 由固定的科任教师兼职

C. 由老师轮流值班

D. 没有

3. 值班人员夜间是否对学生宿舍进行巡查？

A. 每晚都要巡查

B. 大多数时间都巡查

C. 每周巡查一次

D. 偶尔巡查

4. 睡觉前，学校是否对你们宿舍人员进行晚点名？

A. 每晚点名

B. 每周内不定期点名多次

C. 每周点名一次

D. 偶尔点名

5. 宿舍楼是否男生、女生混住？

A. 学校禁止混住

B. 按楼层男女生分住

C. 有少量混住

D. 基本都是混住

6. 学校是否禁止外来人员或闲杂人员随意出入学生宿舍？

A. 外来人员不准进入宿舍

B. 经老师同意后可以进入

C. 登记后可以进入

D. 可以随意进出

7. 当发现异常情况时，学校能否及时与家长联系？

A. 学校建立寄宿生信息档案并张贴于宿舍内，能及时与家长联系
B. 宿管老师登记了每个学生家长的联系电话
C. 入学登记表上有家长联系信息
D. 一般不与家长联系
8. 学校是否开展“文明宿舍”“卫生宿舍”评比？
A. 每月一次
B. 每周一次
C. 每学期一次
D. 没有
9. 你在宿舍的床位是：
A. 1 人一床
B. 2 人一床
C. 3 人一床
D. 3 人以上
10. 你的宿舍有几人住宿？
A. 6 人以内
B. 7 ~ 12 人
C. 13 ~ 19 人
D. 20 人及以上

学校适应性情况

请在以下符合你情况的表格中打“√”。

题　目	总是这样	通常这样	有时这样	通常不这样	从不这样
1. 我觉得学习很有趣					
2. 我觉得必须努力学习					
3. 我上课认真听讲					
4. 我经常在课堂上提问					
5. 我课后向老师和同学请教					
6. 我能按时完成作业					
7. 如果周围吵闹，我就静不下心来学习					

续　表

题　目	总是这样	通常这样	有时这样	通常不这样	从不这样
8. 学习中喜欢和同学竞争					
9. 我觉得学习有压力					
10. 我总担心自己的学习不好					
11. 一考试就紧张					
12. 喜欢现在的学校和学习环境					
13. 觉得孤单和寂寞					
14. 有非常要好的同学					
15. 同学都很关心我					
16. 不开心时老师会帮助我					
17. 在学校遇到困难时老师会帮助我					
18. 我觉得自己不是很安全					
19. 我觉得自己营养状况不太好					
20. 最近一学期生病的次数比以前多					

对现在的学习生活，如果你还有什么想法，请写在下面！

附件二　相关文件

农村寄宿制学校建设工程

为保证到2007年西部地区实现“两基”目标，保障“两基”攻坚县扩大义务教育规模的需要，解决制约西部农村地区普及义务教育的“瓶颈”问题，中央和省级人民政府共同组织实施“农村寄宿制学校建设工程”。即从2004年起，用四年左右的时间，中央财政投入资金100亿元，帮助西部地区新建、改扩建一批以农村初中为主的寄宿制学校；同时，在合理布局、科学规划的前提下，加快对现有条件较差的寄宿制学校和不具备寄宿条件而有必要实行寄宿制的学校进行改扩建的步伐，使确需寄宿的学生能进入具备基本条件的寄宿制学校学习。

实施范围

在国务院领导下，西部地区各级人民政府为保障“农村寄宿制学校建设工程”顺利实施，采取了一系列保障措施，总体上开局良好，进展顺利。但是，随着“农村寄宿制学校建设工程”的深入实施，各地逐渐反映出一些亟待研究解决的问题，一是一些地方存在不按批准的规划和年度计划组织实施的倾向；二是一些学校在安全、卫生、饮食、集体活动的组织管理等方面缺乏经验、存在隐患；三是一些地方在工程实施中管理机构不健全，管理力量单薄，对工作缺乏指导和检查。特别是一些地方相关部门在工程的设计、勘查、招投标、监理等环节中收取了诸如放线费、绿化费、墙改费、城市建设配套费、可研报告费、散装水泥管理费、环境影响评价费、排污费、公证费、避雷设施费等30多项行政事业性或经营服务性收费。这些收费涉及10多个部门（系统），占工程总造价的10%～20%，最高的近30%。

工程要求

为落实国务院领导提出的建设“民心工程”“德政工程”的要求，使有限的工程专项资金真正用在建设上，用在孩子身上，发挥最大效益，教育部、发展改革委、财政部、国土资源部、建设部等五部门根据国务院领导指示研究制定了这个文件。文件的主要目的是要求地方各级政府和相关部门结合本地实际，出台优惠政策，尽量减免“农村寄宿制学校建设工程”建设收费，提高工程资金的使用效益，督促各地进一步采取切实措施加快工程进度、加强建设质量管理、保证“农村寄宿制学校建设工程”顺利实施。

教育部　国家民委关于进一步做好民族地区寄宿制中小学管理工作若干问题的意见

各省、自治区、直辖市教育厅（教委）、民（宗）委（厅、局），各计划单列市教育局、民（宗）委（局），新疆生产建设兵团教育局、民宗委：

大力兴办民族地区寄宿制中小学是贯彻《国务院关于深化改革加快发展民族教育的决定》和《国务院关于进一步加强农村教育工作的决定》，落实第五次全国民族教育工作会议精神，搞好民族地区义务教育工作的重要举措。做好民族地区寄宿制中小学管理工作是关系寄宿制中小学生存和发展及提高教育质量的大事，是为民族地区培养合格劳动者和各类人才，促进民族地区经济社会发展的必然要求。为推进民族地区寄宿制中小学的管理工作制度化、规范化、科学化，特提出如下意见。

一、进一步做好民族地区寄宿制中小学管理工作的指导思想和目标要求

1. 以邓小平理论和“三个代表”重要思想为指导，树立和落实科学发展观，全面贯彻党和国家的教育方针、民族政策，坚持社会主义办学方向，依法突出地方和民族特色，改善和加强民族地区寄宿制中小学的管理，全面推进素质教育，努力提高教育质量和办学效益，促进民族地区寄宿制中小学规范化和现代化，发挥教育在民族地区促进经济社会发展、增强民族团结、维护国家统一的作用。

2. 建立健全合理、规范、科学的民族地区寄宿制中小学管理制度，确保学校各项工作有序、有效地开展，保证民族地区基本普及九年义务教育和基本扫除青壮年文盲目标的实现和基础教育的健康、持续发展。

二、地方各级教育行政和民族工作部门对进一步做好民族地区寄宿制中小学管理工作的职责

3. 民族地区寄宿制中小学的建设，由地方政府负责，地方教育行政部门对

寄宿制中小学的管理具体负责，民族工作部门配合教育部门对寄宿制中小学的规划、布局、招生和管理工作提出有关政策性建议，督促检查国家的民族政策的贯彻落实情况，协调和协助解决寄宿制中小学办学中的困难包括涉及民族宗教等方面的特殊性问题。

4. 省级教育行政部门按照本地农村义务教育发展规划，在省级人民政府领导下建立统筹发展民族地区寄宿制中小学管理工作的责任制，加大对民族地区寄宿制中小学投入的监管力度。加大寄宿制中小学危房改造专项资金投入，建立消除民族地区寄宿制中小学危房的工作机制、预警机制，加强对下级教育行政部门寄宿制中小学管理工作的督导检查，组织开展督导评估工作。

5. 民族地区地（州、市）级教育行政部门按照本地义务教育发展规划，在地（州、市）级人民政府领导下统筹协调所辖县（市）寄宿制中小学建设的管理工作，根据上级部门的要求，加大对民族地区寄宿制中小学的投入，组织实施当地民族地区寄宿制中小学的规划、教学、助学活动和督导评估工作。

6. 县级教育行政部门对民族地区寄宿制中小学管理工作的主要职责：

（1）统筹规划本地区义务教育的发展，综合当地基础教育的整体情况，因地制宜地逐步调整寄宿制中小学的布局，整合优化教育资源，保证边远民族贫困地区义务教育阶段适龄儿童少年按时入学，并对在校学生做好控辍保学工作。

（2）按照统一规划，结合民族地区地理、气候等自然条件，因地制宜地做好民族地区寄宿制中小学新建校舍的基建规划、管理和监理工作，确保基建质量；建立定期的危房勘查、鉴定、动态预警工作制度，建立危房改造的良性机制和危房改造的经费保障机制。增加投入，合理安排使用并管好上级对寄宿制中小学的专项资金和转移支付资金。足额拨付教职工工资和学校公用经费，筹集资金帮助贫困家庭学生解决书本费、杂费和生活费。

（3）按上级有关部门的规定，结合寄宿制中小学发展和管理的需要，合理核定学校的教职工编制，生活指导、管理教师、保安、炊事员等要设立专门岗位，核定必须的编制。做好寄宿制中小学校长和教职工的选拔、聘任、交流、培训和管理等工作。负责对寄宿制中小学校长和领导班子的考核。

（4）加强学校综合治理工作。做好与有关部门的协调工作，维护好民族地区寄宿制中小学的治安、安全和正常的教学秩序，协助治理校园周边环境。

三、规范民族地区寄宿制中小学的布局结构

7. 民族地区寄宿制中小学分全寄宿和半寄宿两种。全寄宿制中小学学生食宿全部在学校，生源覆盖面广，应主要建在县城或乡镇以上地方；半寄宿制中小学学生不完全在学校食宿，招生范围相对集中，学校一般应设在乡或村所在

地，一部分学生集中食宿。民族地区寄宿制中小学的布局规划，由学校所在地县级教育行政部门会同有关部门综合人口密度、居住分布、生产生活、地理环境、交通状况等各方面因素统筹安排。对于道路偏远、交通不便，居住相对分散，不具备建立寄宿制中小学的地区，必须保留必要的教学点，避免因学校布局调整造成适龄的少数民族学生失学。

8. 本着规模和效益协调发展的原则合理设置寄宿制中小学教学班。同时，大力提倡多民族走读生与寄宿生合校合班或合校分班。

9. 鼓励和支持社会力量在民族地区兴办寄宿制中小学或投资参与寄宿制中小学建设与管理。

四、加强民族地区寄宿制中小学教育教学管理

10. 根据《国务院关于基础教育改革与发展的决定》有关规定，民族地区寄宿制学校一般实行“六三”学制（六年制小学、三年制初中，特殊地区的特殊情况除外），有条件的寄宿制中小学可实行九年一贯制。

11. 民族地区寄宿制中小学招生以农村、牧区、边远山区的少数民族学生为主要生源对象，各地要结合本地实际，按照小学就近入学，初中相对集中的原则研究制定具体招生办法。

12. 民族地区寄宿制中小学执行国家的课程方案，并按照所在地省级教育行政部门发布的课程指导计划开展教学工作，高寒山区、牧区可根据当地气候等客观条件，适当调整教学时节；学校授课时数和节假日，由所在地县级教育行政部门按照上级教育行政部门的要求确定，未经上级教育行政部门批准，学校不得随意更改授课时数，不得随意停课或放假。根据少数民族学生文化基础较差的实际，可利用周末和假日适当增加辅导课时间。要加强寄宿制学生早、晚自习时间的管理和指导，提高效率。

13. 认真做好民族地区寄宿制中小学教育中少数民族语文和汉语文（以下简称“双语”）授课工作。民族地区寄宿制中小学要把“双语”教学作为学校的特色重点抓好抓实，提高学生汉语的运用能力，有条件的学校可从小学高年级起增设外语课。地（州、市）级教育行政部门保障寄宿制中小学“双语”师资的配备和教材供给。

14. 加强民族团结教育和爱国主义教育，切实改进民族地区寄宿制中小学的德育工作。民族地区寄宿制中小学要按照上级教育和民族工作主管部门的要求，认真抓好对师生的马克思主义民族观、宗教观和党的民族、宗教政策的教育，加强我国各民族团结、奋发向上的光荣传统和优秀文化传统的教育，进一步增强“汉族离不开少数民族、少数民族离不开汉族、各少数民族之间也互相

离不开”的“三个离不开”观念，牢固树立自觉维护国家统一、反对民族分裂的思想意识。

15. 严格遵守《宪法》和有关法律的规定，坚持宗教与国民教育相分离的原则。民族地区寄宿制中小学要在信教师生中大力宣传科教兴国战略，要加强对各民族师生进行唯物主义和无神论的教育，引导各民族师生弘扬科学精神，树立科学世界观，增强自觉抵御封建迷信和邪教侵蚀的能力。

16. 大力发展民族地区寄宿制中小学的信息技术教育、多媒体教育、网络远程教育等，促进民族地区寄宿制中小学跨越式发展。地方各级教育行政和民族工作部门要大力支持民族地区寄宿制中小学信息网络和电化教学远程教育的发展，要充分利用中央和省级政府共同组织实施的“农村中小学现代远程教育工程”，积极推进民族地区寄宿制中小学教育设施现代化进程，实现优质教育资源共享，提高教育质量。

17. 民族地区寄宿制中小学要充分利用学生食宿在校的有利条件，积极组织学生开展丰富多彩的综合实践活动，增强学生适应社会生活的能力，培养学生创新精神；积极推进农科教相结合的机制，统筹基础教育、职业教育和成人教育的协调发展。

18. 地方教育行政部门要对民族地区寄宿制中小学教学计划的实施进行指导并适时进行评估。学校领导班子对学校教师教学计划的实施、教案的编写以及备、讲、辅、批、改等教学环节进行指导和评估。

五、加强民族地区寄宿制中小学日常生活管理

19. 地方各级教育行政部门要加强对民族地区寄宿制中小学安全、卫生工作的领导，逐级建立健全安全、卫生管理责任制，确保师生安全。

20. 民族地区寄宿制中小学要建立健全教学、纪律、安全、卫生、后勤保障等管理办法，确保寄宿制中小学在管理上有章可循。要建立完善的安全防范措施和安全责任制，采取多种形式，加强门卫、巡逻制度等，切实消除各类事故隐患；要进一步加强对广大师生的安全教育，提高师生安全防范意识，加强法律常识普及教育，坚决抵制黄、赌、毒对校园的侵蚀；要按照《食品卫生法》，做好食品卫生工作，要尊重少数民族饮食习惯，为广大师生提供合理膳食。地方各级教育行政部门要定期进行检查、监督，确保各项管理办法落到实处。

六、加强民族地区寄宿制中小学管理队伍和教师队伍建设

21. 民族地区寄宿制中小学实行校长负责制。高级中学和完全中学校长要

由县级以上教育行政部门提名、考察或参与考察，按干部管理权限任用和聘任；其他中小学校长由县级教育行政部门选拔任用并归口管理。校长是民族地区寄宿制中小学教学与管理第一责任人，领导、管理和组织学校的各项工作。

22. 按照《国务院办公厅转发〈中央编办、教育部、财政部关于制定中小学教职工编制标准的意见〉的通知》（国办发）〔2001〕74 号）的有关规定，适当增加民族地区寄宿制中小学附加编制，保证学校正常运转。

23. 严格实行教师资格制度，积极推进竞争上岗和全员聘用制，建立科学合理的考核制度和激励机制，建设一支数量充足、结构合理、质量较高的教师队伍。

24. 强化民族地区寄宿制中小学教职员工的职业道德和行为规范教育，加强师资培训和教学研究，适时进行国际交流与国际合作，切实提高教师的综合素质，坚决清退不合格教师。

25. 县级教育行政部门要综合本地区教育资源，抽调优秀校长和教师到相对薄弱的民族地区寄宿制中小学工作，采取校长、教师校际轮换以及学校联办，名校带薄弱寄宿制中小学等多种形式，使好的教学和管理经验迅速在民族地区寄宿制中小学中推广。鼓励和支持发达地区和城镇教师到边远民族地区寄宿制中小学任教或支教。

七、加强民族地区寄宿制中小学经费管理

26. 民族地区寄宿制中小学以公办为主，各地根据自身情况，公办寄宿制中小学的学生可以享受助学金，贫困家庭学生还可享受相应的补助或减免杂费、书本费等。按照“西部地区农村寄宿制中小学建设工程”方案，民族地区寄宿制中小学建设经费由中央财政支持，地方各级财政对教职工工资、学校公用经费、贫困家庭学生的资助负责，地方各级教育行政和民族工作部门要配合并监督落实好相关资金的管理和使用。

27. 民族地区寄宿制中小学要加强经费的预算管理，量入为出，切实保证学校的正常运转。按照国家财政、财务管理制度的规定，认真管好学校的各项经费。

28. 地方教育行政和民族工作部门要监督和检查民族地区寄宿制中小学对贫困学生生活补助费的发放和使用情况；要指导和帮助民族地区寄宿制中小学广泛开展勤工俭学活动，加强对寄宿制中小学农场、牧场、林场、果园等的管理，因地制宜地为学校开展勤工俭学活动提供条件，帮助改善师生生活。对民族地区寄宿制中小学的勤工俭学，要争取地方政府从政策上给予扶持和照顾，协助解决生产基地和必要的资金扶持。

八、关于民族地区寄宿制中小学管理工作的评估

29. 教育部、国家民委对民族地区寄宿制中小学管理建立评估制度，定期对民族地区寄宿制中小学进行评估检查，对评估不合格学校进行通报批评。

30. 建立民族地区寄宿制中小学管理工作年报制度。各有关省级教育行政和民族工作部门负责本省、自治区、直辖市民族地区寄宿制中小学管理工作的总结，形成书面材料于每年度末报教育部和国家民委。

31. 地方各级教育行政和民族工作部门要制定相应的奖惩细则，加大对民族地区寄宿制中小学的奖罚力度，确保民族地区寄宿制中小学健康有序地开展好各项工作。对不重视学校安全、卫生等日常管理工作，不对学生进行安全、卫生知识教育，且管理不善，没有制定相应措施的民族地区寄宿制中小学，要给予批评，限期整改。对因失职、渎职造成学校财产损失和师生伤亡的部门和民族地区寄宿制中小学，进行严肃查处，触犯刑律的，依法追究有关责任人的法律责任。

32. 上级教育行政和民族工作部门对民族地区寄宿制中小学教师的评优、晋级、工资待遇等方面给予倾斜。并根据民族地区寄宿制中小学管理工作的成效对相应管理人员进行奖罚。

教育部　国家民委

二○○五年四月二十五日

国家西部地区农村寄宿制学校建设工程项目
学校管理暂行办法

攻坚办〔2006〕6号

各有关省、自治区、直辖市和新疆生产建设兵团“两基”攻坚办：

“农村寄宿制学校建设工程”的实施，极大改善了中西部农村地区中小学的办学条件。随着农村寄宿制学校的相继建成，加强农村寄宿制学校管理的制度化、规范化、科学化变得尤为重要。为此，国家西部地区“两基”攻坚领导小组办公室制订了《国家西部地区农村寄宿制学校建设工程项目学校管理暂行办法》。现印发给你们，请认真贯彻执行。

附件：国家西部地区农村寄宿制学校建设工程项目学校管理暂行办法

国家西部地区“两面三刀基”攻坚领导小组办公室

二○○六年九月二十八日

目　录

第一章　总　则

第一条　为了加强农村寄宿制学校（以下简称寄宿制学校）管理，根据国家有关法律法规及《国务院关于深化农村义务教育经费保障机制改革的通知》（国发〔2005〕43号）、《国家西部地区“两基”攻坚计划（2004—2007年）》（国办发〔2004〕20号）、《西部地区农村寄宿制学校建设工程实施方案》（教财〔2004〕3号），特制定本办法。

第二条　本办法适用于纳入国家西部地区农村寄宿制学校建设工程项目的寄宿制学校。

第三条　寄宿制学校要贯彻党的教育方针，坚持社会主义办学方向，执行有关教育法律法规，推进素质教育，建立健全管理制度，提高教育教学质量和办学效益，促进农村义务教育长期稳定发展。

第二章　管理职责

第四条　按照《中华人民共和国义务教育法》关于农村义务教育管理体制的要求，寄宿制学校实行由地方政府负责，以县为主，地方教育行政部门和学校具体组织实施的管理体制。

第五条　省、地（市）级人民政府及其教育行政部门的主要职责：

按照国家有关教育法律法规和政策要求，保障对寄宿制学校的经费投入。

负责寄宿制学校校长与教师培训工作，提高寄宿制学校管理水平与教育教学水平。

建立寄宿制学校管理工作责任制，负责对寄宿制学校管理工作进行督导、检查。

第六条 县级人民政府及其教育行政部门的主要职责：

按照“小学就近入学，初中相对集中”的原则合理规划寄宿制学校的布局。

做好校园规划，划分教学区、生活区、运动区，配置寄宿制学校的各项附属设施与必要设备。

建立危房的定期勘查、鉴定、动态预警工作制度。

增加本级财政对寄宿制学校的经费投入，按要求使用好上级拨付的专项资金。

负责寄宿制学校校长、教师及管理人员的选拔、任用、培养、调整、管理和考核工作。

负责寄宿制学校及周边环境综合治理工作，维护学校安全和正常教学秩序。

第七条 寄宿制学校的主要职责：

建立学校管理岗位责任制。确保寄宿制学校学生的安全。

根据国家课程设置标准完成各学科教学任务。充分利用地方课程和校本课程，组织学生开展积极健康的课外活动，促进学生全面发展。

办好学校农（牧）场等勤工俭学基地，开展勤工助学，用于补助寄宿生生活。

建立学校、家长沟通制度，引导家长参与学校管理。

建立校产档案，对所有校产进行登记，加强对校舍及附属设施的管理与维护。

搜集、整理相关信息资料，建立健全寄宿制学校档案。

第三章 安全管理

第八条 建立健全学校各项安全管理制度，落实安全工作责任制。

建立安全信息通报制度，制定落实预防措施，建立安全应急机制。

第九条 按国家有关标准配备专职或兼职安全保卫人员。安全保卫人员应具有处置突发性事件的能力。

第十条 开展学生珍爱生命、积极生存、自我保护的安全教育，提高学生安全防范意识。

第十一条 加强学校校舍、设施、学生活动场所的安全保卫，设立防火防盗设施，定期检查并加强管理，及时消除隐患，预防事故发生。

切实采取措施防止汛期滑坡、塌方、泥石流等对学生的安全威胁。

第十二条 严格门卫值班、巡逻制度和学生请、销假制度，全面掌握学生请假、到校、离校等情况。

建立校外人员入校登记、验证制度，禁止社会闲杂人员或车辆进入校园，禁止学生将刀具、棍棒、有毒有害物品带入学校。

寄宿生住校期间未经准假不得擅自离校。

加强对宿舍、食堂、库房、财务室、电教室等重点区位的防护措施。

第十三条 安排专人组织路队，负责学生离校，组织学生乘坐经检验合格的交通工具。集中供暖时宿舍必须留设通风门窗。

第十四条 学校组织学生参加郊游、劳动、社会实践和校外集体活动，须指定专人带队，有针对性地对学生进行安全教育，采取必要的安全措施，做好安全应急预案。举行大型集体活动，应当事先与公安机关共同研究并落实安全措施，防止意外事故的发生。

第四章 卫生管理

第十五条 建立卫生负责和检查制度，把学校卫生工作纳入目标管理内容。

制定突发公共卫生事件应急机制，建立重大疫情报告制度，做好学生常见病、传染病的预防和控制工作。

第十六条 开展健康教育，加强学生体育锻炼，培养学生良好卫生习惯。

做好学生心理健康教育，帮助学生排除心理困惑，增强学生学习、生活的信心。

第十七条 学校应按国家有关标准配备具有从业资格的专职医务（保健）人员或者兼职卫生保健教师，购置必需的急救器材和药品，保障对学生常见病的治疗。建立学生健康档案，定期开展健康咨询。有条件的学校，应设立卫生室。

第十八条 加强与县（乡）医院、卫生院的联系，建立与医疗机构及时沟通、救助的机制。

第十九条 配备必需的清洁卫生工具，切实做好校园环境的绿化、美化、净化工作，保持校园干净、整洁、卫生。

第五章 饮食管理

第二十条 按照《农村普通中小学校建设标准（试行）》要求，根据学校实际，营养配餐，提高质量，降低成本，办好学生食堂。

第二十一条 严格执行《学校食堂与学生集体用餐卫生管理制度》、《餐饮业和学生集体用餐配送单位卫生规范》，建立食堂物资采购登记，饭菜留验和记录等制度。

第二十二条 严格遵守卫生操作规范，聘任专门食堂管理员，食堂从业人员必须两证齐全，每学期体检一次。

有少数民族学生的学校要尊重少数民族学生的饮食习惯，办好清真灶。

第二十三条 定期足额发放贫困寄宿学生生活补助费。

第六章 住宿管理

第二十四条 建立宿舍管理制度，按标准配备生活教师，小学低年级寄宿生原则上要配备生活保育员，生活教师和保育员要严格履行工作职责，负责宿舍管理和安全保卫工作。

严格外来人员登记制度，禁止外来人员随意出入学生宿舍。

第二十五条 对学生宿舍实行夜间巡查、值班制度，督促学生遵守住宿纪律，按时作息。

针对女生宿舍安全工作特点，加强对女生宿舍的安全管理。

第二十六条 按照男、女学生相对独立的原则安排住宿，尽量做到一人一床，安全、方便。

第二十七条 教育学生讲究个人卫生，引导学生自我教育、自我管理。

指导学生整理内务，保持宿舍清洁。

第二十八条 建立寄宿生信息档案，发现异常情况要及时报告。

第七章 附 则

第二十九条 本办法由国家西部地区“两基”攻坚领导小组办公室负责解释。

第三十条 各省（市、自治区）可根据本办法，结合本地实际制定实施细则，并报国家西部地区“两基”攻坚领导小组办公室备案。

第三十一条 本办法自发布之日起开始实施。

教育部　卫生部
关于印发《农村寄宿制学校生活卫生设施建设与管理规范》的通知

教体艺〔2011〕5号

各省、自治区、直辖市教育厅（教委）、卫生厅（局），新疆生产建设兵团教育局、卫生局：

为贯彻落实《国家中长期教育改革和发展规划纲要（2010—2020年）》，加强和规范农村寄宿制学校生活卫生设施建设与管理，为学校师生创建安全健康的生活与学习环境，保障学校师生的身心健康，教育部、卫生部依据国家相关标准，结合学校实际，联合制定了《农村寄宿制学校生活卫生设施建设与管理规范》（以下简称《规范》），现印发给你们，请按照本《规范》要求，加强学校生活卫生设施建设与管理，推进义务教育均衡发展。

附件：农村寄宿制学校生活卫生设施建设与管理规范

中华人民共和国教育部　中华人民共和国卫生部

二〇一一年八月十六日

附件：

农村寄宿制学校生活卫生设施建设与管理规范

学校生活卫生设施是学校教育教学环境的重要组成部分，与学生的健康有着非常密切的关系。为贯彻落实《国家中长期教育改革和发展规划纲要（2010—2020年）》（以下简称《教育规划纲要》）提出的"加快农村寄宿制学校建设，优先满足留守儿童住宿需求"和"推进义务教育学校标准化建设，均衡配置教师、设备、图书、校舍等资源"的要求，依据农村中小学建筑、生活卫生设施等方面的相关标准和政策规定，制定《农村寄宿制学校生活卫生设施建设与管理规范》（以下简称《规范》）。

本《规范》重点对饮用水设施、宿舍、食堂、浴室、厕所、垃圾和污水设施等学校生活卫生设施的建设与管理提出要求。各地在贯彻落实《教育规划纲要》，制定当地教育改革与发展规划以及实施中西部农村初中校舍建设工程、义务教育标准化建设等相关教育工程时，应统筹考虑和安排学校生活卫生设施的建设与改造，并加强规范管理，切实落实学校生活卫生设施卫生管理制度和要求，保障学校师生有一个安全健康的生活与学习环境。

一、饮用水

（一）饮用水设施

当地有城镇集中式供水设施的学校，应使用城镇管网集中供水；城镇没有集中式供水设施的可使用自备水源供水。

1. 供水设施

采用二次供水的学校，二次供水设施周围应保持环境整洁，有良好的排水条件；设施的材质和内壁涂料应无毒无害，不得对饮用水造成二次污染；饮用水箱或蓄水池应专用并加盖上锁，蓄水容积以不超过学校 48 小时用水量为宜；设施应有安装消毒器的位置，有条件的学校应设有消毒器。

采用自备水井作为饮用水水源供水的学校，自备水源的水井选址应远离牲畜圈、校园独立式厕所及贮粪池、垃圾存放站（池）及污水排放点等污染源，距离应在 25 米以上；水井应设有高于地面 0. 3 米以上的井沿，井口加盖并上锁，有条件的学校可建设专用供水泵房。

2. 饮水设施

使用煤、电、燃油、燃气等各种能源的开水锅炉每学期使用前应由专业人员进行有效的排污、清洗和消毒。储存开水的容器应每天清洗 1 次，加盖密封上锁。饮水机（桶装水）或其他类型直接提供饮水的设施应符合国家相关标准，并有产品质量监督检验报告等相关材料。

饮水点设置密度应考虑服务半径和学生人数，宜设在教室内或教学楼的公共区域。

教学楼内应在每层设饮水处，按每 40 ~ 45 人设置一个饮水水嘴。

3. 洗手设施

学校的公共区域应设置方便学生洗手的水龙头，原则上每个水龙头服务学生人数不超过 50 人。

学校应建立饮用水设施管理制度和维护档案，对饮用水设施的清洗、消毒、耗材更换等维护工作有详细的计划和记录。

（二）饮用水水质卫生要求

二次供水设施和自备水源供水的用水点的水质应符合《生活饮用水卫生标准》（GB5749 – 2006），并取得当地卫生部门水质检验合格报告。

桶装饮用水或其他类型直接供饮用的饮水应符合国家相关标准和卫生要求，

并取得检验合格报告。

学校提供的饮用开水应烧至沸腾。

（三）饮用水水量要求

饮用水水量应满足学生每日在校的生活需要，原则上每人每天生活用水供应量不少于20升（不包括学校食堂用水量），每人每天饮水供应量不少于2升。

二、学生宿舍

（一）布局及建筑

学生宿舍选址应防止噪声和各种污染源的影响。宜选择有日照条件，且采光、通风良好，便于排水的地段。宿舍不得设在地下室或半地下室。

学生宿舍用房一般由居室、管理室、盥洗室、厕所、贮藏室及清洁用具室组成。

学生宿舍的消防、电气、楼梯、台阶等不能存在安全隐患，应符合国家相应的安全要求。

学生宿舍的建筑装修应使用安全无毒无害的材料，室内装修应符合国家现行标准防止由建筑装修材料造成的生物性、化学性、放射性等室内环境污染。

为保证充足的空气量，宿舍居室净高不宜过低，原则上在采用单层床时，不应低于3米；在采用双层床时，不应低于3.1米。

人均居室使用面积不宜小于3平方米。

宿舍居室窗地面积比不应低于1:7。

学生宿舍应具有一定的储藏空间，每人储藏空间宜为0.3～0.45立方米，储藏空间的宽度和深度不宜小于0.6米。

（二）基本设施

学生宿舍应保证一人一床，床铺应牢固结实，床铺面积应适合学生的身材，原则上小学生和中学生使用的床面长度分别不小于1.8米和2米，宽度不小于0.9米。为防止学生从床上跌落，双层床的上床应设置防跌落板（或杆），防跌落板（或杆）的高度不宜低于0.25米，长度不宜低于床体长度的2/3。小学生使用双层床的上床距离地面高度不宜高于1.6米。双层床应安装有安全可靠的小梯子和抓（扶）手。床铺上方应有一定的活动空间，原则上床上空间高度不小于1.2米。

学生宿舍应设置安全、环保、节能的人工照明设施，宿舍居室0.75米水平面的平均照度不应低于75lx。宿舍楼道和楼梯处应安装应急照明和应急疏散指示灯。

学生宿舍的盥洗室应配有满足学生使用的洗手盆或盥洗槽水龙头，配置数量宜按每10人至少设置一个。学生宿舍应设有衣物晾晒空间和设施。

学生宿舍应设有附建式厕所。宿舍厕所应采用蹲式大便器，大便器和小便器数量的设置应满足学生早晚如厕高峰期的需要。原则上女生厕所应按每10~12人设一个大便器，男生厕所应按每15人设一个大便器和两个小便器（或1.2米长小便槽）。厕位之间应设隔断。宿舍厕所内应设洗手水龙头、污水池和地漏。

学生宿舍应根据当地的气候条件设置安全的通风、取暖设施，采取有效措施防止一氧化碳中毒等安全事故的发生。新建或扩建的学生宿舍原则上不再使用燃煤取暖。

学生宿舍应安装有效的防蚊、蝇、蟑螂和防鼠害的设施。

（三）卫生管理

学生宿舍应有专人管理，并建有宿舍卫生管理制度。

学生宿舍一层出入口及门窗应设置安全防护设施。

宿舍内禁止饲养宠物和家畜。

学生宿舍应每天进行卫生打扫，达到整洁、美观，地面无果皮、纸屑及痰迹等。

宿舍居室每天上、下午各进行不少于1小时的室内空气通风。

三、学校食堂

（一）建筑与布局

食堂选址应防止各种污染源的影响，食堂距牲畜圈、校园独立式厕所及贮粪池、垃圾存放站（池）及污水排放点等污染源间的最小允许距离为25米。

食堂不应与教学用房合并设置，宜设在教学用房和宿舍区的下风向、校内独立厕所的上风向。厨房的噪声及排放的油烟、气味不得影响教学环境。

学校食堂一般应包括工作人员更衣间、原料存放间、食品加工操作间、备餐间、食品出售场所、就餐场所等。

食品处理区的布局应按照原料进入、原料处理、半成品加工、成品供应的流程进行设置。食堂加工操作间、内部设施应符合《学校食堂与学生集体用餐卫生管理规定》（教育部、卫生部令第14号）的要求。

（二）卫生管理

学校食堂应持有有效的餐饮服务许可证，食堂从业人员应具有有效的健康合格证明和有效的食品安全知识培训合格证明。

食堂应当保持内外环境整洁，采取有效措施，消除老鼠、蟑螂、苍蝇和其他有害昆虫及其孳生条件。

餐饮具使用前必须洗净、消毒，未经消毒的餐饮具不得使用。禁止重复使用一次性使用的餐饮具。消毒后的餐饮具必须贮存在餐饮具专用保洁柜内备用。

用于原料、半成品、成品处理的刀、墩、盆等相关工具应分开使用，分区定位存放。

加工操作间和就餐场所应根据实际需要设置相应数量的垃圾箱（桶），垃圾箱（桶）应有盖，每餐后应及时对垃圾进行清运，并对垃圾箱（桶）进行有效的清洁。

食品原料采购、储存、加工环节应符合《学校食堂与学生集体用餐卫生管理规定》要求。应建立食品、食品添加剂和食品相关产品采购索证索票、进货查验和采购记录制度。

食堂应建立食品安全管理的各项规章制度，并张贴在食堂醒目位置。

清真食堂食品安全管理应严格执行国家及教育部的有关规定。

四、浴　室

（一）建筑与布局

公共浴室应设有更衣室、浴室、厕所等房间，公寓内的浴室可不设更衣室。

更衣室、浴室、厕所的地面要防渗、防滑，浴室地面要有不小于2%的坡度，公共浴室屋顶应有一定弧度。

浴室应设气窗，气窗面积宜为地面面积的5%左右，以保持良好通风。浴室墙面应设墙裙，墙裙高度不应低于2.1米。

（二）浴室设施

更衣室和浴室应有保（供）暖设备，以保证寒冷季节学生洗浴时的室内温度要求，防止出现寒冷和冻伤。

更衣室和浴室应有换气设备，防止缺氧窒息和一氧化碳中毒等事故发生。

更衣室和浴室应安装人工照明设备，更衣室的平均照度应≥50lx，浴室的平均照度应≥30lx。

浴室宜使用淋浴喷头，新建、改建、扩建的浴室不得设池浴。淋浴喷头的设置数量可根据住宿学生人数及浴室开放时间等情况确定，应满足学生洗浴高峰时的需要；相邻淋浴喷头的间距不小于0.9米。

（三）卫生管理

学校的公共浴室应有专人管理，浴室内及其厕所应及时清扫、消毒，做到无积水、无异味。

浴室的热水应达到人体感觉适宜的温度。

淋浴间的热水量应满足学生洗浴的需要，以每人次40升为宜。定时开放的淋浴间应保证住宿学生至少每周一次淋浴。

浴室内不设公用洗浴毛巾。

浴室在开放后的当晚要彻底清洗，经过消毒后再行换水（消毒方法见附件）。

五、厕　所

（一）建筑与布局

厕所建设应布局合理、适用、卫生、安全，防止污染水源、校园及周围环境。

独立式厕所的位置应选择在校园内，地势较高，地基排水通畅，不易被雨水淹没，学生容易到达之处，尽可能在当地主导风向的下风向。应距离自备水源、食堂25米以上，贮粪池要远离供水系统，避开教室和活动场所。

独立式厕所距离学生宿舍和教室的距离宜在200米以内，以保证学生如厕安全和方便。

教师厕所和学生厕所应分开设置。

在寒冷地区应采取保温御寒措施，贮粪池（无害化处理设施）应建在冰冻线以下。

厕所室内地坪标高应高于室外地坪0.15米以上。

新建、改建、扩建的厕所应符合表1中的建筑要求：

表1　学校厕所建筑卫生要求

序　号	项　目	标　准	备　注
1	厕屋内净高	独立式厕所≥3.0米	附建式厕所可按建筑物室内净高设置
2	蹲位数量	女生每13人设一个蹲位；男生每30人设一个蹲位，每20人设一个小便器或0.6米小便槽	
3	厕窗	窗地面积比不小于1∶10，窗台距地坪最小高度1.7米	

续　表

序　号	项　目	标　准	备　注
4	蹲位厕门	宜采用外开门，门高 1.0 ~ 1.2 米，下方留 0.2 米空隙	
5	墙裙处理	釉面瓷片或水泥光面	
6	墙裙高度	≥1.2 米	
7	地面处理	水泥地面或防滑瓷砖	防渗、防滑
8	厕室内走道	单排蹲位不低于 1.30 米，双排蹲位不低于 1.50 米	推荐单排蹲位设计
9	厕位间面积	净尺寸应不小于 0.9 ~ 1.0 × 1.1 米	便器距后墙距离不应小于 0.3 米
10	便器	首选陶瓷便器，也可使用经检测证明安全可靠的工程塑料便盆。	小学生便器可特制：宽为 0.15 ~ 0.18 米。
11	贮粪池	密封、不渗漏、粪便处理符合无害化卫生要求	
12	卫生管理间	≥1.20 平方米	有专用清扫工具

学校在新建、改建、扩建厕所时应考虑到残疾学生的如厕需要，提供无障碍设计。

厕所贮粪池出口应高于地坪 0.10 米，出粪口应密闭加盖。

有条件的地区应建设雨水收集设施，用收集的雨水冲洗厕所。

（二）其他设施

厕所应设置有效的通风设施，厕所通风应以自然通风为主，机械通风为辅。

通往厕所的道路两侧和厕内均应设置人工照明设施，道路和厕内的平均照度应≥60lx。

厕所的前室或厕内应设置供学生使用的洗手设施。

水冲式厕所的给、排水设施必须齐全。非连续性供水的厕所内应备有贮水设施。同时应配有纸篓和清洁工具，能够维护厕内卫生。

厕所应安装防鼠和防蚊蝇设施，防止蚊蝇在厕内的孳生。

（三）卫生管理

厕所应有环境保护措施和保洁制度，有专人维护、管理，保证厕内清洁卫生，地面无积水、无垃圾、无蝇蛆，便器内无粪迹、尿垢、杂物等。

厕所后贮粪池的粪便应及时清除，前贮粪池（三格化粪池的一、二池）应定期清掏，粪皮和粪渣必须进行无害化处理。

水冲式厕所污水应排入当地城镇规划的公共市政排水下水道管网，进行无害化处理。不具备公共污水排放系统的学校应建三格化粪池或净化沼气池，对粪便进行无害化处理。

对非卫生厕所，学校应制定专门的卫生管理制度，加强卫生维护和管理，妥善处理粪便粪水，防止造成环境污染和疾病传播，并有计划地进行卫生厕所的改造。

六、垃圾和污水

（一）垃圾收集（存放）设施

1. 设　置

学校应设置使用方便的垃圾箱（桶、篓）等垃圾收集设施。

每个教室内应安放 1 ~ 2 个废纸（物）篓；每个宿舍应安放 1 ~ 2 个废纸（物）篓。

校园内道路两侧和操场周边等室外环境中应每隔 300 米设置 1 个垃圾箱（桶）；

垃圾箱（桶）应有盖。有条件的学校应设置垃圾分类收集设施，对可回收垃圾和不可回收垃圾进行分类收集。

垃圾存放站（池）应设置在校园当地主导风向的下风向处，距离食堂、自备水源、二次供水贮水池、教室、宿舍等的距离不低于 25 米；有条件的学校应使用密封式的垃圾存放设施设备。

教学区和生活区应备有卫生清洁工具。

2. 卫生管理

垃圾箱（桶、篓）内的垃圾每天至少清运一次，垃圾清运后应及时对垃圾箱（桶、篓）进行清洁；垃圾存放站（池）的垃圾应每周至少清运一次，夏季每周至少清运两次，垃圾清运后应及时对垃圾存放设备用生石灰或其他消毒剂进行消毒；校园内垃圾清运车辆应密封，防止垃圾散落。

（二）污水排放设施

1. 设　置

生活污水排放应采用管道或暗沟排放，污水管道和暗沟应不渗漏；污水管道与供水管应有一定的水平间距，原则上在室外应大于1.5米、室内应大于0.5米；当污水管与供水管有交叉时，污水管应设在供水管下方，污水进口应设格栅，防止管沟堵塞。

降雨量较大的地区应有专门的雨水管渠，雨水管渠可采用明渠，雨水可单独排放也可并入污水管道。

2. 卫生管理

有城镇污水处理系统的学校，污水管道应接入城镇污水管网进行处理。

没有城镇污水处理系统的学校，生活污水排放点应不影响校内环境和校外环境，不得对水源产生污染。校园内不得有污水坑。

云南省教育厅关于印发云南省农村寄宿制学校管理办法（试行）的通知

各州、市教育局：

为进一步加强我省寄宿制中小学尤其是农村寄宿制学校管理，促进寄宿制学校管理科学化、制度化、规范化和特色化，提高办学质量和水平，均衡推进九年义务教育发展，办人民满意的教育，省教育厅制定了《云南省农村寄宿制学校管理办法（试行）》，现印发给你们，请结合实际认真贯彻执行。

附件：云南省农村寄宿制学校管理办法（试行）

云南省教育厅

2014年1月27日

云南省农村寄宿制学校管理办法（试行）

第一章　总　则

第一条　为加强我省农村寄宿制学校管理，提高办学质量和水平，推进义务教育均衡发展，更好服务于中小学生，促进中小学生健康成长和成人、成才，办好人民满意的教育，根据《中华人民共和国教育法》、《中华人民共和国义务教育法》、《云南省义务教育学校办学基本标准》（云教〔2013〕12号）等法律法规、文件，制定本办法。

第二条 凡是由各级人民政府举办、有学生寄宿的农村普通中小学校的日常管理活动，均适用本办法。

第三条 农村寄宿制学校实行分级办学、分级管理、以县为主，教育行政主管部门和学校具体组织实施的管理体制。

第四条 县级教育行政部门按照国家有关法律法规和义务教育均衡发展的要求，履行对寄宿制学校的管理职责，按照国家和省有关要求，合理规划中小学校布局，统筹用好各类资金；保障适龄儿童少年受教育权；不断改善办学条件，加强师资队伍建设，提高教育教学质量；切实加强和改进校风、教风、学风建设；协调相关部门加强学校周边环境综合治理工作，维护学校正常教育教学秩序。

第五条 寄宿制学校要全面贯彻党的教育方针，围绕立德树人根本任务，把社会主义核心价值体系融入办学育人全过程，深入实施素质教育，提高教育教学质量和办学效益，培养德智体美全面发展的社会主义事业建设者和接班人。寄宿制学校实行校长负责制。校长在教育行政部门的指导下，全面负责学校日常管理工作。

要建立健全学校管理所需的组织架构，加强制度建设。建立教职工代表大会制度，实行民主管理，校务公开，依靠全体教师实现学校管理工作的科学化、精细化和规范化。鼓励探索建立学校章程，建立健全各项管理制度，实行岗位管理责任制，履行具体管理服务职能，确保校舍安全和学生安全。

第二章　教学管理

第六条 认真贯彻执行《云南省教育厅　云南省监察厅　云南省人民政府纠正行业不正之风办公室关于印发切实减轻中小学生负担全面提高教育质量办法的通知》（云教〔2009〕6 号）和《云南省教育厅关于印发普通中小学校办学行为若干规定的通知》（云教〔2010〕8 号），坚持育人为本、德育为先、能力为重、全面发展，牢固树立正确的教育质量观。

规范学校办学行为，严格按照省教育厅规定的各个学段教学时间开展教学工作，不得利用寒暑假、周末、节假日及课余时间组织中小学生进行补课。严禁拖延上课时间或利用午休时间组织学生学习。不得利用自习时间上课或补课。寄宿制学校在教学时间总量不够的前提下，可对双休日的教学活动适当调整。

第七条 保证学生每天锻炼一小时。加大校园内体育、艺术活动场所建设，配备必要的体育、艺术设施设备，并在课余时间向学生开放，鼓励学生开展各种体育、艺术活动；寄宿制学校应组织学生每天早操锻炼，培养学生健康体质、提高学生艺术修养。

第八条　学校图书室、阅览室、计算机教室等要在课余时间、自习时间向学生开放，班级要建立图书角（柜），鼓励学生广泛阅读课外书籍，丰富和拓展知识面。

第九条　要利用德育课、晨会、班团队会、黑板报、校园广播、电视、校园网等形式，向中小学生开展时事教育，帮助他们了解国内外形势，养成关心国家大事的良好习惯。推进“中国梦”进教材、进课堂、进头脑工作，开展节粮、节水、节电环保活动，积极探索和建立爱学习、爱劳动、爱祖国教育的有效形式和长效机制，为帮助学生树立正确的世界观、人生观、价值观奠定良好的基础。

第十条　把第二课堂和课外活动纳入寄宿制学校教育教学常规工作，配备必要的辅导老师，指导学生组建学生社团、兴趣小组、实践活动小组等，开展符合学生认知特征和心理特点的课外活动以及其他综合实践活动。加强学校文化建设，完善中华优秀传统文化教育，丰富寄宿学生的生活。配备具有专业资质的专职心理健康教育教师，开展心理健康教育。加强学校、家庭、社会的育人合力建设，促进学生全面发展。

第十一条　加强寄宿制学校信息化建设，推进多媒体教学进教室，促进信息技术与学科课程的有效整合，构建现代化课堂教学模式，实现优质教育资源共享。

第三章　安全管理

第十二条　各级教育行政部门和寄宿制学校要树立“安全第一”“以人为本”的意识，加强安全管理，保障学生生命财产安全。要将寄宿制学校安全管理作为重要工作，建立健全学校安全管理制度、安全信息报送制度、安全工作通报制度，制定各种突发性事件的应急预案。

第十三条　寄宿制中小学应当足额配备专职安全保卫人员。在校师生员工人数在 1000 人以下的，至少聘用 3 名专职保安人员；在校师生员工人数超过 1000 人的，应按照不低于总人数 4‰的比例聘用专职保安人员。严格执行门卫 24 小时值班、夜间巡逻制度和事故报告制度，保证信息畅通。对安全保卫人员应开展岗位培训和突发事件处置培训，使之具有处置突发性事件的能力。

第十四条　组织学生开展珍爱生命、学会生存、幸福生活的主题教育，培养学生的自我保护安全防范意识。组织大型集体活动时，要主动配合公安机关提前做好应急预案。学校每学期要邀请公安、消防以及其他相关部门对学生开展防恐、火灾、地震等知识的安全应急演练。学校疏散通道要确保畅通。

第十五条 加强学校校舍、学生宿舍设施、学生活动场所的安全保卫，设立防火防盗设施，定期检查并加强管理，及时消除各种安全隐患，预防事故发生。切实采取措施防止地震、滑坡、泥石流等对学生的安全威胁。

第十六条 严格门卫值班、校园巡逻制度和学生请销假制度，建立校外人员入校登记、验证制度；禁止社会闲杂人员或车辆进入校园；禁止学生将刀具、棍棒、有毒有害物品带入校园。寄宿生住校期间未经准假不得擅自离校。非特殊事由，寄宿制学生在中午和下午的就餐时间不得离开学校。

第十七条 加强校车管理，建立健全校车安全管理制度、定期维护保养制度、司机管理制度。校车行驶要严格遵守道路交通安全法律法规，严禁超员超速、无牌无证驾驶、酒后驾车、疲劳驾驶。加强对寄宿生返校、离校乘坐车辆安全教育，要求学生不乘坐无牌无证、超员车辆（含摩托车）。

第十八条 发生学校安全事故时应立即启动相关应急预案，积极应对、妥善处置，并按要求及时向上级有关部门报告，不得迟报、瞒报和漏报。

第四章　饮食管理

第十九条 严格执行《云南省人民政府办公厅关于农村义务教育学生营养改善计划的实施意见》（云政办发〔2012〕25 号），中小学校食堂一律自办自管，实行公益性、零利润原则。校长是食堂管理的第一责任人。

第二十条 成立由学校领导、教师、家长、学生参与的食堂管理委员会，建立健全学校食堂食品安全管理制度、食品原料进货查验登记保管领用财物管理制度、食品卫生制度、餐具炊具清洗及消毒制度、食品 48 小时留样制度、从业人员定期健康体检和培训制度、学生食物中毒报告制度、重大食物中毒事故和食品安全事件应急预案、食品卫生责任追究制度，加强学生饮食管理。

第二十一条 以县为主加强中小学教职工编制的总量调控与统筹使用。在核定学校的编制数额内，合理确定管理人员、专业技术人员和工勤人员编制结构比例。

各县（市、区）人民政府要根据当地实际为农村学校食堂配备合格工作人员并妥善解决从业人员的工资待遇和专业培训等问题。利用中小学校布局调整后的富余教师，通过培训，充实进学校食堂作为后勤人员；对外聘用食堂临时工勤人员，支付聘用人员工资，经费由当地政府自行解决。

第二十二条 学校食堂每天每餐饭菜明码标价，每月向师生公开食品采购进货渠道与进货价格、收支情况，接受全校师生和社会各界的监督，确保资金使用安全、规范和有效。

第二十三条　寄宿学生可自带粮油、副食品，学校提供加工、加热的条件，尽可能减轻学生家庭负担。少数民族地区学校要尊重少数民族学生的饮食习惯，有回族学生的学校应设立单独的清真食堂。

第五章　住宿管理

第二十四条　建立健全宿舍管理制度。建立寄宿生信息卡，外来人员未经许可不得进入学生宿舍，来客和非本室学生不得留宿，发现异常情况，应及时处理并按规定及时上报有关部门。宿舍内禁止饲养宠物。

第二十五条　按照《云南省人民政府办公厅转发省编委办等部门关于加强和完善中小学幼儿园教职工编制管理意见的通知》配备寄宿制学校宿舍管理人员。负责宿舍管理的生活教师和保育员要与所管理学生同性别。

从严管理女生宿舍。各地教育部门和寄宿制学校要对所有女生宿舍实行“封闭式”管理，尚未实现“封闭式”管理的要抓紧时间改善宿舍条件。未经宿管人员许可，所有男性，包括老师和家长，一律不得进入女生宿舍。

第二十六条　按照男、女学生相对独立的原则安排住宿，有 2 栋以上宿舍楼的，男生和女生应在不同的宿舍楼住宿，仅有 1 栋宿舍楼的，则应男生和女生分层住宿，并在女生住宿区域设置管理人员。学生宿舍应保证一人一床。每间宿舍应张贴有每位住宿学生班级、班主任联系电话、家庭详细住址、家长联系电话等信息，便于宿管人员管理。

第二十七条　遵循青少年学生身心成长规律，建立健全学生作息制度。早上统一起床时间义务教育阶段学生不得早于 7：00，普通高中学生不得早于 6：30；晚自习时间不超过 2 课时；就寝熄灯时间义务教育阶段不得晚于 22：00，普通高中不得晚于 22：30。

第二十八条　每栋宿舍楼和每间寝室由住校学生担任楼长、室长，负责维护宿舍秩序，引导学生自我教育、自我管理。

第六章　勤工俭学基地管理

第二十九条　教育行政部门和学校要积极主动地争取当地政府及有关部门的支持，通过调剂、划拨、开发校内闲散土地、租赁等形式，确保每所小学不少于 5 亩地，中学不少于 10 亩地，建立学生勤工俭学基地。

第三十条 教育行政部门和学校要把学生勤工俭学基地建设工作作为关心学生健康成长、促进我省农村基础教育和谐发展、实现教育公平的大事来抓。将此项工作列入重要议事日程，制订工作计划和实施方案，明确职责分工和完成时限。

第三十一条 通过建立勤工俭学基地，实施教育与生产劳动相结合，培养学生创新精神和实践能力。要通过加强对基地的建设和管理，达到改善农村寄宿制学校学生伙食和营养，减轻学生家庭经济负担，帮助家庭经济困难学生完成学业的目的。

第三十二条 学校要按照综合实践活动课程标准，明确实践活动教学计划和内容，有计划地组织学生到基地参加实践活动，培养学生的劳动实践技能和创造能力。要根据寄宿学生数量，确定劳动实践基地的种养殖规模，做出科学的种养殖计划。把劳动实践基地建设成融教育教学、劳动实践、农科实验、生活娱乐为一体的育人场所。

第七章　卫生管理

第三十三条 认真执行教育部、卫生部《农村寄宿制学校生活卫生设施建设与管理规范》，建立健全学校卫生防疫与食品卫生安全工作责任制和责任追究制，制定突发公共卫生事件应急预案，建立重大疫情报告制度，做好学生常见病、传染病的预防和控制工作。

第三十四条 按要求开设健康教育课程。在校园设置固定健康教育宣传栏，每月定期更换内容，做好卫生知识宣传普及，提高学生卫生保健知识和水平。

第三十五条 普通中小学应设卫生室，按学生人数600:1的比例配备专职卫生技术人员，学生人数不足600人的学校，可以配备专职或兼职保健教师，开展学校卫生工作。购置必需的急救器材和药品，保障对学生常见病的治疗。建立学生健康档案，开展健康教育，接受学生健康咨询。

第三十六条 寄宿制学校饮用水质应符合生活饮用水卫生标准，当地有城镇集中式供水设施的应使用城镇管网集中供水，没有集中式供水设施的可使用自备水源供水，但要取得当地卫生部门水质检验合格报告并定期检验。学校提供的饮用开水应烧至沸腾。

第三十七条 寄宿制学校要配备必需的清洁卫生工具，每间教室应安放1~2个废纸（物）篓；每间宿舍应安放1个废纸（物）篓；校园内道路两侧和操场周边等室外环境中应设置垃圾箱（桶）。建立校园环境卫生、公共场所卫生定期清扫和消毒制度，保持校园干净、整洁、卫生。建立校园环境卫生定期大扫除制度，定期或不定期开展卫生检查评比。

第三十八条 寄宿制学校要建立浴室，在周末和课余时间面向学生开放，鼓励学生定期洗澡，养成良好卫生习惯。指导学生定期晒被褥消毒。

第三十九条 学校公共厕所（盥洗室）落实专人负责清洁卫生和设施维护工作。公共厕所（盥洗室）应每天打扫一次，保持地面、便槽、洗水池内无垃圾杂物。逢卫生大扫除，安排班级学生打扫，重点清除墙面、门窗灰尘、污垢。公共厕所（盥洗室）应确保正常供水，在频繁使用时段，水冲式厕所要保持间歇冲水，防止粪便堆积、外溢。每周两次以上对公共厕所（盥洗室）进行消毒除臭处理。苍蝇、蚊虫孳生季节积极采取灭杀措施。师生要文明如厕，爱护设施，不乱抛杂物、乱涂墙壁。

第八章 规范化管理

第四十条 寄宿制学校要树立现代教育理念，正确处理以人为本、人文关怀、依法治校、开放办学与实行封闭或半封闭管理的关系，结合当地和学校实际，规范寄宿生管理。

第四十一条 学校要以日常行为养成教育为突破口，抓好新生的养成教育。每年秋季学期开学之际，可结合实际对新生进行军训，培养学生遵守纪律、勇于吃苦、勤于吃苦的品格和精神；构建集体意识和团队精神，增强凝聚力。

第四十二条 抓好“学生一日生活常规管理”，规范学生言行。学校因地制宜制定《学生一日作息常规》，对学生一天的生活、纪律、学习做出要求，从起床、三操、洗漱和自习、上课、用餐、卫生、课外活动、午睡、晚睡、礼仪礼貌、出入校门等做出全面规定。

第四十三条 加强教职工思想政治工作和师德师风建设，增强其事业心和责任感，提高教书育人的积极性和主动性，严格要求教职工在思想、品德、情感、意志、举止、风度等方面为学生作出表率。

第九章 监督与检查

第四十四条 各级教育督导部门要将寄宿制学校管理纳入责任督学挂牌督导工作内容。县级以上人民政府教育督导团办公室对农村寄宿制学校管理情况进行专项督导检查，各级教育行政部门对管理规范、教育教学质量高的寄宿制学校，进行宣传表彰；对管理混乱、安全隐患及卫生问题突出、群众反映较多的寄宿制学校给予通报批评，并责成当地限期整改，必要时应当调整校长人选。

第四十五条 各级教育行政部门要建立健全辖区寄宿制学校检查、督导、评估和奖惩制度，对工作突出、成绩显著的单位或个人给予奖励；对克扣、挪用、贪污学校建设经费和学生补助费造成不良影响的学校或个人，对因失职、渎职造成寄宿学生安全事故的学校或个人要严肃查处，造成重大损失并构成犯罪的要移送司法机关，追究法律责任。

第十章　附　则

第四十六条 各地、各校可根据本办法，结合本地实际制定管理实施细则。

第四十七条 本办法自发布之日起实施，原已发文件相关规定与本办法不一致的，以本办法为准。

国务院办公厅关于全面加强乡村小规模学校和乡镇寄宿制学校建设的指导意见

国办发〔2018〕27 号

各省、自治区、直辖市人民政府，国务院各部委、各直属机构：

乡村小规模学校（指不足 100 人的村小学和教学点）和乡镇寄宿制学校（以下统称两类学校）是农村义务教育的重要组成部分。办好两类学校，是实施科教兴国战略、加快教育现代化的重要任务，是实施乡村振兴战略、推进城乡基本公共服务均等化的基本要求，是打赢教育脱贫攻坚战、全面建成小康社会的有力举措。近年来，国家采取一系列重大政策措施，不断加强农村义务教育，两类学校办学条件得到明显改善。但两类学校仍是教育的短板，迫切需要进一步加强。为切实解决两类学校发展滞后问题，努力办好公平优质的农村义务教育，经国务院同意，现就全面加强两类学校建设提出如下意见。

一、总体要求

（一）指导思想

全面贯彻党的十九大精神，坚持以习近平新时代中国特色社会主义思想为指导，坚持新发展理念，坚持以人民为中心，紧紧围绕实施科教兴国战略和乡村振兴战略，切实履行法定职责，高度重视农村义务教育，坚持底线思维，实施底部攻坚，统筹推进城乡义务教育一体化改革发展，全面加强两类学校建设和管理，不断提高乡村教育质量，把基础教育越办越好，加快建设教育强国，为全面建成小康社会、实现中华民族伟大复兴的中国梦奠定坚实基础。

（二）基本原则

统筹规划，合理布局。统筹社会主义新农村建设和农村学校建设，优化农村教育规划布局，科学合理设置两类学校，妥善处理好学生就近上学与接受良好义务教育的关系，切实保障广大农村学生公平接受教育的权利。

重点保障，兜住底线。坚持优先发展农村义务教育，公共资源配置对两类学校重点保障。加强分类指导，精准施策，立足省情、县情、校情，从最迫切的需求入手，推进学校基础设施建设和教学装备配备，补齐两类学校办学条件短板。加强经费投入使用管理，切实保障两类学校正常运行。

内涵发展，提高质量。加强两类学校教育教学管理，深化育人模式改革，坚持以学生为中心，落实立德树人根本任务，深入实施素质教育。配齐配强乡村教师，大力提高乡村教师素质，运用“互联网＋教育”方式，全面提升办学水平。

（三）主要目标

到2020年，基本补齐两类学校短板，进一步振兴乡村教育，两类学校布局更加合理，办学条件达到所在省份确定的基本办学标准，经费投入与使用制度更加健全，教育教学管理制度更加完善，城乡师资配置基本均衡，满足两类学校教育教学和提高教育质量实际需要，乡村教育质量明显提升，基本实现县域内城乡义务教育一体化发展，为乡村学生提供公平而有质量的教育。

二、统筹布局规划

（四）准确把握布局要求

农村学校布局既要有利于为学生提供公平、有质量的教育，又要尊重未成年人身心发展规律、方便学生就近入学；既要防止过急过快撤并学校导致学生过于集中，又要避免出现新的“空心校”。原则上小学1—3年级学生不寄宿，就近走读上学，路途时间一般不超过半小时；4—6年级学生以走读为主，在住宿、生活、交通、安全等有保障的前提下可适当寄宿，具体由县级人民政府根据当地实际确定。

（五）科学制订布局规划

县级人民政府要结合本地人口分布、地理特征、交通资源、城镇化进程和学龄人口流动、变化趋势，统筹县域教育资源，有序加强城镇学校建设，积极消除城镇学校大班额，在此基础上，要统筹乡村小规模学校、乡镇寄宿制学校和乡村完全小学布局，修订完善农村义务教育学校布局专项规划，按程序公开征求意见，并按程序报省级人民政府备案。在人口较为集中、生源有保障的村单独或与相邻村联合设置完全小学；地处偏远、生源较少的地方，一般在村设置低年级学段的小规模学校，在乡镇设置寄宿制中心学校，满足本地学生寄宿学习需求。坚持办好民族地区学校、国门学校和边境学校。

（六）妥善处理撤并问题

布局规划中涉及小规模学校撤并的，由县级人民政府因地制宜确定，但要按照“科学评估、应留必留、先建后撤、积极稳妥”的原则从严掌握。学校撤并原则上只针对生源极少的小规模学校，并应有适当的过渡期，视生源情况再作必要的调整。要严格履行撤并方案制订、论证、公示等程序，并切实做好学生和家长思想工作。撤并后的闲置校舍应主要用于发展乡村学前教育、校外教育、留守儿童关爱保护等。对已经撤并的小规模学校，由于当地生源增加等原因确有必要恢复办学的，要按程序恢复。各地要通过满足就近入学需求、解决上下学交通服务、加大家庭经济困难学生资助力度等措施，坚决防止因为学校布局不合理导致学生上学困难甚至辍学。

三、改善办学条件

（七）完善办学标准

各省（区、市）要认真落实国家普通中小学校建设标准、装备配备标准和全面改善贫困地区义务教育薄弱学校基本办学条件有关要求，按照“实用、够用、安全、节俭”的原则，结合本地实际，针对两类学校特点，合理确定两类学校校舍建设、装备配备、信息化、安全防范等基本办学标准。对于小规模学校，要保障信息化、音体美设施设备和教学仪器、图书配备，设置必要的功能教室，改善生活卫生条件。对于寄宿制学校，要在保障基本教育教学条件基础上，进一步明确床铺、食堂、饮用水、厕所、浴室等基本生活条件标准和开展共青团、少先队活动及文体活动所必需的场地与设施条件。

（八）加快标准化建设

各地要统筹农村基础设施建设项目，加强通往两类学校的道路建设，完善交通管理和安全设施，开展校园周边环境综合治理，确保学生上下学安全。按照建设一所、达标一所、用好一所的要求，统筹全面改善贫困地区义务教育薄弱学校基本办学条件、教育现代化推进工程等中央和地方学校建设资金，多渠道筹措经费，加快推进两类学校建设。要摸清底数，对照标准，按照“缺什么、补什么”的原则，实事求是确定建设项目和内容，制订具体实施计划，落实建设资金，加快建设进度，力争2019年秋季开学前，各地两类学校办学条件达到本省份确定的基本办学标准。要精打细算，避免浪费，坚决防止建设豪华学校。

四、强化师资建设

（九）完善编制岗位核定

对小规模学校实行编制倾斜政策，按照生师比与班师比相结合的方式核定编制；对寄宿制学校应根据教学、管理实际需要，通过统筹现有编制资源、加大调剂力度等方式适当增加编制。各省（区、市）要结合实际制定具体核定标准和实施办法。推进县域内同学段学校岗位结构协调并向乡村适当倾斜，努力使乡村学校中高级教师岗位比例不低于城镇同学段学校。将到乡村学校、薄弱学校任教 1 年以上的经历作为申报高级教师职称和特级教师的重要条件。切实落实教师职称评聘向乡村学校教师倾斜政策，并优先满足小规模学校需要，保障乡村教师职称即评即聘。深化义务教育阶段教师“县管校聘”管理改革，按照核定的编制，及时为乡村学校配备合格教师，保障所有班级开齐开足国家规定的课程，保障小规模学校少先队辅导员配备。各省（区、市）要统筹制定寄宿制学校宿管、食堂、安保等工勤服务人员及卫生人员配备标准，满足学校生活服务基本需要。严格执行教职工编制标准，严格教师准入，为义务教育学校配齐合格教师。加快实行教职工编制城乡、区域统筹和动态管理，盘活编制存量，统筹调配城乡教师资源，严禁在有合格教师来源的情况下“有编不补”或者挤占挪用中小学教职工编制，从根本上解决部分地区长期聘用编外教师问题。

（十）提高乡村教师待遇

进一步落实和完善乡村教师工资待遇政策，核定绩效工资总量时向两类学校适当倾斜，统筹考虑当地公务员实际收入水平，加强督促检查，确保中小学教师平均工资收入水平不低于或高于当地公务员平均工资收入水平。认真落实乡村教师享受乡镇工作补贴、集中连片特困地区生活补助和艰苦边远地区津贴等政策；因地制宜稳步扩大集中连片特困地区乡村教师生活补助政策实施范围，鼓励有条件的地方提高补助标准，并依据学校艰苦边远程度实行差别化补助。切实落实将符合条件的乡村学校教师纳入当地政府住房保障体系的政策。坚持从实际出发合理布局，加大艰苦边远地区乡村教师周转宿舍建设力度，保障教师基本工作和生活条件；地处偏远、交通不便的乡村小规模学校应配建教师周转宿舍；交通较为便利、距离相对较近的地方，可在乡镇寄宿制学校内或周边集中建设教师周转宿舍。关心乡村教师生活，为教师走教提供交通帮助与支持。

（十一）改革教师培养培训

加强实践培养，结合推进城乡教师交流支教，遴选一批乡村教师到城镇学校跟岗实习培养。适应一些乡村小规模学校教师包班、复式教学需要，注重培养一批职业精神牢固、学科知识全面、专业基础扎实的“一专多能”乡村教师。通过送教下乡、集中研修等方式，加大对乡村学校校长、教师特别是小规模学校教师的培训力度，增强乡村教师培训的针对性和实效性，全面提升两类学校教师教书育人能力与水平。“国培计划”优先支持艰苦边远贫困地区乡村教师培训。加强教研队伍建设，充分发挥县级教研机构作用，着力帮助提升乡村小规模学校教育质量。鼓励师范生到两类学校开展教学实习。要加大教育经费支持教师队伍建设力度，重点用于按规定提高教师待遇保障，提升教师专业素质能力。

五、强化经费保障

（十二）加大经费投入力度

要强化地方政府责任，优化财政支出结构，优先发展义务教育。教育经费投入向两类学校倾斜，统筹兼顾解决义务教育发展不平衡问题，大力促进教育公平。切实落实对乡村小规模学校按100人拨付公用经费和对乡镇寄宿制学校按寄宿生年生均200元标准增加公用经费补助政策，中央财政继续给予支持。鼓励各地结合实际进一步提高两类学校生均公用经费水平，确保两类学校正常运转。各地要针对乡镇寄宿制学校实际需要，严格按照政府购买服务的有关规定，探索将属于政府职责范围且适宜通过市场方式提供的学校安保、生活服务等事项纳入政府购买服务范围，所需资金从地方财政预算中统筹安排。各地在编制乡镇中心学校年度预算时，应统筹考虑其指导小规模学校教育教学工作等因素，结合财力状况予以保障，严禁乡镇中心学校挤占小规模学校经费。

（十三）完善经费管理制度

各地要完善小规模学校经费使用管理办法，根据实际在小规模学校间合理统筹安排公用经费，实行账目单列、规范管理、合理统筹，确保足额用于小规模学校，不得滞留或挪用。县级财政、教育行政部门要及时公布乡镇中心学校及小规模学校公用经费预算安排额度，并提前拨付部分公用经费，保证小规模学校正常运转。要加强乡镇中心学校财务管理，规范会计核算，加强财务审计，保障资金规范使用。

六、提高办学水平

（十四）发挥中心学校统筹作用

强化乡镇中心学校统筹、辐射和指导作用，推进乡镇中心学校和同乡镇的小规模学校一体化办学、协同式发展、综合性考评，实行中心学校校长负责制；将中心学校和小规模学校教师作为同一学校的教师“一并定岗、统筹使用、轮流任教”。完善乡村学校评价方式，充分激发每所学校和广大乡村教师教书育人的积极性、创造性。统一中心学校和小规模学校课程设置、教学安排、教研活动和教师管理，推进教师集体教研备课，统筹排课，音乐、体育、美术和外语等学科教师可实行走教，并建立相应的政策支持机制。中心学校要统筹加强控辍保学工作，落实目标责任制和联控联保工作机制。

（十五）完善育人模式

充分发挥小规模学校小班教学优势，采用更加灵活的教育教学方式，突出因材施教，加强个性化教学和针对性辅导，密切关注每一个学生思想动态和身心健康，切实提高育人水平。充分发挥寄宿制学校全天候育人和农村教育资源的独特优势，合理安排学生在校时间，统筹课堂教学、实践活动、校园文化、学校管理，积极开展丰富多彩的综合实践和校园文化活动。充分发挥学校共青团、少先队组织作用，注重劳动教育、法治教育、安全教育和行为习惯养成，提高学生综合素养和遵纪守法意识、自我防范能力，有效预防中小学生欺凌现象发生。密切家校联系，完善家访制度，充分发挥家长委员会和家长学校作用，促进提高家庭教育质量，形成家校育人合力。进一步完善农村留守儿童教育关爱体系，建立翔实完备、动态管理的留守儿童信息台账，健全优先保障、精准帮扶等制度，切实加强对留守儿童受教育全过程的管理，优先满足他们的寄宿需求，配齐照料留守儿童生活的必要服务人员，使乡镇寄宿制学校真正成为促进孩子们身心健康成长的重要阵地。加强民族地区寄宿制学校管理，积极开展有利于促进民族团结和融合的教育教学活动，创造条件引导学生在学校生活、学习中广泛使用国家通用语言文字。

（十六）推进“互联网＋教育”发展

各地要积极创造条件，加强硬件建设，充分利用卫星、光纤、移动互联网等，加快实现两类学校宽带网络全覆盖。结合国家课程和地方课程要求，以外语、艺术、科学课程为重点，涵盖所有学科，引进或开发幕课、微课等课程，提供丰富优质在线教育资源，保障两类学校开齐开足开好课程，弥补师资力量不足等短板。发挥好优质学校、骨干教师的辐射带动作用，采取同步课堂、公开课、在线答疑辅导等方式，促进两类学校师生与优质学校师生共同在线上课、教研和交流。研究探索运用大数据、云计算、人工智能等技术，科学分析和监测两类学校教育教学情况，基于精确数据，有针对性地指导学生学习和改进学校教育教学管理。发挥政府在推进“互联网＋教育”发展中的主导作用，积极运用市场机制，采用政府购买服务等方式，加强软硬件建设。遴选县域内经验丰富的教研人员、教师和专业技术人员赴两类学校开展经常性指导，提高发展和应用“互联网+教育”水平。

（十七）推进对口支教

完善城乡学校支教制度，建立城乡学校“手拉手”对口支援关系，广泛开展对口帮扶活动，努力实现每一所乡村学校都有城区学校对口帮扶，切实做到真帮实扶。大力消除城乡教师交流轮岗障碍，统筹调剂县域内城乡学校编制，推进城镇学校教师定期轮流到乡村学校任教。各地要强化对两类学校教研工作的指导，鼓励城乡间学校采取同步教研等多种方式开展交流。积极发挥社会组织在帮扶乡村学校中的作用。

七、加强组织领导

（十八）落实政府责任

各地要把办好两类学校列入重要工作议事日程，加强省级政府统筹，健全协调机制，及时解决两类学校在规划布局、经费投入、建设运行、教师队伍建设等方面的突出问题。要把办好两类学校纳入地方各级政府考核体系，完善责任追究机制，确保各项政策措施落实到位、工作目标按期实现。要全面加强党的建设，充分发挥学校党组织把方向、管大局、推落实作用，有效调动各方力量，大力激发广大校长、教师的积极性和创造性，努力营造促进农村义务教育发展良好局面。

（十九）加强督导检查

建立和完善两类学校质量监测和督导评估机制，将两类学校一并纳入县域义务教育发展基本均衡和优质均衡督导评估认定，已通过基本均衡评估认定的县区接受督导复查时应包括两类学校。教育督导部门要为每所学校配备责任督学，定期开展督导检查，充分发挥督导检查结果公告和限期整改制度的作用，督促改进，以评促建，切实推动办好农村义务教育。

国务院办公厅

2018年4月25日

后 记

寄宿制学校是党和国家根据农村地区特殊的地理环境以及经济不发达地区的交通不便、教育落后等特点，举办的一种特殊形式的学校，目的是为了帮助农村及经济不发达地区教育的发展，提高当地人们的素质。2001 年 5 月 29 日《关于基础教育改革与发展的决定》中提出：“因地制宜调整农村义务教育学校布局。按照小学就近入学、初中相对集中、优化教育资源配置的原则，合理规划和调整学校布局。农村小学和教学点要在方便学生就近入学的前提下适当合并，在交通不便的地区仍需保留必要的教学点，防止因布局调整造成学生辍学，学校布局调整要与危房改造、规范学制、城镇化发展、移民搬迁等统筹规划。调整后的校舍等资产要保证用于发展教育事业。在有条件的地方，可举办寄宿制学校。”自《关于基础教育改革与发展的决定》的相关政策颁布后，农村的寄宿制学校开始有了制度性的保障，国家对我国大部分地区，特别是教育较为落后的中西部地区的中小学教育进行了大范围的调整。在这次的调整中要求生源较少、不稳定的学校进行了“撤点并校”，提高了教师和资源的有效利用率。布局的调整从教学层面而言对于学生的学习有一定的积极作用，然而，事物都存在两面性，“撤点并校”对于一个区域只有一所小学或生源较少的一师一校的学校学生而言，他们为了接受或完成教育，就不得不离开家乡去合并后的学校内求学。学生离家远，尤其是对于低年级的学生而言，上学接送的问题制约了教育的发展。为解决相应的问题，有关部门进行了布局的适当调整，把农村寄宿读书作为解决农村中小学教育所面临的求学难的一种重要手段。在现行的教育制度下，低年级的学生也不得不过上“低龄寄宿”的生活。

随着我国农村的寄宿制小学的增多，“低龄寄宿”的现象呈上升的趋势。《国家中长期教育改革和发展规划纲要（2010—2020）》在义务教育章节中明确指出：“加快农村寄宿制学校建设，优先满足留守儿童的住宿需求。”加快缩小城乡差距，实现教育资源的有效分配和均衡发展。但由于寄宿学生呈现“低龄寄宿”的趋势，寄宿学生由于年龄低，缺乏良好的独立生活能力，面对寄宿制学校全方位的自主及独立生活方式，对于低龄儿童的成长带来了不利的影响，如寄宿生活或难以适应，自身的生理、心理、学习等方面的不能全面有效的发展。因此，无论是对农村低龄寄宿儿童的现状进行研究并提出可行性的对策，还是为了促进寄宿制学校寄宿生的有效发展而进行的研究，都具有理论上的意义和现实意义。该研究以问题为导向，强调实践性和针对性。通过全面梳理国内外有关寄宿制学校研究的相关理论，对当前的寄宿教育现状作分析，与云南当地贫困地区的经济、文化发展水平的现状与未来的发展态势结合起来，从不同的角度准确把握云南民族贫困农村地区低龄寄宿儿童的现状，客观呈现云南民族贫困农村地区低龄寄宿儿童面临的问题及影响因素，合理改善云南民族贫困农村地区低龄寄宿儿童的措施等。

基于此，课题负责人申报了“云南民族贫困农村地区低龄寄宿儿童的现状与改善措施研究”课题，课题研究时间为2017年1月至2017年12月。课题负责人李孝川老师和课题组成员云南师范大学教育科学与管理学院何顺超讲师全力设计、组织、指导和实施，几位在读研究生全程参与课题研究工作。经过近一年的努力工作，课题组成员按时完成课题研究的各项内容。

课题研究报告是课题组成员共同努力的结果呈现，李孝川老师作为课题负责人，在课题获批立项后，主持课题研究的整体设计、组织指导、分工研讨和实地调研，总体协调课题实施的进程，保证课题如期有序地推进。并在此基础上提出了课题研究报告撰写的基本框架、写作思路和基本观点，供课题组成员研讨和参考。研究报告完成后，由其统稿并最终定稿完成。

参加课题研究及报告撰写的主要人员分工如下：绪论，由李孝川、邱昆、彭洪萍等撰写；第一章　云南民族贫困农村地区低龄寄宿儿童的现状调查，由李孝川、李小丽等负责撰写；第二章　云南民族贫困农村地区低龄寄宿儿童引发问题的相关原因分析，由王亚、李孝川、何顺超负责撰写；第三章　云南民族贫困农村地区低龄寄宿儿童改进措施研究，由王亚、李孝川、张欣负责撰写。

在本书中，课题组针对目前云南民族贫困农村地区低龄寄宿儿童的现状、所面临的困境和问题，以及成因进行了科学的分析，并有针对性地提出了解决策略，其目的在于引起社会各界对云南民族贫困农村地区低龄寄宿儿童所面临的问题给予高度重视，同时为地方教育行政部门提供咨询和决策依据。

尽管课题研究工作即将结束，但课题研究结论的理论性、科学性、实践性和实效性还需要在后续的研究中不断完善，希望课题组不懈努力完成的研究报告确实能为云南民族贫困农村地区低龄寄宿儿童现状的改变发挥一定的作用。

在此，课题组向所有给予我们课题研究工作大力支持和帮助的各教育行政部分、各高师院校、各调研学院、教师和同学表示诚挚的感激！

“云南民族贫困农村地区低龄寄宿儿童的现状与改善措施研究”课题组

2018年5月1日